U0916777

“中国社会科学院优势学科——中国经济史系列丛书”

中车简史

2012—2025

中国中车集团有限公司　编

彤新春　著

人民出版社

《中车简史》编委会

目　录

CONTENTS

前　言

改革开放以来，中国中车集团有限公司（以下简称“中车”）开始稳步向全球规模领先、品种齐全、技术一流的轨道交通装备供应商迈进。2012 年 11 月 8 日至 14 日，党的十八大在北京召开，标志着中国特色社会主义进入了新时代。从此，建设世界一流企业成为中车新的重要目标。习近平总书记曾经先后三次视察中车，并作出重要指示，这为中车切实扛起大国重器的历史重任带来了强大的精神鼓舞，成为企业练好内功、改革创新、自主创新的行动指南和做强做大做优、迈上高质量发展新台阶的巨大推动力。

党的十八大以来，中车以“连接世界，造福人类”为使命，坚持实施“走出去、走进去、走上去”战略，努力打造受人尊敬的国际化公司。截至 2024 年，中国的轨道交通装备产品已经遍布全球六大洲。全自动无人驾驶城轨车辆、3 万吨重载组合列车、“复兴号”高速动车组……中国制造的品牌和影响力正随着一台台机车、一节节车厢、一列列地铁，展示给全世界。随着科技的进步和人才培养的加强，中国的制造业逐渐从低端向高端转型升级。国家提出的“中国制造 2025”战略，旨在推动制造业高质量发展，提升中国制造业的创新能力和国际竞争力。中国开始加大对高端技术的研发和创新的投入，推动企业从劳动密集型、资源密集型向技术密集型、智力密集型转型。在这个阶段，中国制造业在很大程度上通过数字化、智能化、网络化等手段，实现了快速转型升级，大幅提高了效率和质量。

21 世纪以来，全球科技创新进入空前活跃期，新一轮科技革命和产业变革正在重构全球创新版图，重塑全球经济结构，中国经济正在主动迈向高质量发展新阶段。在这个大的时代背景下，中车一方面聚焦主责主业，锻造高铁核心技术，增强核心功能，提高核心竞争力；另一方面，在“守正”的基础上转型“跨界”，将核心技术向产业链上下游和同类、相似产业领域延伸，应用到风电、储能、汽车等不同行业，积极开辟新领域、新赛道，实现了轨道交通装备与清洁能源装备的协同融合发展。

一直以来，中车的技术创新工作服从和服务于“跨国经营、全球领先”战略目标，坚持“国家需要至上、行业发展至上”原则，坚持自主创新、开放创新和协同创新，坚持正向设计方向。中车通过建立与完善适应国际化发展需要的技术创新体系，建设具有国际竞争力的系列化产品体系、国际先进的轨道交通装备知识体系、完善的国际化轨道交通装备技术支撑体系，全面提升技术创新能力，推动中国轨道交通装备产业向产业链、价值链高端攀升，从而实现“中国创造”，为中车持续快速发展提供强劲动力。

党的十八大以来，习近平总书记高度重视党的建设，并对党的建设提出了总要求。在新时代党的建设方面，中车始终坚持党的全面领导，以打造党建“金名片”为主线，深入推进新时代高铁先锋工程，创造党建特色品牌，塑造央企党建典范。

进入新时代以来，中国轨道交通装备制造业发展到了前所未有的高度，中国制造业在数字化、智能化、网络化等领域的创新已经取得了一些成果，提高了企业的生产效率和产品质量。中国的制造业在全球市场上占有日益重要的地位，并成为全球制造业的重要组成部分。中国制造所涵盖的产品、技术、装备、品牌、结构与效益得到优化或升级，不断向价值链的中高端攀升，高质量发展的态势逐步显现。特别是一批举世瞩目的“国之重器”“国家名片”的闪亮面世，进一步增强了中国制造的科技优势和产业优势。植根于百年机车车辆工业历史积淀的中车文化也进入了繁荣发展的新阶段。通过打造受人尊敬的国际化公司、打造党建“金名片”，中车将培育具有全球竞争力的世界一流企业作为发展目标，将家国情怀、重诺守信、守正创新、艰苦创业、使命必达、以人为本、开放多元、知行合一的显著特征融入中车文化。长久以来，中车人坚持“正心正道、善为善成”的企业核心价值观，塑造了以“CRRC”——客户导向的（Customer-oriented）、负责任的（Responsible）、可靠的（Reliable）、创造的（Creative）——为核心的品牌之道。中车围绕企业国际化战略，以“培育具有全球竞争力的世界一流企业”为目标，加大推进中车品牌国际化力度，为企业的可持续发展营造良好的生态环境。随着企业综合实力、创新能力、市场竞争力、全球影响力显著增强，中车打造“国家名片”的道路走得坚实、宽广、自信，“复兴号”成为中国速度、中国制造、中国质量、中国品牌的先进典范之一。

中车作为中国高端装备制造业的代表和全球重要的轨道交通装备供应商，秉承“连接世界，造福人类”的企业使命，始终牢记“国之大者”的历史使命和责任担当，服务国家重大战略；坚定践行共同富裕理念、联合国可持续发展理念；坚持以高质量发展为主线，坚持创新驱动发展，致力于实现持续领先领跑，致力于构建产业发展新格局，致力于培育和发展新质生产力；积极践行环境、社会和公司治理（ESG）理念。企业管理转换了模式，资源配置更新了机制，品牌价值得到了提升。

征程漫漫，砥砺前行，事业正未有穷期。生机勃勃的中车将把具有中国特色的公司治理模式发扬光大，并在全球化公司发展史上写下浓墨重彩的一笔。中车正以前所未有的精神气概和昂扬奋进的姿态书写着世界轨道交通运输装备工业的辉煌篇章！

第一章

服务国家战略的中车

党的十八大以来，中国特色社会主义进入新时代，建设世界一流企业成为中车新的目标。中车开始稳步向全球规模领先、品种齐全、技术一流的轨道交通装备供应商迈进。2018 年 9 月 26 日，习近平总书记在中车齐车集团有限公司考察调研时指出：“中华民族伟大复兴还要靠我们的经济竞争力，经济竞争力我们还是要抓实体经济。装备制造业是实体经济的重要组成部分，是国之重器。”

习近平总书记先后三次视察中车，这为中车切实扛起打造大国重器的历史重任带来了强大的精神鼓舞，成为企业练好内功、改革创新的行动指南和做强做优做大、迈上高质量发展新台阶的巨大推动力。

第一节　高铁大发展带来新契机

曾几何时，高铁只是少数几个国家的“专属福利”，中国在高铁技术面前只能望洋兴叹。1978 年邓小平同志访问日本，体验完光号新干线后，为中国带回了“高铁”的概念。2008 年 8 月 1 日，京津城际铁路正式开通运营，中国铁路一举进入高速时代。此后短短 6 年间，武广高铁、郑西高铁、京沪高铁等时速 300 公里至 350 公里的 24 条高铁线路相继建成通车，勾勒出“四纵四横”的宏伟蓝图。2012 年，中国高速铁路运营里程居世界第一，中国已成为世界上高速铁路系统技术最全、集成能力最强、运营里程最长、运行速度最快、在建规模最大的国家，实现了世纪伟人邓小平当年乘坐日本新干线列车时对未来发展的期望。中国高铁的崛起，从无到有，从追赶到领先，创造了世界铁路史上的奇迹，是中国制造业成功转型升级的一个缩影。在这一历史进程中，中车发挥着举足轻重的作用。

一、国内高速铁路网建设加速

“十二五”规划给铁路等一系列轨道交通建设带来巨大的投资机会，《中华人民共和国国民经济和社会发展第十二个五年规划纲要》明确指出了该阶段轨道交通建设的主要任务：“加快铁路客运专线、区际干线、煤运通道建设，发展高速铁路，形成快速客运网，强化重载货运网。完善国家公路网规划，加快国家高速公路网剩余路段、瓶颈路段建设，加强国省干线公路改扩建”。“科学制定城市轨道交通技术路线，规范建设标准，有序推进轻轨、地铁、有轨电车等城市轨道交通网络建设”。① 随着国家《中长期铁路网规划》的逐步实施，中国铁路路网规模进一步扩大。

2012 年 12 月 26 日，京广高铁正式开通运营，运营里程 2298 公里。这是世界上运营里程最长的高速铁路，全线设计时速 350 公里。这条新建的客运专线连接环渤海经济圈、中原经济区、武汉城市圈、长株潭城市圈、珠三角经济区，形成了一条“高铁经济带”。随着中国综合实力和科技水平的提升，中国铁路经历了六次大提速，从当初普通铁路的时速 60 公里，提升到高铁的时速 300 至 350 公里。京广高铁连接六个省市，惠及近 4 亿人口。

这条中国大动脉贯通人流、物流、信息流，对沿线地区的经济、生活影响深远。“四纵四横”铁路网形成后，东西向流动也更加便捷。中国交

---

① 《中华人民共和国国民经济和社会发展第十二个五年规划纲要》，人民出版社 2011 年版，第 46—47 页。

通格局、经济版图、生活方式和时空观念因高铁而发生巨变！

自2004年《中长期铁路网规划》实施至2015年，中国铁路网规模增长66%，而同期高速公路网规模增长260%，GDP增长了318%，居民消费水平增长了约270%。“十三五”以来，铁路全力发挥“先行”和“骨干”作用，在路网建设、技术装备、运输服务、绿色发展、深化改革和对外合作等方面都取得了重大进展，实现了由“追赶”到“领跑”的重大跨越。2016年，新的《中长期铁路网规划》提出的“八纵八横”高速铁路主通道建设，推动了“轨道上”的交通圈加速发展。高铁发展引领世界，智能京张高铁开通运营，从自主设计修建实现零的突破到世界最先进水平，从时速35公里到约350公里，京张线见证了中国铁路的发展，也见证了中国综合国力的飞跃。2024年末，中国高铁总里程达到4.8万公里，占世界高铁总里程近75%。路网规模再创新高、路网布局更加优化、路网质量大幅提升、枢纽一体化融合更加充分，16.2万公里的铁路网构筑了畅连东西、沟通南北的钢铁脊梁，为经济社会持续健康发展提供了坚实的铁路运输保障。2024年1—12月份，全国铁路旅客发送量完成43.12亿人次，同比增长11.9%；全国铁路货运发送量51.75亿吨，同比增长2.8%。中车提供的高铁成为客运绝对主力，运输组织更加精细化、客运产品更加多样化、客运服务更加信息化、增值服务更加多元化，旅客出行更为方便快捷。

二、“十二五”期间的中国南北车

“十二五”时期，当时的中国南车股份有限公司（以下简称“中国南车”）和中国北车股份有限公司（以下简称“中国北车”），牢牢抓住中国铁路大发展的黄金机遇，积极进行谋篇布局，转变发展方式，提升经营品质。中国南车提出了“形成轨道交通装备产业、专利技术延伸产业、资本运作‘三位一体’的国际化经营格局，努力成为行业第一、世界500强企业”的战略目标；中国北车亦提出了“全力打造以轨道交通装备为核心、为未来城市提供系统解决方案、具有国际竞争力的世界一流企业”的战略目标。中国南车、中国北车分别组织各自所属企业以改革创新为动力，开始向着世界强企的目标迈进。

国内市场方面，中国南车、中国北车进一步巩固扩大轨道交通装备市场。中国南车在全力参加原铁道部（2013年铁道部实行铁路政企分开，组建国家铁路局和中国铁路总公司）机客货车、动车组新造和修理工作的基础上，加大城市轨道市场开拓力度，新签城轨地铁车辆合同额保持行业领先，牵引系统占据国内主导地位，新能源汽车年度产销量突破1000辆；BT总包业务实现新突破，相继签约南京麒麟、南京河西、宁波鄞州、常州低地板有轨电车总包项目和佛山市轨道交通2号线一期工程BOT特许经营项目；市场营销从“产品营销”向“战略营销”转型。中国北车立足路内机车车辆造修市场，拓展市场领域，自主研发的跨座式单轨列车国产化牵引系统首次获得8列列车的市场订单；智能组合拧紧机在国内铁路市场中保持90%以上的市场占有率；罐车物流、罐车租赁及代理运输等业务发展迅速；钢轨打磨车产品在地铁市场领域实现突破；节能环保产品逐步由提供产品向提供系统解决方案转变；哈尔滨钢材物流基地逐步探索出集贸易、仓储、租赁及交易平台一体化的经营模式。创造了轮轨式地铁、跨座式单轨、“有接触网”现代有轨电车、“无接触网”现代有轨电车、磁悬浮列车全系列产品获得大量订单的业绩；依托机电装备核心能力，加快从轨道交通向通用交通领域拓展。另外，工矿机车、重型起重机、集装箱等产品市场不断巩固壮大。

海外市场方面，中国南车、中国北车加强谋划和拓展海外布局，纵深推进国际化进程。中国南车设立南非公司、马来西亚公司、巴西公司和俄罗斯办事处、土耳其办事处、印度办事处。启动马来西亚制造中心建设，土耳其制造基地正式奠基，有序推进塞拉利昂和澳大利亚维保基地建设。国际化经营由“游击战”向“阵地战”转变，由输出产品向输出“产品+技术+服务”转变；整机高端产品成为出口主流，弹性元件产品实现对欧洲所有高铁国家的全覆盖。5家子公司出口收入占营业收入比重超过10%，其中株机公司、长江公司超过20%，资阳公司超过40%。中国北车巩固传统优势业务，开发新的产品市场，产品出口80多个国家和地区，各种轨道交通产品全面进入发达国家。与爱沙尼亚签订16台铁路调车机车合同，中国机车产品首次进入欧盟国家。签订向法国出口40辆罐车的合同，中国铁路整车产品首次打入欧洲发达国家市场。出口哈萨克斯坦货车成功获得认证，中国铁路货车产品首次取得进入独联体市场的通行证。与西门子签订动车组车体大部件采购合同，“中国造”高速动车组关键技术产品首次进入欧洲市场。与哈萨克斯坦签订2001辆货车出口合同，是中国货车单笔出口数量最大的合同。单轨车辆租赁业务进入印尼市场，开创了中国北车首次整车海外租赁业务。

在持续深化经营模式创新、加快推进产品结构调整方面，中国南车、中国北车两家集团也各自发力，成效明显。

中国南车根据经营环境和市场形势变化，加快产业战略布局，进一步提升市场竞争能力。先后与湖北、河北、重庆、常州、襄阳、宁波、成都、温州、南宁等省市政府，及中国神华、中国普天、中国节能、中国机械科学研究总院、中国专利技术总公司等中央企业签订战略合作协议。与玉柴集团强强联合，打造中国西部最大的发动机研发制造基地，组建南车玉柴发动机公司并实现投产。与曙光汽车集团“联姻”，打造中国新能源客车龙头企业。推进昆明、广州、江门、成都、石家庄等产业基地建设，启动与广州市合作筹建轨道交通装备研究院的工作。动工开建常州、合肥基地，杭州、宁波等产业园建成揭牌。推动内部产业调整，开展大功率电力机车向戚墅堰公司、CRH6 型城轨动车组向株机公司的技术平移工作。资阳公司获得新造电力机车独立投标资质，广州电力机车有限公司修造基地建设基本完成。

2011 至 2013 年，中国北车已与 12 个省、自治区和直辖市，11 个省会城市以及 9 个地级市签订战略合作协议，形成以东北、华北、西北为基础，渗透京津冀、长三角、珠三角、海西、中原、川渝等城市群的政企合作网络。与中铁建、湖北省联发投、神华集团等大企业集团和大连交通大学、清华大学、铁科院签署战略合作协议；推进大连、长春、唐山、太原等地的产业基地建设。在西南地区参股设立成都城轨合资企业，在华南地区设立珠海基地，在新疆和重庆设立通用机电产品公司。面向海工领域设立北车船舶与海洋工程发展有限公司，在海外设立北车（捷克）科技开发公司。在深圳设立南方总部和南方公司，实施长客装备公司整体搬迁工作，收购吉林省高新电动汽车有限公司，完成长客装备公司与长客股份公司的企业重组、齐齐哈尔装备公司的分立重组以及大连电牵研发中心由分公司向子公司的企业改制。

进入“十二五”后，中国南车、中国北车进一步完善技术创新体系，加快推进重大产品研发，提升核心竞争力。

中国南车大力推进技术创新体系建设。建成国家高速动车组总成工程技术研究中心。四方股份公司成为国内行业拥有国家工程实验室、国家工程技术研究中心、国家级博士后工作站、国家级企业技术中心 4 个国家级创新平台的企业。以四方股份公司作为主发起单位，联合 16 家企业和科研院所，成立中国高速列车产业技术创新联盟；成立中国南车中央研究院，持续优化三大技术平台建设；合资组建广州南车有轨交通研究院，成立国内首个超级电容研究所；与美国新泽西理工大学和美国得克萨斯大学圣安东尼奥分校分别设立联合实验室，推进海外研发体系布局。中国南车的技术创新体系建设有力促进了生产和经营的发展。出口澳大利亚的内燃机车下线，这是中国具有自主知识产权、采用交流传动技术的内燃机车首次出口发达国家；首列自主知识产权直线电机地铁车辆下线，国产化率达到90%以上；国内首条8英寸IGBT芯片生产线项目正式启动，中国南车成为国内掌握IGBT芯片设计—芯片制造—模块封装—系统应用完整产业链的企业；更高速度试验列车在实验室滚动平台上创造出每小时605公里的最高速度；首列时速200公里的CRH6型城际动车组竣工下线；自主研制的国际上载重最大、技术性能最先进的铁路石砟漏斗车交付澳大利亚用户；研制出高原电力机车、时速160公里客运电力机车、新八轴电力机车、和谐N5型双司机室内燃机车、4400马力调车内燃机车、新型国际联运车、首列轻量化不锈钢A型地铁车辆、时速160公里交流传动重型轨道车、首列智能化高速列车、神华30吨轴重铝合金漏斗车、拥有自主知识产权的超大载重220吨电动轮自卸车、首台大功率电机变频岩巷掘进机、储能式无轨电车等一大批产品并批量生产。中国南车三大技术平台建设技术创新工程获国家科学技术进步奖二等奖。

中国北车的技术创新体系建设取得长足进展。高速列车系统集成国家工程实验室建成投入使用，动车组和机车牵引与控制国家重点实验室完成施工建设，货车技术研发中心挂牌；长客股份公司轨道客车系统集成国家工程技术研究中心、齐齐哈尔装备公司重载快捷铁路货车国家工程技术研究中心全面建设；中国北车与捷克布拉格工业大学联合组建的电力牵引与控制联合研发中心、与美国密歇根大学联合组建的焊接结构研发中心两个海外研发中心成立；长客股份公司牵头组建城市轨道客车产业技术创新战略联盟，该联盟被科技部列入2013年度国家产业技术创新战略重点培育联盟；中国北车及所属 4 家企业进入国家创新型企业行列，所属 17 家主体企业全部成为高新技术企业；电力牵引和网络控制系统核心关键技术与产品的研发、制造体系基本形成，覆盖从芯片、部件、系统到整机整车产品的全产业链，形成底层基础技术、应用软件核心技术、系统部件制造关键技术，以及产品持续完善与改进的全技术链；时速 400 公里高速综合检测列车被列入国家“十二五”重大科技成果；研制出 CRH380B 型高寒动车组、CRH380BL 型高速动车组、CRH3A 型和 CRH3G 型动车组并批量生产；拥有自主知识产权的“祥龙号”100%低地板现代有轨电车出口土耳其，销往香港的地铁车辆采用无人驾驶新技术；研制出 CRH7 型城轨动车组，CRH380 型智能化列车，和谐 N3B 型内燃机车，4400 马力调车机车，和谐 D3D 型时速 160 公里交流传动客运电力机车，符合 UIC 标准的 160 公里 / 小时转向架快捷行包专用车，时速 220 公里快捷货车，27 吨轴重通用敞车、棚车，80 吨级轻油罐车和粘油罐车，C96 型运煤专用敞车，国内载重最大的 600 吨工矿专用平车，国内第一款耐高寒地铁车辆，KM80 型煤炭漏斗车，KZ80 型石砟漏斗车等一大批产品，企业的创新能力显著提升。

中国南车、中国北车大力实施创新驱动发展战略，积极拓展各类人才快速成长空间。中国南车实施企业内部随岗培训和校企联合培养等模式，加快培养国际化人才和高技能人才。成立中国南车大学，积极培育具有国际化视野的高级管理人才，完成中高级职业经理人和核心管理、技术、技能人才培训。成立了 12 个技能大师工作室、24 个技能专家工作室。中国南车获得全国职业经理人队伍建设先进单位称号和第三届人力资源管理十大最佳实践奖。中国北车加大人才队伍建设力度，颁布“十二五”人才建设规划，扎实推进“百人计划”“素质提升工程”“专家人才工程”“人才储备计划”，高技能人才占技术工人比例达 50%以上；重点开展以学台塑为主要内容的卓越企业培训等活动，充分发挥培训在人才整体开发中的支撑作用，积极推行实力培训，不断增强培训的针对性和实效性。加强人才培养，7家企业共建成18个金蓝领工作室，这些工作室成为在企业生产中攻坚克难、培养技能人才的重要平台。

“十二五”时期，中国南车、中国北车组织各自所属企业在引进国外先进技术的同时，积极推行先进的管理方式和管理理念。2013年起，中国南车、中国北车提出“6621运营管理平台”模式，即“构建设计、工艺、采购、生产计划、质量、成本管理六条管理线，打造市场、人力、安全环境、资产、信息、售后服务六个管理平台，建设模拟生产线、模拟配送线两条模拟线，建立工位制节拍化流水生产线”的运营管理框架体系。以工位制节拍流水线为中心，通过推行模拟线建设，拉动管理线、管理平台优化升级。至2015年，在机、客、货、城轨及新产品领域，均形成可快速平移和复制的样板。所属子公司快速发展，至“十二五”规划的末期，年营业收入超过百亿的企业有四方股份公司、长客股份公司、株洲所、株机公司、唐山公司、大连公司、浦镇公司。

第二节　中国中车集团扬帆启航

2015年，中国中车集团的诞生对中国轨道交通装备工业来说，开启了一个全新的时代；对世界轨道交通装备工业的发展来说，也具有举足轻重的地位和价值。中国中车集团的成立，是落实国家制造强国战略、加快高端装备走出去的重大部署，是中国轨道交通装备行业提升核心竞争力、打造世界一流跨国企业的重要举措，也是深化国有企业改革、优化国有经济结构的重要实践。中国南车、中国北车涅槃重生，整合成了一艘承载着中国高铁走向世界梦想的“巨型航母”，正式扬帆远航。

一、中国南北车启动重组整合

按照国务院国有企业改革的总体部署，2014 年下半年，中国南车、中国北车开始启动重组整合工作。

中车财务有限公司是中车集团第一家持牌金融机构。由中国北车集团财务有限公司（以下简称“北车财务”）与南车财务有限公司（以下简称“南车财务”）以吸收合并方式组建而成，原两家财务公司均成立于 2012 年，2016 年 12 月取得银保监会批复，2017 年正式合并运营，更名为“中车财务有限公司”。公司以集团“司库”为基本定位，持续发挥“一个中心，四个平台”金融服务职能作用，主营成员企业各类存款、贷款、法人账户透支、保函、票据承兑与贴现、委托贷款、债权投资、外币结售汇等金融业务。2022 年 1 月 4 日，中车财务共享中心成立，按照业务性质和

图 1：2015 年 6 月 1 日，中国中车股份有限公司成立，6 月 8 日公司在 A+H 同步上市

功能定位，财务公司负责财务共享中心具体运营、人财物管理。2022 年 5 月 16 日，中车司库中心成立，财务公司承担了集团司库建设主要支撑平台建设任务，司库中心 2023 年获国资委司库建设中期验收优秀等级。

2015 年 6 月 1 日，中国中车股份有限公司正式成立；2015 年 9 月 28 日，中国中车集团公司召开成立大会，标志着南北车重组工作全面实现整合目标。南北车的“强强联合”，既是贯彻落实国家战略、加快中国装备走出去，推动中国从制造大国转向制造强国的战略抉择，也为深化中央企业改革探索了成功经验，提供了有益借鉴。

为切实推进这一战略部署真正落地见效，此前，中国北车集团公司黑龙江地区部分业务率先进行了资产重组和产业调整的尝试，先后重组了牡丹江地区业务资产、建设大连研发中心和出口货车组装基地、托管和收购哈轨道装备公司，形成了以齐齐哈尔为本部、牡丹江金缘公司为货车配件基地、大齐公司为高端货车出口基地的“两省四地”经营格局。

2005 年，中国北车集团公司为充分利用资源，缓解牡丹江机车车辆厂生产经营困难，解决哈车公司货车修理铸件供应问题，为齐车公司新技术孵化、业务良性适度扩张、实现可持续发展创造条件，决定在牡丹江组建一个由齐车公司、牡丹江机车车辆厂、哈车公司共同出资，齐车公司控股的铸造基地，主营摇枕、侧架、车钩和缓冲器等配件产品。2005 年 8 月 16 日，齐车公司组建齐车集团牡丹江齐兴铸业有限公司。2005 年 12 月 9 日，齐车公司组建牡丹江金缘钩缓制造有限责任公司（简称金缘公司）。2010 年至 2012 年，经股权转让，金缘公司成为齐轨道装备公司全资子公司。

2006 年 8 月 8 日，齐车公司决定在大连旅顺经济开发区建设铁路货车研发中心和铁路货车组装基地。2007 年 9 月 21 日，根据中国北车《关于齐齐哈尔装备公司与大连机辆公司货车业务整合资产重组方案的批复》，齐轨道装备公司在大连旅顺经济开发区广源街 21 号设立大连齐车轨道交通装备有限责任公司（简称大齐公司），成为中国北车三级子公司，也是齐车公司独资设立的铁路出口货车组装基地的子公司。

2008 年 6 月 6 日，中国北车股份有限公司委托齐齐哈尔轨道交通装备有限责任公司比照三级企业对哈尔滨轨道交通装备有限责任公司进行管理，同时进行了产权划转及资本结构的调整。2010 年 10 月 21 日，中国北车股份公司将所持有的哈尔滨轨道交通装备有限责任公司全部股权转让给齐齐哈尔轨道交通装备有限责任公司。2011 年 1 月 21 日，哈尔滨轨道交通装备有限责任公司正式成为齐齐哈尔轨道交通装备有限责任公司的全资子公司。

2011 年 4 月 14 日，齐车公司成立特种集装箱项目组。7 月 19 日，成立大连特种集装箱项目部。10 月 12 日，根据《关于齐齐哈尔装备公司大连旅顺经济开发区特种集装箱产业基地建设项目立项的批复》，齐轨道装备公司在大连旅顺经济开发区广源街 21 号注册成立大连集装箱分公司，从事特种集装箱新造、检修、销售业务。

与此同时，中车还成立了一系列面向市场的公司，不断开拓新的发展领域。

2015 年 12 月 8 日，中车置业有限公司成立，后更名为中车科技园发展有限公司，中车系统盘活低效存量资产的改革进入全新阶段，通过对中车资产高效利用，充分释放土地价值，发展现代服务业高科技产业，支撑中车主业高质量发展。

2015 年 12 月 18 日，中车产投公司成立。作为中车集团的投资并购平台，中车产投公司的成立也标志着中车探索打造战略性新兴产业平台取得了初步成果。

2016 年 11 月，中国中车香港资本管理有限公司获得香港特别行政区政府颁发的放债人牌照。作为放债人牌照持牌机构，中国中车香港资本管理有限公司进行重点主业的资金池业务相关的借贷活动，受到香港特别行政区各相关监管机构的认可。同时，公司与中国中车境外资金集中管理业务的成员企业均受到香港特别行政区的放债人条例保障，这标志着外界对中国中车香港资本管理有限公司的认可，是公司业务发展中一个重要的里程碑。2023 年 1 月，在原公司金融服务部的基础上成立财资中心，涵盖司库、金融服务、财务共享三块境外业务。搭建境外司库平台核心系统，对业务实施精益化管理，推进公司信息化、数字化、智能化进程，助力中车境外实体产业发展，控制境外资金风险。

2015 年 12 月 31 日，中车物流有限公司成立。该公司是在 2002 年成立的北车物流发展有限公司的基础上更名而成，主营负责货车车轮、车轴、轴承、车钩、缓冲器、钩尾框等配件业务，销售收入长期达到百亿水平。

2016 年 1 月 8 日，成立中车信息技术有限公司。作为国家 CAD 应用支撑软件工程中心，正式开始公司化运作，致力于推动 CAD 软件国产化应用。中车主数据标准及中车主数据管理平台在全中车范围内得到全面应用与推广，“一个中车、一套标准、一套数据”的推进对中车“转型升级、跨国经营”这一全球化战略实施，具有强劲支撑作用。

2019 年 2 月，由中国中车集团有限公司、中国中车股份有限公司、天津信托有限责任公司共同在天津自贸区发起设立中车金融租赁有限公司，注册资本金 30 亿元人民币，是原中国银行保险监督管理委员会合并成立以来批复设立的第一家金融租赁公司，是中车持有的第二张金融牌照。2021 年 4 月 9 日，公司成功投放第一单“复兴号”高铁直接租赁业务，以直接租赁方式为承租人采购中车 5 组时速 350 公里“复兴号”高寒动车组（8 辆编组）项目投放 9 亿余元。

2019年8月16日，中车商旅平台项目在中车总部立项，开启了商旅平台建设开发工作。2020年，中车商旅平台全面启动与中车子企业系统的对接工作。2021年，中车商旅平台获得一类机票代理资质，同年9月28日，开出第一张机票，实现机票自主运营。2022年11月16日，中车智程文化科技（北京）有限公司成立（以下简称“智程公司”）。2023年，智程公司商旅平台实现对中车一级子公司及重点公司全覆盖，共计300余家客户，同时与新兴际华集团、中国物流集团等3家中央企业达成合作，实现市场拓展新突破。2023年9月，智程公司自主开发的中车电子商城平台上线运营。2024年8月，中车下发《关于优化调整中车智程业务管理的指导意见》，智程公司正式提级为中车重点二级企业。2019年至2024年，智程平台实现交易额23亿元，累计为中车节约成本超过2亿元。

二、新时代新中车开启新征程

从2000年的中国铁路机车车辆工业总公司到2015年的新中车，经过15年持续的改革引进创新发展，中国铁路机车车辆工业实现了历史性的跨越。

中车国有资产实现了保值增值。至2015年末，中车用地总面积3964公顷，其中生产用地比2000年增加447公顷；房屋建筑面积1184.3万平方米，其中生产用房屋比2000年增加264.9万平方米；厂区铁路17240公里，是2000年的28.13倍；机械动力设备119530台，比2000年增加33368台；固定资产总值608.23亿元，是2000年的3.52倍，净值366.49亿元，是2000年的2.75倍，相当于再造了2个中车公司。2015年中车集团营业总收入2437.33亿元，是2000年的11.59倍；利润总额163.02亿元，是中车公司15年总和的8.52倍。

中车自主创新体系日趋完善。经过15年的发展，中车已成为全球规模最大、产品最全、技术领先的轨道交通装备供应商。铁路内燃、电力机车实现了由直流传动向交流传动的跨越；货车实现了 60 吨级向 70 吨级的升级，客车实现了 25 型的优化改进；以高速动车组、大功率机车、重载货车、城市轨道交通车辆为代表的系列产品，已达到世界先进水平；永磁牵引电机、车载实时以太网和大功率 IGBT 等核心技术取得突破。持续完善技术创新体系，注重科技创新投入，不断提升自主创新能力，已建成 10 个国家级行业研发机构和 20 家国家级企业技术中心，初步搭建起产品设计、试验验证、仿真分析平台。主持或参与制（修）订并发布国际标准 56 项、国家标准 174 项、行业标准 691 项；拥有有效专利 13292 项，其中发明专利 2075 项、国际专利 115 项；17 项重大科技成果获得国家科技进步奖，中车被国务院国资委确定为“做强做优、培育具有国际竞争力的世界一流企业”工作 10 家重点联系单位之一。中车在国家产业体系中的地位大幅提升，牵头组建国家级产业联盟 4 个，参与组建国家级产业联盟 8 个。

中车产业发展空间深入拓展。稳妥推进结构调整，已建立起从基础材料、核心部件、关键系统到整机产品的制造以及运营维护的完整产业链。在做强做优做大轨道交通装备核心主业的基础上，初步形成了多元化产业形态，风力发电装备、新能源汽车、工业传动系统、高分子复合材料、节能环保产品等领域取得较好业绩。

中车国际市场持续拓展。积极落实国家战略，立足国内，放眼全球，大力推进产品“走出去”和国际产能合作，竞争实力不断提高。在经营理念上，增强市场自信，实现了从产品输出向“技术输出、资本输出、管理输出”的转变；在经营方式上，优化市场策略，实现了从“游击战”到“阵地战”的转变；在经营业绩上，实现出口产品从中低端到高端的升级，出口市场从亚非拉地区到欧美地区的拓展。至 2015 年末，中车已在 21 个国家和地区设立56家境外公司和机构，拥有海外研发中心9个、海外资产达到26.5亿美元、海外员工4951人，产品覆盖全球六大洲、98个国家和地区，跨国经营指数从1.61%提高到6.07%。中车品牌的业内美誉度、社会影响力和国际知名度迅速提升，成为中国高端装备走出去的金色名片。

中车企业员工的综合素质不断提高。至2015年，中车员工总数190558人，比2000年减少54782人。员工中大学本科及以上学历56276人，其中博士生339人、硕士生8643人、本科学历47294人，本科及以上学历占员工总数29.5%；大专学历43451人，占员工总数22.8%。中车拥有中国工程院院士2人，享受国务院政府特殊津贴专家350余人，詹天佑、茅以升铁道科学技术奖等获得者160余人，全国工人先锋号27个，全国示范性劳模创新工作室7个。

中车在改革创新发展中，坚持党的领导，充分发挥党委的政治核心作用、党支部的战斗堡垒作用和共产党员的先锋模范作用。至2015年末，中车设有104个党委、169个党总支部、1991个党支部，85689名中共党员，占员工总数的44.96%。15年间，涌现出4个全国先进基层党组织、12个全国文明单位、25个全国模范职工之家、16个全国五四红旗团委、40名全国劳动模范和65名全国“五一”劳动奖章获得者。

新中国成立至2015年，中国铁路机车车辆工业累计开发蒸汽机车20余种、内燃机车150多种、电力机车50多种、客车600多种、货车400多种，制造蒸汽机车9787台、内燃机车20747台、电力机车14684台、客车86736辆、货车1228756辆，修理蒸汽机车110467台、内燃机车32590台、电力机车8632台、客车161615辆、货车2501215辆。铁路机车车辆产品不断推陈出新、升级换代，为推进中国铁路和轨道交通的现代化作出了重大贡献。

站在新的历史起点上，作为国内行业引擎的中车，始终不断超越，追求卓越，以向交通、能源、工业、环保等领域提供高端装备和服务为业务重点，坚持科学发展、市场导向、深化改革、以人为本四项原则；走国际化、多元化发展之路，融合全球，打造国际品牌；超越期待，引领行业发展；转型升级，塑造高端形象；跨国经营，实现全球协同。作为以轨道交通装备为核心，全球领先、跨国经营的高端装备系统解决方案供应商，在全面建设社会主义现代化国家、全面推进中华民族伟大复兴进程中，中车继续彰显新担当、展示新作为。

第三节　聚焦完善现代公司治理

现代企业制度是以现代公司治理为核心，以企业产权制度、经营管理制度、企业组织形式为主体，以产权清晰、权责明确、政企分开、管理科学为特征的企业制度体系。改革开放以来，国有企业纷纷加快推进以现代公司治理为重要导向的制度改革，以市场化、国际化为发展目标，努力成为与全球知名企业同台竞技的国际化知名企业。在国家战略目标的指导下，中车始终坚持“两个一以贯之”，持续推进重组整合工作，不断完善现代公司治理结构，切实把加强党的领导和完善公司治理统一起来。

一、管理结构渐趋完善

面对历史包袱沉重和创新机制不足问题，中车持续建设和完善现代企业制度，持续深化体制机制改革。中车建立并完善现代企业制度，主要聚焦于股份制改革、法人治理结构理顺、分层分类管理和“三项制度”改革四个方面。

在公司制股份制改革方面，中车认真贯彻落实党中央、国务院对中央企业公司制改革的工作要求，有序推进全民所有制企业公司制改制。所属

30 户全民所有制子企业于 2017 年完成工商变更登记，改制为有限公司；中国中车集团公司本部于同年完成工商变更登记，更名为中国中车集团有限公司，改制为国有独资公司。中车积极引入各类投资者，实现股权多元化。截至 2019 年底，共有 4 家主板上市公司。1999 年，南方汇通（A 股）在深圳上市，总股本 4.22 亿股，中车直接和间接持股 44.03%。2002 年，时代新材（A 股）在上海证券交易所上市，由株洲所控股，中车直接和间接持股 52.31%。2006 年，中车旗下时代电气（H 股）在香港联交所上市发行，由株洲所控股，中车直接和间接持股 52.61%。2015 年中国中车（A+H 股）由南车股份吸收合并北车股份成立，通过 IPO 上市及定向增发，累计募集资金超过 482 亿元，总股本 287 亿股，中车直接和间接持股 55.62%。此外，中车还拥有两家“新三板”上市公司：贵州大自然科技股份有限公司，由南方汇通控股；上海中车瑞伯德智能系统股份有限公司，由中车株洲投资控股有限公司控股。

在健全公司法人治理结构方面，中车不断加强法人治理制度建设，制定《中国中车集团关于完善一级子公司法人治理结构的指导意见》，形成“公司章程 + 基本制度 + 配套制度”的制度体系，对公司的组织形式，股东大会、董事会、监事会及各专门委员会的组织机构、职权范围、议事规则、上市公司合规运作以及权利义务体系等核心内容进行了明确的规定。中车以建立现代企业制度为目标，积极推进董事会建设，集团公司、股份公司、子公司三个层面均设立董事会，“三会一层”的治理结构权责分明、各司其职、协调运作，确保法人治理规范高效运行。截至 2024 年底，中车集团董事会有 3 名董事，其中职工董事 1 名。中车股份董事会有董事 7 名，其中执行董事 3 名，非执行董事 1 名，独立非执行董事 3 名。中车坚决贯彻落实党中央和国务院国资委党委要求，坚持和完善“双向进入、交叉任职”的领导体制，在直属子企业全面实行党委书记、董事长“一肩挑”

的正职配置模式。中车建立专职外部董事队伍，印发实施《所属企业专职外部董事管理办法》，并于2018年选拔任命首批10名专职外部董事，向首批18家直属子企业派出外部董事，逐步解决董事会、经理层高度重叠的问题，逐步推进重要子企业外部董事占多数的董事会建设模式，进一步规范和完善公司治理结构。

二、体制机制不断创新

改革是一项系统工程，要分轻重缓急，以现实面临的关键问题为突破口，由点及面渐次展开，在不断解决现实问题中逐步深化改革。从改革对象来看，坚持体制改革与机制改革相结合，以体制改革促进机制改革、以机制改革激发体制改革，充分发挥体制改革与机制改革的协同作用。

体制改革主要指组织职能、组织机构、管理方式的调整，是改革发挥效力的基本保障。中车逐步打造国有资本投资公司，推进资源整合，优化资源配置，提升国有资本运营效率，优化国有资本布局，提升产业竞争力，实现国有资产保值增值的总体目标。在强力支持并确保股份公司发展的同时，集团成立了产投公司、金控公司、科技园公司、中车大学和资产管理中心。股份公司的主要改革任务是推进内部业务重组和去产能，对落后产能、过剩产能有针对性地调整、化解或退出；产投平台、金控平台的工作重心是创业创新，提供有效供给；科技园公司的工作重点是优化存量资产管理，释放中车现有土地资源价值；资产管理中心的工作重点是主动瘦身、减轻负担。

机制改革主要指与体制密切结合的相关制度、实施路径的变革。在改革举措上，为了处理好集团各业务平台因功能定位不同、业务方向不同、管控机制不同所带来的问题，因业施策、因企施策展开人力资源、考核方案等多方面系统改革，建立机制、释放活力。

破除体制机制障碍是建立现代企业制度的重要内容，也是改革取得效果的基本保障，将体制改革与机制改革高效融合、互相促进，保障企业改革目标实现。面对原南北车一些不良竞争和重复投入问题，新中车重组整合之后，迅速研究制定了维护竞争秩序，控制重复投资、重复建设的基本原则，从结构调整、转型升级、资源整合、市场整合、业务整合、人员整合等涉及企业和员工切身利益的方面出发，积极推动企业改革创新发展和各项措施的落实，为企业可持续发展奠定了基础。

三、分层分类管理出彩

中车在分层分类管理方面，按照《中国中车集团公司子企业功能界定与分类工作方案》确定的分类原则、分类类别、分类标准，根据所属企业新设、压减等实际情况，对所属各级子企业功能界定与分类实行动态管理。

不断完善分类考核、差异化管理，明确“坚持分类考核、差异化管理”原则，制定并落实《中国中车进一步完善分类考核差异化管理的实施意见》，针对企业特点，实施分类考核、差异化管理的考核模式。根据考核评价指标，针对不同类别企业、不同战略定位、不同发展阶段、不同管理权属，由子公司自我经营定位、选择合适的指标和等次，实行差异化的对标管理和评价考核。

坚持薪酬分配分类管理，根据企业性质、所在行业、所处发展阶段、实际收入水平等情况，对所属企业实行差异化的薪酬调控政策。对传统的制造型企业考虑其业务性质相近的特点，实行工效挂钩和工资预算双重管理。对非制造型企业，考虑其业务多元化、同质性不高的特点，对其实行单一的工资总额预算管理，建立“利润增量分享机制”，一方面鼓励企业创造更多的效益，另一方面有效应对利润波动对工资的影响。在探索企业负责人差异化薪酬管理中，中车研究制定了《中国中车所属企业负责人薪酬管理暂行办法》《中国中车所属制造业企业负责人年薪制实施细则（试行）》《中国中车所属非制造业企业负责人年薪制实施细则（试行）》等制度，构建起与所属企业相适应的负责人激励与约束机制。

做好劳动用工分类管理，制定并实施《中国中车集团公司劳动用工管理办法》和《中国中车股份有限公司劳动用工管理暂行办法》，依据制造业企业、非制造业企业等性质不同，进一步建立健全分类管控的市场化用工机制。企业可根据实际生产任务安排和岗位性质，统筹采取劳动合同用工、非全日制用工、业务外包等多种灵活的市场化用工方式。不断加强劳动合同履约管理，全面规范并购企业、新设企业、压减企业等员工劳动关系和员工管理工作。

在人事、分配、用工“三项制度”改革方面，持续深化人事制度改革，建立集团统一的职位管理体系，建立健全基于职位、市场、能力和业绩的多元化薪酬体系，在阶梯式领导力培训开发的基础上，推进实施中高级经营管理人才继任计划与职业生涯管理，通过稳步实施市场化配置，持续激发员工队伍内生动力。不断完善分配制度体系，从“价值创造”这一核心理念出发，明确收入分配的岗位价值导向和工作成果导向，建立以岗位绩效工资为主的基本工资制度，实行“一岗多薪”的岗位工资等级，有效提升员工队伍活力。坚持效率牵引，有效控制员工总量。对标国际和国内先进企业人均创造价值指标，持续强化用工资源配置的效率与效能，从严核定并下达所属企业年度用工总量计划和新进员工指导计划，同时向各企业核定下达人均劳效指标。年末对未完成计划的企业进行处罚，对完成计划较好的企业予以奖励。此外，积极构建人力资源共享工作机制，最大程度地挖掘富余人员调剂工作的效益，降低长期用工的成本和风险。

在计划经济时期，中车遵循国家战略和企业战略配置资源。国家是全

图 2：2017 年 9 月，青岛市与中车联合建设中国第一个国家级技术创新中心——国家高速列车技术创新中心

社会资源配置的主体，政府通过行政手段和指令性计划，对工业生产的全过程、全要素进行调度，圆满完成了国家交给的各项任务。社会主义市场经济条件下，国有企业内外部组织形式和职能分工发生了变化，市场在资源配置中的主体地位得以确立。中车顺势而为、乘势而上，形成符合基本经济制度和社会主义市场经济发展要求的现代企业制度和市场经营机制，在市场竞争中，实现生产要素的合理配置。

中车的资源配置主要集中于满足国家战略发展需要和提升企业竞争力两个方面。在探索国家战略导向的资源配置方面，中车集中最主要、最关键、最核心、最优质的资源进行相关产品的设计、研发和制造，为 1997 年到 2007 年中国铁路六次大提速提供装备支撑。中车牵头实施的国家重点研发计划“先进轨道交通专项”，与青岛市共同建设中国第一个国家级技术创新中心——国家高速列车技术创新中心等项目，为探索形成“产学研用”协同创新生态，构建面向全球的开放协同创新网络提供支撑。

中车在提升企业竞争力方面主动与世界一流企业对标，重视经营理念变革，强化资本经营，不断优化资产结构，最大程度实现资源优化配置。以增强市场竞争力为导向，持续构建并不断完善一体化资源配置体系，形成资源协同共享机制。以主机企业为核心、配套企业为骨干、产业基地为支撑，不断增强产业链、供应链、企业链的资源协同，不断推进子企业间信息共享、人才共享、技术共享，实现中车资源利用和价值创造最大化。在全球布局研发机构，集聚智力资源，引领行业技术发展，国际化市场开拓由单一产品出口向“产品 + 技术 + 服务 + 资本 + 管理”全要素输出转变。

中车从“调配机制、激励机制、继任机制、退出机制”四大机制入手，稳步提升人才市场化配置水平，进一步激发干部队伍的内生动力。建立集团统一的职位管理体系，健全核心人才长期雇佣、集团内统一调配使用的机制，建立健全一体化的内部人才市场，充分发挥每位员工的价值。

这一时期，中车深化改革的一个核心，就是要建立市场化经营机制，确立并提升子企业市场主体地位，激发各级市场主体活力。在市场开拓方面，按照市场导向和比较优势原则，强化统筹规划、分工负责、差异发展、有序竞争、资源共享的协同发展格局，提升市场引领能力，增强市场主导权。在国际市场竞争中，中车通过国际并购、资本运作、新兴产业拓展、工程总包等方式，为全球高端市场提供系统解决方案。

在产业发展方面，中车推动资源集中和重组并购，大力支持盈利能力高、市场占有率高，市场品牌强、开发能力强的“两高两强”产业，整合、出售、退出盈利能力低、市场占有率低，市场品牌弱、开发能力弱的“两低两弱”产业。在《中国中车集团公司实施业务结构调整的指导意见》中，明确了业务结构调整的总体目标，将着力解决中车业务结构存在突出问题作为调整重点，把“实现重组整合一批、清理退出一批、巩固加强一批、创新发展一批”作为调整的总体要求和主要路径。中车坚持以市场为导向，完善试错、容错、纠错机制。建立分级授权经营体系，推进市场主体地位建设，内部全面强化市场意识和市场机制，规范市场行为，有效激发内生动力，形成发展合力。

从改革战略来看，中车坚持顶层设计和基层探索相结合，做到“自上而下”与“自下而上”的良性互动，形成“上下联动”合力。以国企改革“1+N”政策体系为指引，突出深化改革的顶层设计，构建“1+20”纲领性文件体系，确定国有资本投资公司的发展方向，明确了调整业务结构、优化资源配置、优化管控模式、优化经营机制、加强和改进党的建设五大改革任务。伴随着各项改革措施陆续落地，“设计图”“路线图”“施工图”清晰可见。

中车的基层探索之路在把握全局中大胆探索、积极作为，有效发挥了自下而上的试点对全局改革的示范、突破和带动作用。例如中车株洲所建立的“价值创造和效益导向相结合、行业特色与企业实际相结合”的差异化业绩评价机制，根据经营规模、经营效益、主营业务特点及发展阶段等，将下属子公司划分成经营型、战略型和特殊型等不同类型，实施差异化分类考核。坚持效益优先，突出价值导向，进一步加大对企业盈利方面的激励与考核力度，引导产业单元从注重规模增长向提升经营质量转变。

随着改革进程的推进，顶层设计逐渐发挥作用，基层的一些探索成果及经验应用于改革中，进一步加强了改革方案的整体规划，既统筹考虑战略层面的问题，又统筹考虑战术层面的问题。同时，分类考核的思路又适应了市场、企业发展规律，取得了较好效果，并纳入中车对下属子公司绩效考核范畴。

自新中车重组整合以来，对企业管理模式和经营方式进行持续改革创新。面对研发周期过长的问题，将信息化引入企业管理，建立起覆盖各主要业务流程的数字化运营平台，在全部生产企业推进精益管理。这一颇具力度的管理改革取得了显著成效，新产品开发及技术准备周期缩短30%左右，工艺管理效率提高80%以上，产品产能翻了几番，资源占用率大大下降，还促进了涉及整个产业链的管理大提升，为推进“中车制造”转型升级打下了良好基础。

第四节　深入实施改制重组方略

中车作为深化国有企业改革的先行者、探路者和实践者，在改革发展中坚持一切从实际出发，持续优化业务布局、创新管控模式。聚焦高质量发展，实施“融合”战略，依托轨道交通装备制造优势，不断释放发展动能，做优主业，从改革战略、改革结构、改革速度、改革对象、改革主体等多方面统筹谋划，选择最匹配的发展路径，主动实施业务重组等体制机制创新，形神兼备深化市场化机制改革，增强企业发展的动力和活力，为中车成功实施改制重组奠定了坚实基础。

一、货车板块专业整合创高效

在中国铁路改革不断深入和铁路技术持续发展，铁路货运结构、市场格局和生产力布局均发生变化，国内铁路货车市场需求大幅减少、货车行业产能严重过剩，货车企业生存、发展和稳定面临较大压力的背景下，中车决定实施货车业务全面重组。2017年11月23日，中车下发《关于推动中国中车货车业务重组工作的指导意见》，按照“基本对等、适度竞争”“立足当前、着眼发展”“利益调整、适度补偿”的原则，明确货车业务重组的指导思想、实施路径和保障措施，组建两个货车子集团，以优化货车资源结构，着力解决货车产能过剩、业务单一、重复投入、国际市场拓展能力不足等问题，不断提升货车企业管理效率和盈利水平，促使货车业务在“十三五”末期达到业绩明显改善、核心竞争力显著提升、综合实力进入世界同行前列的目标。

齐车集团以中车齐齐哈尔轨道交通装备有限公司为主体，联合中车齐齐哈尔车辆有限公司、中车沈阳机车车辆有限公司、中车石家庄车辆有限公司、中车北京二七车辆有限公司、中车山东机车车辆有限公司重组整合而成。2017 年 12 月 13 日，齐齐哈尔货车子集团召开项目筹建启动大会；2018 年 3 月 20 日，子集团组建方案、党建方案、公司章程以及股权协议转让方案等一并通过中车决策；2018 年 3 月 30 日，在地方工商系统完成公司改组更名和注册资本变更等各项工作；截至 2018 年 4 月 26 日，各成员企业全部完成出资人变更登记；2018 年 5 月 9 日，召开中车齐车集团有限公司成立大会，中车齐车集团正式成立运作；2018 年 8 月 3 日，中车齐车集团被国资委列为国有企业改革“双百行动”企业。2018 年 9 月 26 日，习近平总书记到中车齐车集团考察调研，通过中车齐车集团了解了中国铁路事业和中国中车发展成就及企业取得的系列发展成果。习近平总书记在听取汇报后发表重要讲话，指出：“你们齐车集团，有着百年历史，最早成为国之重器。中车是品牌，中车齐车集团也是品牌”。习近平总书记要求中车齐车集团“要乘势而为、乘势而上，继续练好内功、继续改革创新，继续做好自主创新，不断推出新技术、新产品、新服务，这样我们才能永立不败之地，永远掌握主动”。

中车齐车集团牢记习近平总书记嘱托，以“继续练好内功、继续做好改革创新、继续做好自主创新”重要指示为根本遵循，全力做好货车业务重组后半篇文章。在习近平总书记视察五周年之际，中车齐车集团隆重召开庆祝大会，以优异的发展成绩实现了习近平总书记的嘱托，货车业务改革重组取得阶段性成果。在练好内功方面，创建一批标杆，建立一批制度，形成一批规范，获评国资委标杆企业 1 家、中车标杆企业 1 家、中车管理标杆项目 4 个；建立或修订制度 71 个、规范 23 项、标准 36 项。五年累计销售国内新造铁路货车 9.1 万辆，修理货车 14.7 万辆；产品和服务拓展到 72 个国家（地区），其中“一带一路”国家（地区）55 个；非货车业务累计实现收入 346.41 亿元，占比 41.46%。在改革创新方面，优化布局，齐车公司退出货车修理业务；二七车辆公司业务重组疏解非首都功能；PRE 公司成为中车货车行业第一家海外子公司；建成中车第一个自主运营的风电场；完成松原新能源装备基地建设；完成挖掘机、物流等“两非”业务退出。齐车公司一级管理机构降幅 40.7%，一级制造单元降幅 53.8%，最大程度减少管理接口。沈阳公司推进大班组改革，班组数量降幅 74.6%。石家庄公司二级管理机构实现清零；业务机构降幅 36.4%。山东公司管理机构总量压减 38%。3 个“两非”剥离项目全部实现达标销号；“两资”处置累计完成率达 108%；参股股权清理完成 5 项；累计完成压减注销法人 5 户。在自主创新方面，构建“技术 + 产品 + 服务”三位一体的科技创新体系，组建货车研究院，形成“三部四中心”管理架构，货车技术研发实现一体化。累计合并和取消科研项目 170 项，压缩项目经费 6.4 亿元，整合效应充分释放。高站位策划货车链长建设，全力打造原创技术策源地。累计主持和参与编制修订国家标准 18 项，行业标准 53 项；27 项重大科技成果获省部级以上科技奖励；目前拥有有效专利 2041 项，为产业发展和国际化经营提供了有力支撑。

在党建引领方面，坚持“四同步、四对接”原则，同步完成党组织及群团组织建设，同步构建宣传阵地；部署开展“牢记总书记嘱托、致力高质量发展”大学习、大讨论、大提升系列活动；全力打造“同心筑梦先锋齐车”党建品牌；持续强化“同一个中车、同一个齐车”意识，企业凝聚力、向心力显著增强。

在发展质量方面，五年累计实现收入 835.40 亿元、净利润 19 亿元。年上缴利税总额同比增长 12%。2022 年，收入规模跃升为中车第 5 位、净利润中车第 6 位。2024 年末，营业收入 185.39 亿元，考核口径归母净利润 4.05 亿元，资产负债率 66.84%，净资产收益率 4.03%；全员劳动生产率 28.33 万元 / 人，在册员工 14920 人。中车齐车集团连年获评中车年度经营绩效和党建考评双“A”级、年度突出（特别）贡献奖，“双百行动”获国资委优秀评级。

长江集团由中车长江车辆有限公司、中车眉山车辆有限公司、中车贵阳车辆有限公司、中车太原车辆有限公司和中车西安车辆有限公司组合而成。2017 年 12 月 15 日，中车在武汉召开中车长江货车子集团筹建工作启动会，中车长江货车子集团整合筹建工作正式启动。2018 年，经中车股份 2018 年第 5 次总裁办公会、2018 年第 6 次党委常委会会议、第一届董事会第 33 次会议审议通过，中车下达《关于同意组建中车长江货车子集团的批复》，原则同意组建中车长江货车子集团和新设公司章程，并就组建总体目标、设立方案、协议转让和法人层级调整方案、工作要求等作出批示。2018 年 5 月 21 日，中车长江运输设备集团有限公司成立大会在武汉召开，开启了高质量发展的新阶段、新征程。

2019 年 11 月 6 日，中车下发《关于长江车辆公司存续分立批复》，同意长江公司以 2018 年 12 月 31 日为基准日存续分立，存续公司名称不变，新设株洲车辆有限公司和常州车辆有限公司，适时撤销武汉分部。

2020 年，是长江公司完成存续分立独立运营后的第一年。经营管理方面，面对疫情与复工双重考验，坚持践行“双主”发展战略，落实“促改革、谋市场、夯基础、强执行”四大举措，按照“对接集团、归口管理、专业分类、管理结合、协同优于细分”的原则，结合分立实际，优化顶层设计，梳理制度体系，突出“质量、安全、精益、新产业”四项重点，实现从成本中心向利润中心的转变，全面完成退休人员社会化管理移交和“三供一业”分离清算任务，全面完成长江集团下达的年度经营指标，当年被评为武汉市优秀企业。

科技创新方面，围绕国铁和市场订单，开展新产品试制、生产制造和工艺升级。在新产品研发中，完成铁路移动办公车、运输集装箱、40英尺新能源锂电池宽体冷藏集装箱、20英尺液氮罐箱、韩国冷藏集装箱、20英尺水泥罐箱、中土尼日利亚冷藏集装箱、C70C型焦炭运输专用敞车等9个项目研发及产品试制试修。

市场管理方面，大力培育新产业，加大空轨集疏运系统市场推广力度。国内首个示范线项目正式落地青岛港，多式联运装备产业发展实现“破冰”。冷链装备产业成功打入水泥罐箱市场，隔热保温车、冷藏集装箱助力国家防疫物资运输，LNG国际罐箱在海南投入商业运营，新签泰国、尼日利亚、韩国等罐箱项目。拓展产品全寿命周期延伸服务，首个海外维保项目（几内亚）正式启动。

二、托管重组融合发展开新局

2015年新中车重组整合后，组织完成了中车四方股份公司注资托管中车成都公司；中车四方所联手天津装备公司、承接资阳中车电气科技有限公司业务；中车株机公司与中车洛阳公司、资阳公司业务重组等工作，利用龙头企业的管理优势，整合资源带动兄弟企业共同实现转型升级发展。按照“专业化+区域化”的发展原则，推进中车大连公司和中车兰州公司业务重组，将技术和资源有机结合起来，化解检修过剩产能，形成业务一体化格局。

中车四方股份公司托管中车成都公司。按照中车要求，中车四方股份公司托管专项工作组制定了动态化的托管方案，从 20 余个专业系统全面推进管理模式平移、业务指导、技术平移、标准平移、人员培训等方面的对接工作。在双方的精准对接下，从西南营销中心到轨道交通西南研发中心，面向高端轨道交通技术与产品的机构迅速建立。从传统机客车修理向地铁制造、动车组检修、地铁大部件检修的“造修一体化”的转型全面实现。精准托管、精准施策、无缝对接，对突出问题各个击破。托管模式以稳扎稳打之势产生巨大的红利效应，成都公司西部轨道交通产业高地的地位日渐显现。2019 年，成都公司被中车集团誉为退城入园典范、土地盘活典范、转型升级典范、改革重组典范。在“四个典范”的鼓舞下，公司开启后五年转型之路。重点是聚焦业务布局，实现动车组高级修业务落地及提能扩型；聚焦技术创新，实现城轨产品迭代升级及全生命周期转型；聚焦对标一流管理提升，实现经营品质的跃升。

成都公司自开启业务重组转型升级以来，在中车四方股份公司托管带动下，走出了一条“龙头牵引、托管带动，党建引领、创新驱动，聚焦发展、协同发展”的转型升级创新之路，实现了“凤凰涅槃、浴火重生”，呈现出前所未有的蓬勃生机。重组后公司先后荣获四川省五一劳动奖状、四川省天府质量奖提名奖、四川省企业文化建设优秀奖、成都市新经济百家重点培育企业、成都市企业改革和经济发展突出贡献企业等荣誉称号，连续多年被评为四川省制造业百强企业、成都市百强企业。

中车四方所助力天津装备公司处僵治困。中车四方所按照中车战略部署，启动对天津装备公司的托管重组工作，完成天津轨道交通装备产业基地投资项目规划，将车钩、城轨架车机等新业务转移到天津。完成天津装备公司年轻员工培训，使公司初步具备承接电气、钩缓等新业务的能力。2015 年，中车四方所全面承接天津装备公司 100%股权，天津装备公司成为中车四方所全资子公司。中车四方所对天津装备公司实施重组，优化组织机构，调整董事会、监事会、高级管理人员结构；成立新产业事业本部，整合原工程装备事业部资源，新设储能事业部。

2018 年，中车四方所全面完成“处僵治困”各项任务，通过实施产业提升、土地处置等多种方式，全面完成国资委下达的闲置资产盘活、富余人员安置、提高劳动生产率、扭亏为盈等各项指标任务。顺利完成法人层级压减工作，在国资委规定节点前完成压减任务，荣获“中车压减工作突出贡献单位”称号，实现天津装备公司轻装上阵。

天津装备公司主动抓住货车市场回暖机遇，努力扩大既有产品市场份额。公司适时加大内部配套力度，提升转移业务生产制造能力，实现经营业绩快速增长。2018 年，天津装备公司实现主营业务收入 2.7 亿元，较上一年度提高 7.3%。优化工艺路线，改变生产模式，强化过程控制，充分发挥社会化资源，提升社会化配套能力，大幅度提高了生产能力和效率，形成了缓冲器月产 6000 套、年产 70000 套生产能力。

2019 年，天津装备公司抓住公司整体搬迁的机会，以“高质量发展”为主题，通过“技术高质量、生产高质量、实物高质量、管理高质量”四个方面工作的提升，逐步实现公司经营管理“规范化、标准化、数字化、自动化、智能化、智慧化”六个方向发展，全面推动转型升级，为企业再创新辉煌打下坚实基础。在处僵治困方面，实施天津产业基地建设，完成了产业基地项目工程招标，并进入施工阶段。注入新业务，强化既有传统业务，天津装备公司围绕既有货车缓冲器业务和四方所新注入的钩缓、电气业务，实现营业收入 3 亿元，同比增长 16%。

中车四方所承接资阳中车电气科技有限公司业务。设立了成都中车四方所科技有限公司，全力推进资阳电气公司的转型升级工作。重庆中车四方所科技有限公司完成了公司搬迁、经营范围扩充、公司名称变更和税务登记等工作，推动公司转型发展。空调项目获得重庆、北京等地批量订单；受电弓项目在重庆地区获得批量订单。公司科研管理体系建立、科研管理平台持续建立。在重庆市申报2项科研课题，并获得经费资助。跨坐式单轨牵引橡胶堆、止挡类橡胶产品装车试验，城轨空调项目斩获批量订单，获得单轨车受电弓批量订单，开展有轨电车受电弓装车试验。

2017年，中车整体定位调整，将超级电容、新能源汽车产业划至集团产投，由中车株机公司对中车洛阳公司、中车资阳公司进行业务重组。鉴于洛阳、资阳两家公司经营陷入困境，中车株机公司派出专项工作组，进行全方位管理诊断。经过研究分析，两家公司的症结主要是组织结构与市场机制衔接问题。做简、做专、做强组织机构，压缩重组企业管理层级，理顺业务流程与管理边界，实现职能管理扁平化、专业化、流程化，势在必行。重组整合后，洛阳公司共有管理部室9个，较2017年缩减6个；制造单元二级机构全部撤销；资阳公司通过组织机构优化，减少管理部门3个。在平移管理制度的同时，中车株机公司指导洛阳、资阳公司结合自身情况，开展多维度、多层面、全系统的专业管理经验对标。

整合重组后，中车株机公司坚持株洛融合协同发展，不断优化管控模式和运行机制，助推株洛营销、技术、项目、采购和财务等业务融合。全力推动洛阳公司摆脱经营困境。在营销方面，合作开展了HXD1机车C6检修外包项目、C4检修部件检修项目，协同投标深圳地铁5号线、6号线、8号线、9号线、10号线轨道工程车集成采购包业务。在技术方面，为洛阳公司HXD1系列机车C6检修提供技术支持，平移技术文件2000余套，提供现场技术培训150人次；建设互补工程车研发平台，共同研制8种车型40辆轨道工程装备。在经营管理方面，推动财务平台一体化，指导洛阳公司搭建财务共享平台，共享株机公司采购平台。2018年12月，中车株机公司向洛阳公司提供免息借款3.15亿元。采取减免借款利息、技术转让费用等形式，支持洛阳公司扭亏脱困。重组后的洛阳公司发展定位为：中国中车中原轨道交通装备修造基地、中国中车中原轨道交通装备售后服务中心、中国中车新产业中原辐射区。株机公司要求洛阳公司加快"和谐"机车检修能力建设，实现员工收入持续增长。

通过持续深化"株洛资"业务重组，创新构建管理融合模式，"株洛资"协同发展水平持续提升，经营质量不断向好。洛阳公司聚焦检修技术核心，优化完善检修技术体系，2018 年实现由传统既有机车检修领域向"和谐"大功率交流机车检修领域转变，2019 年扭转了亏损，2020 年实现盈利。2024 年，洛阳公司可控费用同比 2016 年降低 3127 万元。资阳公司搭建科技创新体系，加强创新技术研究及新产品开发，2020 年获得 HXN6 混合动力机车型号许可与制造许可，2024 年降低成本 4000 万元。同时，洛阳公司、资阳公司全员劳动生产率较整合前分别提升 138.92%、300%，人均产值较整合前分别提升 156%、49.39%，员工人均收入较整合前分别增长 90%、44.4%。

两个"二七"合二为一。2017 年 11 月，中车公布货车业务重组方案，创立于清末的中车二七车辆有限公司（以下简称"二七车辆"）在重组范围内。二七车辆在 2018 年退出制造业，转型升级发展服务经济。二七车辆是一家以铁路货车制造、检修和配件生产为主营业务的轨道交通类大型企业，具备年新造铁路货车 4000 辆、修理铁路货车 3500 辆的综合生产能力。剥离二七车辆主要基于两方面的考虑。其一，贯彻落实国家有关疏解北京市非首都功能政策的举措；其二，深化公司改革，推动公司货车等业务调结构、去产能，有利于优化公司内部资源配置。与二七车辆同宗同源的中车北京二七机车有限公司（以下简称二七机车）借助优势地理位置和资源转型文创产业，与二七车辆不同，二七机车尚保留在上市公司体系内。作为中国现代铁路业发端、壮大、成熟的重要企业，中国第一台"建

设型”蒸汽机车和第一台内燃机车在二七机车诞生。改组后的二七机车与同属中车的长客公司合资成立一家轨道交通制造企业。而位于二七机车原厂址的“中车二七厂 1897 科技文化创新城”主要包括轨道交通研发试验、影视艺术、科技创新等四大板块。其中改造后的二七机车基地成为冰雪运动重要训练基地，从整体设计、器材装备到保障团队实力均处于国际国内领先水平。

中车大连公司与中车兰州公司业务重组。2017 年 10 月，为加快中车西北战略实施，中车兰州公司与中车大连公司实施业务重组。由于中车兰州公司缺乏核心技术、缺乏优势产品、缺乏资源支撑，而中车大连公司是我们国家的“机车摇篮”，是中车在机车新造板块的龙头企业和城轨车辆造修板块的重要企业，有核心技术、有优势产品，通过业务重组可以实现“造修一体化”，推动中车兰州公司产品升级。中车兰州公司依托中车大连公司技术支持，成功介入“和谐”型机车检修，为公司机车检修业务转型升级奠定了良好基础。当年，在中车大连公司的支持下，中车兰州公司成功检修 24 台“和谐”大功率机车。重组后的中车兰州公司成为国内规模最大、技术领先、品种最全的工矿机车制造基地和国内一流的陆上风电塔架制造基地。

中车制动公司重组成立。2020 年 11 月 13 日，中车下发了《关于核心系统和关键部件业务重组整合构建业务引领平台的指导意见》，明确了制动和钩缓业务的重组方向、实施步骤、重组整合路径及业务目标。在充分尊重各重组方诉求的基础上，按照“共建业务平台、共享发展成果”原则，为加快项目推进、促进业务发展、减少法人户数，经研究最终选择中车四方所下属全资子公司青岛思锐科技有限公司（以下简称“思锐科技”）为整合平台，承接制动和钩缓业务整合。中车四方所、中车浦镇公司、中车株机公司和中车戚墅堰所依据实际制动、钩缓等业务资产价值和股权价值对思锐科技增资，并确定最终持股比例。中车四方所于 2021 年 5 月 10 日向中车股份上报了《关于调整中车制动和钩缓业务整合方式暨评估立项的请示》及说明。5 月 19 日，中车股份下发《关于调整中车制动和钩缓业务整合方式暨评估立项的批复》，同意将制动业务整合和钩缓业务整合项目合并，进行一体化整合。2021 年 9 月 3 日，中车四方所向中车股份上报了《关于中车制动和钩缓业务整合可行性研究报告的请示》及相关附件。中车股份改革办于 9 月 22 日组织召开了项目评审会，各重组方依据评审会意见对资料进行了修订和完善。2021 年 10 月 31 日，获得《关于组建中车制动科技有限公司的批复》。2022 年 1 月 27 日，中车四方所、中车浦镇公司、中车株机公司、中车戚墅堰所完成了向思锐科技增资的协议、思锐科技章程修订的股东会议案的签署。2022 年 2 月 21 日，中车制动系统有限公司获国家市场监督管理总局批复，成功完成工商注册。这是继 2021 年 10 月 30 日中车董事会正式批复同意制动、钩缓一体化重组整合方案后的又一重大里程碑。2022 年 6 月 14 日，中车制动系统有限公司在青岛市揭牌成立，中国中车股份有限公司党委书记、董事长孙永才为中车制动系统有限公司揭牌。

中车制动重组成立以来，在中车大力支持和主机企业帮助下，通过持续努力，经营业绩逐年提升。2022 年实现营业收入 24.8 亿元，归母净利润 0.8 亿元。2023 年 3 月，中车制动入选首批国务院国资委创建世界一流专业领军示范企业名单，并在实施方案评估中荣获“A+”等级；2024 年，营业收入增加到 31 亿元，归母净利润增加到 1.5 亿元，利润增长率达 15.93%。

中车永济电机公司和中车大连电牵公司专业化重组整合。进入 21 世纪以来，在长期紧密的业务合作中，中车永济电机公司与中车大连电牵公司形成了良好的产业协同关系，全力开展企业间的资本、市场、资源、创新、管理、服务等协同项目，共同构成了一个完整产业链，形成技术互补、业务协同生态。面对中车高质量发展和融合发展的要求，双方牢固树立“同一个中车”理念，大力推进“协同”工程，有效搭建起共建共享共赢的平台，加快提升整体竞争实力。

通过充分调查研究，2018 年 12 月，中车下发《关于实施永济电机公司与大连电牵公司业务重组的指导意见》，明确中车股份以协议转让方式将持有的中车大连电牵公司 50%的股权转让给中车永济电机公司，中车股份以协议转让方式将持有的中车永济电机公司的等价股权转让给中车大连电牵公司，中车永济电机公司与中车大连电牵公司仍为中车股份一级子公司。按照中车批复，中车永济电机公司与中车大连电牵公司按期完成了交叉持股，股权交割、章程制定修订、工商登记、产权登记等工作，同时实施全面融合，至此中车永济电机公司和中车大连电牵公司完成了“交叉持股 + 受托管理”模式的重组整合工作。

经过近三年的调整融合与经营发展，两家公司全面贯彻党的二十大精神，坚决执行党中央、国务院和国资委做强做优做大国有企业的各项决策部署，紧跟中车“一核两商一流”发展战略和“优、平、简、去、活”改革指引，落实中车电气业务重组优化布局，稳步提升轨道交通装备和清洁能源装备系统保障能力，打造“国际一流的绿色和智能化电气系统提供商”。双方基本做到市场管控一体化、投资决策一体化、技术研发一体化、人力资源一体化、财务管理一体化、供应链一体化、制造资源一体化的“七个一体化”，实现党建融合、产业协同、资源共享，推动双方高质量协同发展。

第五节　倾力打造世界一流企业

2015 年，中国南车、中国北车重组整合后，中车紧紧抓住国家经济布局结构调整时机，适时提出打造世界一流企业的重大战略举措和战略部署。中车以实现中华民族伟大复兴为己任，将“连接世界，造福人类”作为企业使命，确定了“成为以轨道交通装备为核心，全球领先、跨国经营的一流企业集团”的战略愿景，遵循“创新驱动、品质一流、结构优化、绿色智能、开放共赢、协调共享”的经营方针，把习近平总书记提出的新发展理念，贯彻落实到企业发展战略中，推进企业定位、发展方向、经营模式、业务结构、资源布局、技术创新、业务能力、经营品质、企业品牌和党建工作十个转变，全力向“双打造一培育”奋斗目标迈进。

中车始终牢牢把握世界轨道交通装备发展趋势，坚持打造核心高地，使“金名片”熠熠生辉。

2000 年至 2004 年，实施“归核战略”，通过整合重组将业务集中到具有竞争优势的轨道交通装备领域，按照“主机产品集约化、重要零部件专业化、一般零部件市场化、辅助项目社会化”原则，推进实施以“两高两快、一重一轻”（高速、高原、客运快速、货运快捷 / 货运重载、轻轨地铁）为内涵的“2211”工程，为中车后来的“强核战略”的实施奠定了坚实基础。

2004 年至 2008 年，实施“强核战略”，全力推进“以自我为主、引进消化国外先进技术”，以技术创新为内核积聚核心竞争力。

2008 年至 2014 年，实施“造核战略”，由核心技术、核心产品突破带动自主创新研发体系的不断升级，推行以精益为特色的全价值链协同创新，品牌形象日益巩固。

在引进、消化吸收的基础上，全力推进自主创新，全力打造的中国标准动车组于 2017 年正式投入运营，重载快捷货车技术始终引领世界铁路货车技术发展方向。

多年来，中车深度聚合资源，聚焦核心技术、核心产品、核心能力，深度打造研发能力与服务能力协同，按照“相关多元”基本原则，延伸拓展进入高分子复合材料、新能源汽车、风电装备、环保装备等新业务领域，形成“一业为主、多元发展”的产业格局。

国企改革三年行动是新时代深化国有企业改革的重大战略性举措，是贯彻落实习近平总书记关于国有企业改革发展的重要论述精神、关于党的建设的重要思想的生动实践。

国有企业是中国特色社会主义的重要物质基础和政治基础，承担着重要的政治责任、经济责任和社会责任。中车作为国资委首批确定的10家创建世界一流示范企业中唯一的装备制造企业，始终坚持党的领导，加强党的建设，不折不扣落实“第一议题”制度，扎实推动习近平新时代中国特色社会主义思想在中车落地生根；始终坚持正确的国有企业改革方向，心怀“国之大者”，打造“国之重器”，勇担“全球行业引领、国企改革先锋、高端装备典范、塑造国家名片”重任，始终不渝地成为落实强国战略和共建“一带一路”的主力军。构建中车深化改革“1+21”纲领性文件体系，稳步推进“1-8-20-31”一整套实施方案，实现改革三年行动高质量收官，成为国企改革“学先进、抓落实、促改革”专项工作典型，进入中宣部国企改革重点宣传企业名单。截至2024年末，中车产品出口116个国家和地区，中老铁路、雅万高铁等项目成为共建“一带一路”的典范。

党的十八大以来，国企改革的一个核心任务就是完善中国特色现代企业制度。中车全面落实“两个一以贯之”要求，切实把党的领导融入公司治理，所属330家境内控股独立法人企业全部完成党建要求进章程，设立党委的35家子公司100%制定党委前置研究讨论重大经营管理事项清单，党的领导融入公司治理实现制度化、规范化、程序化。加强董事会建设，落实董事会职权，实现全级次148户企业董事会应建尽建、外部董事占多数，组建了百余人的一级子公司外部董事人才库，已建立规范董事会的一级子公司100%落实了中长期发展决策权、经理层成员业绩考核权和薪酬管理权等职权。深入开展党建“阶梯式·主题年”专项行动，构建党建责任制和生产经营责任制融合联动的长效机制，持续打造党建“金名片”，中车党建工作在国资委党建责任制考核中实现“7连A”。

党的二十大报告指出：“建设现代化产业体系。坚持把发展经济的着力点放在实体经济上，推进新型工业化，加快建设制造强国、质量强国、航天强国、交通强国、网络强国、数字中国。”① 中车紧紧围绕“一核三极多点”即以轨道交通装备业务为核心，以风电装备、新能源商用车、新材料为重要增长极，以工业电驱、半导体芯片等为新的增长点的业务结构，以数字化、绿色化、智能化、高端化、国际化为方向，加快转型升级，全力打造具有全球竞争力的轨道交通装备和清洁能源装备制造体系，加速提升系统解决方案能力。立足实现企业高质量发展的目标，中车提出了“七个突破”，即产业布局、市场拓展、科技创新、改革创新、管理提升、产融结合、党建金名片建设的新突破，激发企业发展新动能。按照整机（车）集约化、核心系统专业化、关键部件特色化、一般部件市场化的思路，持续推进战略性重组和专业化整合，制造类一级子公司已由原来的39家减少为22家，减少43.6%，培育了一批单项冠军、隐形冠军和行业冠军。坚持“应退尽退”，截至2022年底，按计划完成了“两非”（非主业、非优势）剥离和“两资”（低效资产、无效资产）处置目标，累计压减法人41户，实现了“三供一业”分离移交、厂办大集体改革和退休人员社会化管理的全面收官。

党的二十大报告指出：“科技是第一生产力、人才是第一资源、创新

① 习近平：《高举中国特色社会主义伟大旗帜　为全面建设社会主义现代化国家而奋斗——在中国共产党第二十次全国代表大会上的报告》，人民出版社2022年版，第30页。

是第一动力。”[①] 作为央企首批原创技术策源地、现代产业链链长单位和交通强国建设试点单位，中车聚焦高水平科技自立自强，狠抓国家级科技创新重大专项，勇担交通强国建设试点任务，统筹推进重大工程装备研究，成功攻克一批关键核心技术，京张高铁“瑞雪迎春”智能动车组“闪耀”北京冬奥会、冬残奥会，时速600公里高速磁浮交通系统入选2021年度央企十大国之重器。深化科技体制改革，强化创新激励机制，连续三年科技投入比超过6%，制定实施科研人员薪酬股权激励政策，加大对重大科技项目、创新团队、创新英才的奖励力度，有效调动了广大科技人员的积极性和创造性。

市场化是中国经济体制改革的主线条，国有企业要成为真正的市场主体，必须建立健全市场化经营机制。中车以“优、平、简、去、活”为总目标，对全集团、全级次企业，深入实施全覆盖、全穿透的市场化经营机制改革专项行动，形成更高水平的机构能设能撤、管理人员能上能下、员工能进能出、收入能增能减、人才能培能引的新局面。

发展混合所有制经济，是深化国有企业改革的重要举措。中车始终坚持“两个毫不动摇”，遵照“三因三宜三不”原则，按照“核心、支柱、培育、支撑、平台”五类业务分类，“一企一策”积极稳妥推进混合所有制改革。坚持“以混促改”，支持符合条件的6家子公司在混合所有制改革过程中依法合规、稳慎开展骨干员工持股，累计激励301人。

中车始终坚持一张蓝图绘到底，构建闭环管理体系，推进战略执行落地生根。牢牢把握战略执行这一关键，推进战略管理体系建立健全，建立了业务单元模式下的战略规划体系及具有自身特色的子公司规划管理体

① 习近平：《高举中国特色社会主义伟大旗帜　为全面建设社会主义现代化国家而奋斗——在中国共产党第二十次全国代表大会上的报告》，人民出版社2022年版，第33页。

系，明确相关制度流程、工作规则和职责分工，形成战略“研究—制定—实施—评价—修订”的闭环管理机制，在层级维度上形成企业层面战略、业务层面战略和职能层面战略三级架构，在时间维度上形成五年发展战略、三年滚动规划、年度经营计划等三个时间维度相衔接的战略规划管理系统，逐步形成“以战略规划为引领、以经营计划为拉动、以绩效考核为控制”的战略管控机制。不断健全的战略管理体系为中车持续实现战略发展目标提供了有力支撑。

中车通过持续开展管理创新，不断提升企业价值创造能力，增强企业核心竞争力，致力于打造世界轨道交通装备行业的“核动力航空母舰”。随着战略协同、业务协同、价值协同、能力协同一系列创新工程落地，中车的产业梯队越来越明晰，资本杠杆越来越精准，核心竞争力越来越强。2015 年以来中车的营业收入、利润总额、资产总额等规模指标和资产收益率、净利润率等盈利指标始终居于全球装备制造业前列。

中国高铁与大功率机车、重载货车、城市轨道列车等先进轨道交通装备一起，为满足中国人民日益增长的美好生活需要而生，让中国人有了满满的获得感。中车作为高端装备的典型代表，功不可没。中车还是践行中国高端装备“走出去”战略的先锋官，中车的努力使中国速度、中国智慧、中国方案惠及五洲四海。

打造世界一流企业，中车已具备坚实基础，在国际资源配置中占有重要地位。海外业务布局不断加速，在北美、拉美等海外地区设立公司；由产品输出转为“资本 + 技术 + 服务 + 管理”综合输出——马来西亚制造中心成为东盟地区经贸合作的亮点，在印度设立的首家工厂建成投产，并购的德国公司、英国公司整合成效显著。设在德国、英国、美国等发达国家的海外研发中心进展顺利，配置全球创新资源的能力进一步提升。在全球高铁领域，日本、德国企业曾经长期领先，中车后来居上、快速发展。

如今，纵观行业发展状态，已从“中车看世界”变为“世界看中车”。

第六节　持续助力“一带一路”建设

2013年以来，习近平总书记向世界阐明推动共建“一带一路”高质量发展的立场主张，“一带一路”已成为最受欢迎的全球公共产品和前景最好的国际合作平台。中车积极响应“一带一路”倡议，坚持实施“产品+技术+服务+资本+管理”五要素合一的国际战略，运用“本地化制造、本地化用工、本地化采购、本地化维保和本地化管理”的“五本模式”，施行“走进、站稳、安营、融入、共享”的五步阶梯法，布局中车在全球的发展格局，中老铁路、中欧班列、雅万铁路等已成为沟通世界、开放合作、互利共赢、文化融合的重要纽带。

“一带一路”倡议提出以来，中车肩负振兴中国高端装备制造业的使命，努力为全球经济发展提供中车技术、中车产品、中车智慧和中车方案。出口产品从相关零部件、内燃机车到城轨车辆、动车组，实现了从中低端到中高端的转变。

2016年，中车唐山公司收购意大利蓝色工程公司（以下简称“中车意大利蓝色公司”）60%的股权。中车意大利蓝色公司为汽车、轨道交通、航空航天、船舶、信息技术等领域提供专业性技术服务，是欧洲唯一一家可以同时提供轨道车辆和汽车领域交钥匙工程设计服务的公司。中车意大利蓝色公司的收购对中车拓展国际市场，产生了积极的促进作用，提升了中车的国际影响力。并购重组后，中车意大利蓝色公司的组织架构和人员构成基本维持不变，中车唐山公司仅派驻部分管理人员进行日常经营管控，项目的实施没有给当地人员、环保、资源配置带来负面影响，并且有效地促进了中意双方的技术和文化交流，促进了中意双方在轨道交通乃至

图 3：为运行于中老铁路的“复兴号”动车组

汽车、航空等领域的广泛合作。同时，中车唐山公司和中车意大利蓝色公司的协同效应，有利于轨道交通行业的欧美标准与国内标准的相互融合，有利于国际轨道交通产业的健康发展。中车意大利蓝色公司在中车进军海外市场过程中起到了“桥头堡”作用，是中车响应国家“走出去”战略的生动实践，在南欧地区投资环境和经济情况的探索方面迈出了坚实的一步，对中意两国的外交联动和文化交流也具有十分积极的意义。2020 年，中车意大利蓝色公司作为意大利皮埃蒙特大区在管理和信任度方面表现卓越的公司和最具创新性的高科技公司，被授予“工业菲利克斯奖”。

2020 年 9 月 26 日，中老铁路动车组项目合同在北京签署。中老铁路是中老两党两国最高领导人亲自推动的政府间合作项目，是中国“一带一路”倡议与老挝“变陆锁国为陆联国”战略的对接项目，是泛亚铁路的重要组成部分，是“一带一路”、中老友谊的标志性工程。铁路北起中国云

图 4：为运行于中老铁路的“澜沧号”动车组

南昆明，南至老挝首都万象市。根据动车组采购合同，中车四方股份公司作为牵头方，同中车大连公司组建联合体，为中老铁路量身定做时速 160 公里动力集中动车组。中老铁路动车组以“彰显老挝文化特点，传承中老友谊，体现先进性、现代感”为设计制造理念，是老挝文化元素和中国“复兴号”技术的结合，是中国铁路“走出去”的亮丽名片。2021 年 12 月 3 日，在中国国家主席习近平与老挝国家主席通伦的共同见证下，“澜沧号”动车组与“复兴号”动车组分别从万象站和昆明站发车，中老铁路正式开通运营。中老铁路开通运营以来，“复兴号”“澜沧号”动车组交出闪亮答卷，快捷舒适的“澜沧号”成为老挝当地民众的出行首选。据统计，从万象前往北部重要旅游城市琅勃拉邦的游客，85.27%选择乘坐“澜沧号”出行。

中车长客股份公司于 20 世纪 90 年代，率先在行业内开启了轨道交通装备制造领域的海外市场开拓工作。到目前为止，产品已出口到泰国、马来西亚、沙特、新加坡、巴西、阿根廷、哥伦比亚等 10 多个共建“一带

图5：为中车长客股份公司出口巴西里约热内卢的地铁4号线列车，被称为“奥运地铁”

一路”国家和地区，实现从产品“走出去”、产能“走进去”、品牌“走上去”的转变。自2007年以来，中车长客股份公司累计为泰国提供164辆城市轨道车辆和115辆铁路客车，因车辆运营稳定、舒适，在泰国市民中享有良好的声誉。同时，泰国子公司全力融入当地经济发展和社会建设中，积极担当履行当地社会责任，实现“连接世界，环球传递温暖”，在展现企业科技实力的同时，彰显企业“暖实力”。2016年7月30日，由中车长客股份公司提供运营车辆的巴西里约热内卢地铁4号线通车运营。该线路将里约热内卢市区及奥运会主场馆所在地之一巴哈奥林匹克公园连接起来，所以又有“奥运地铁”之称。地铁列车开通运营，开创了中国轨道交通装备首次境外服务奥运会的历史。

2020年新冠疫情席卷全球，共建“一带一路”国家和地区受疫情及全球经济大衰退影响严重等因素交织共振，“一带一路”项目因国际交往受限、物流停滞、停工停产等困难，中车海外业务面临空前挑战。为了保障海外业务正常开展，中车积极采用线上沟通、远程办公等手段克服疫情带来的人流、物流影响，采用“云签约”“云监造”等手段保证项目履约，保证重大海外项目有序实施。中车南非公司在新冠疫情爆发后，开展“中车非洲区域协同防疫和复工复产工作”，实现了中车在全非洲 12 个国家、14 家子公司 208 名外派人员和 48 名当地员工“零感染”目标。中车南非公司是“南非—中国经贸协会”副会长单位、“协会制造委员会”会长单位，疫情期间认真履职，协会制造委员会向约翰内斯堡 Tambisa 贫民区捐赠粮食、食用油、口罩等物资，南非主流媒体进行了全面报道，真正做到“一带一路”民心相通。

“一带一路”合作从亚欧大陆延伸到非洲和拉美，为世界经济增长注入新动能，为全球发展开辟新空间，为国际经济合作打造新平台。

中车大连公司抢抓“一带一路”基础设施互联互通和国际产能合作等重大战略机遇，由单纯的“产品出口”向“产品 + 服务”出口模式转变。2021 年，中车大连公司与南非 PMC 矿业公司签订 CKD8F 型内燃机车全寿命周期服务协议，该协议成为首个境外长周期、全方位、全链条的机车产品服务项目。2024 年 2 月，中车大连公司与哈萨克斯坦国家铁路公司签订 100 台干线货运内燃机车的采购合同，这是中国与哈萨克斯坦在轨道交通领域有史以来签订的最大一笔干线货运内燃机车订单，成为在轨道交通领域全面推动共建“一带一路”高质量发展的重要成果。

2023 年 9 月 6 日，由中车自主研制的全球首列氢能源智轨电车在马来西亚砂拉越州首府古晋开跑，中车以氢能智轨车辆满足了古晋当地对环境保护的要求。2023 年 10 月，“一带一路”国际合作高峰论坛期间，在哈萨克斯坦总统托卡耶夫见证下，中车与哈萨克斯坦国铁公司签署合作协议。2023 年 10 月 17 日，被称为中印尼共建“一带一路”合作“金字招牌”的雅万高铁正式开通运营。同日，匈塞铁路高速动车组项目正式签约，是

图 6：为中车株洲所研发的全球首列氢能源智轨列车在马来西亚砂拉越州首府古晋开跑

中国高端轨道交通装备走出去的又一重大突破。2024 年 6 月 10 日，中国与哈萨克斯坦在轨道交通领域共建“一带一路”的重要成果之一——首台 CKD6S 型机车在中车资阳公司下线。该型机车运用于哈萨克斯坦全境各机务段的调车作业，确保中欧班列正常运行，机车的交付进一步提升了中哈双方在轨道交通领域合作的深度和广度，为推动哈萨克斯坦经济发展提供助力。

“一带一路”倡议的提出，开启了中国装备制造业“走出去”的机遇期。从响应到实践，从畅想到行动，中车在全球创造着一个又一个奇迹。

2024 年 9 月 24 日下午，为积极践行共建“一带一路”倡议，深入贯彻落实“文旅融合、交旅融合”发展理念，努力推动中国和老挝文化旅游交往，中车唐山公司制造的中国首列跨境旅游列车“星光 · 澜湄号”在昆明站首发，标志着中老铁路跨境列车旅游产品正式落地。该列车由中国旅

图7：中车唐山公司制造的中国首列跨境旅游列车“星光·澜湄号”在昆明站首发

游集团投资和资产管理有限公司（以下简称“中旅资产”）聚焦中老铁路旅游投资打造，列车的上线运营开启了“一带一路”中老铁路黄金大通道旅游新篇章。

中车戚墅堰公司积极融入“一带一路”建设，坚持走国际化发展道路，主动对接世界各国轨道交通发展需求，积极谋划海外布局，多个国际项目开花结果，产品出口海外五大洲二十多个国家和地区，内燃机车累计出口三百余台，架起了与世界各国互利共赢、文化融合的桥梁和纽带，构建了广泛的朋友圈，向着“一带一路”先锋企业的发展目标迈进。2013年—2023年的10年间，中车戚墅堰公司海外订单和市场规模翻倍增加，签约额和实际出口额大幅度增长，优质订单纷至沓来，商业模式取得新突破。一张张机车出口海外的成绩单，不仅结出了实实在在的发展硕果，也见证了“一带一路”倡议惠及各国人民的生动实践。

“一带一路”倡议提出以来，中车坚持改革赋能、创新引领、价值创造，加快培育和发展新质生产力。中车产品已服务全球 116 个国家和地区，其中共建“一带一路”国家 52 个，以中国智慧为全球的可持续发展与共同繁荣作出贡献。雅万高铁的开通将两地旅行时间由 3.5 小时压缩至 46 分钟，被习近平主席誉为中印尼共建“一带一路”合作的“金字招牌”；中欧班列通达欧洲 25 个国家二百多个城市；中老铁路开启了老挝由“陆锁国”到“陆联国”的梦想大门，被誉为高质量共建“一带一路”的“标志性工程”；蒙内铁路被誉为中肯“一带一路”合作的“旗舰项目”，中国中车在当地建设机车车辆维保基地，为线路安全运营全天候保驾护航，同时开展本地化人才培养，截至目前，已为当地培养机车车辆维保人才超 200 名。高铁技术树起国际标杆，高铁动车成为中国一张亮丽的名片、“一带一路”上的“抢手货”。中国中车集团获选中国 ESG 榜样 2023 年度“一带一路”贡献特别奖。

第二章

“双赛道”驰骋的中车

进入新时代，新一轮科技革命和产业变革重塑全球经济结构。在这个大的时代背景之下，中车一方面聚焦主责主业，锻造高铁核心技术，提高企业核心竞争力；另一方面，在“守正”的基础上转型“跨界”，将核心技术向产业链上下游和同类、相似产业领域延伸，积极开辟新领域新赛道。在不断探索实践的过程中，中车“双赛道”产业发展集群逐渐成型，在轨道交通装备和清洁能源装备两个领域同时发展，形成了两个主要产业集群的发展模式。这一模式促进了中车的“优势产业延链、新兴产业建链”，实现了轨道交通装备与清洁能源装备的协同融合发展。

第一节　新能源产业蓄力发展

从高铁到风电、储能、汽车等行业，中车全都表现出色，亮出了耀眼的成绩单。中车的成功跨界得益于既专又多。专体现在深耕高铁技术、持续研发、保持领先；多则在于保持市场敏锐度，尽可能将高铁技术延伸拓展到更多领域。风力发电机销量稳居国内第一、2024 年集中式储能系统中标量排名国内第一、汽车减振及轻量化销售规模全球第三。从高铁到风电、储能、汽车等行业，中车异军突起、遥遥领先，其成功背后有何秘诀？中车“跨界”的一个显著特点，是“形散而神不散”。乍看行业不少，细看这些行业技术均有共通之处。

一、风电产业从零到领跑世界

中车作为中国轨道交通装备行业唯一一家产业化集团，是国内最早从事风电装备制造且产业链最全的企业之一。风力发电的过程是将风能转化成机械能，再转变为电能，而高铁制动的过程也是将机械能转化成电能，二者如出一辙。因此，风力发电机又被中车称为“立起来的高铁”。中车依托“铁路机车交流电机”试验平台，研制出国内首台风力发电机，并一步步地占领市场。中车拥有国内布局最全的风电装备产业链，截至 2024 年末，累计交付风电整机吊装容量 24.18GW。

中车本着“相关多元、高端定位、资源支撑、行业领先”的原则，将轨道交通工业领域积累的电机、电控、新材料、传动和系统集成等方面的核心技术优势延伸至风电装备领域，经过二十多年的培育与发展，形成了从发电机、叶片、塔筒、齿轮箱、变压器、变流器、超级电容、变桨系统等核心部件到资源开发、项目 EPC、整机制造、智能运维等风电全产业链优势，同时还构建了优先利用风电、光伏等清洁能源的风光储氢综合解决方案，配置储能设施，统筹资源开发，实现新能源电力大规模消纳，为国家“双碳”目标提供“中车技术”“中车产品”和“中车方案”。截至 2024 年末，中车已有 11 家子企业从事风电产业。

中车新投公司是中国中车定位的城市基础设施和新能源系统解决方案载体平台，聚焦城市基础设施和新能源领域，统筹中车资本、产业、技术和管理资源，广泛开展项目投资、项目管理、资产经营和资本运作四类业务，为各地提供城市轨道交通、风电、光伏发电、区域环境综合治理等系统解决方案，实现规划设计、投融资、轨道交通装备、新能源装备、工程建设、运营服务等项目全寿命周期全产业链服务。自 2021 年 5 月开展新能源业务以来，紧紧围绕战略性新兴产品“系统 +”业务平台定位，围绕绿色产业开展项目投、融、建、运、管、退全生命周期管理，致力于打造中车城市基础设施和新能源系统解决方案平台载体。持续拉动中车产品装备，实现更多价值创造，推动中车“双赛道双集群”新产业格局高质量发展。通过投资开发风电、光伏发电等新能源项目，发挥产业协同效益，带动中车风电整机、叶片、塔筒、电机、储能、逆变器等新能源装备产业持续健康发展。中车新投公司目前推进的26个项目总规模约2.56GW，总投资约148.36亿元，中车预计出资11.82亿元，预计拉动中车业务82.80亿元，拉动比为684.93%，其中已自主获取48MW/96mWh新型储能项目，配合山东风电成功获取松原资源指标300MW，自主申报风光资源指标1.2GW，密切跟踪协调政府批复，持续跟进具备申报条件的项目200MW。公司投资的中车屋顶光伏项目并网运营11个，规模57.51MW，自首个项目并网以来共计总发绿电4669.93万kWh，获取电费收入2382万元，为中车各主机厂节约电费约363.78万元，助力中车各主机厂累计减少二氧化碳排放约4.65万吨。

中车山东公司的风电产业开始于2006年。当年9月，公司召开战略研讨会，明确提出要发挥公司大型钢构制造能力优势，开发风电塔筒制造项目，尽快提升非轨道业务规模和效益，进一步做大做强多元经营。随后，成立风电项目调研组，对风电产业化进行了专题调研和论证。从2007年开始，公司以风电塔筒为突破口，切入风电行业，并对各种资源进行整合，快速提升加工制造能力，抢抓市场机遇。经过一年多的探索和实践，风电塔筒业务快速取得突破，并成功跻身国内风电塔筒制造商前列。2008年3月，根据公司发展和原中国北车发展需要，提出上马风电整机制造项目，正式上报《开发风电设备制造项目建议书》，很快获得原中国北车批复同意。公司按照“高起点、高质量、高速度”指导思想，对技术引进展开寻源工作，通过对国际国内风电技术的深入调研分析，将目标瞄准具有世界先进水平的德国爱诺迪公司。经过近一年的艰苦谈判，最终确定引进两种具有世界一流技术水平的 1.5MW 风电整机技术。2009 年 1 月，在山东公司积极牵线运作下，原中国北车与济南市签订战略合作协议，济南装备公司与济南高新区管委会签订战略合作框架协议。原中国北车确认在济南投资建立风电产业基地，促进济南装备公司产业发展转型升级，并助推济南市的社会经济发展。济南市承诺，给予原中国北车和济南装备公司优惠政策，支持中国北车风电产业落地，助力其实现高端装备制造业的升级。风电公司在巨大压力下坚守初心如磐，在市场博弈的洗礼中成长、敢闯敢试，把握客观规律，谋求企业发展，凭着一股不服输的劲头，不断突破体制机制的约束，取得市场突破和商业模式的拓展，走出了公司的高质量发展之路。

2021 年 10 月 21 日，中车宣布调整山东风电公司管理层级，由中车 3 级子公司调整为 1.5 级子公司，这是中车从事关产业长远发展的高度作出的重大安排，体现了中车大力发展风电产业的信心和决心，也是对山东公司风电产业十余年发展的认可和肯定。山东风电公司的提级发展，承载着中车“三极”产业发展壮大的希望，是落实中车“十四五”发展战略纲要的需要，是率先深入实施市场化经营机制改革的需要。十余年来，山东风电公司产业规模从最初的 3.4 亿，到突破 50 亿大关。从最初的仅有 1.5MW 一款机型，到形成涵盖 1.5MW—10MW 等级的 7 大平台、三十余款陆上风电机组的产品谱系，适应各种风况和环境的需要。在装备销售的基础上，先后拓展了 EPC 总包、权益风电场、风资源开发等业务模式，形成了“四位一体”的业务结构，企业持续发展能力、抗风险能力不断增强。山东风电公司奋力扛起中车“一核三极”重要一极的大旗。积极推进产业布局，全力开拓市场，在现有生产制造基地的基础上，积极布局吉林、内蒙古、青海、新疆等生产基地，尤其是吉林松原新能源产业园，公司广大干部员工历经两个一百天的艰苦奋战，实现了产业园的建成投产，并于当年实现了整机产品下线交付客户，使吉林松原成为公司第二个风电产业大本营。

十余年来，山东风电公司苦练内功，高度重视产品研发和质量管控，凭借风机的可靠性赢得了市场和顾客的尊重。在做好装备的同时，持续谋求商业模式创新和产业拓展，成功建成了中车第一个自营风电场——后水泉（骆驼山）风电场，首次并网一次性送电成功，自营风电场业务取得了良好的经济效益和社会效益，公司业务也延伸到风电产业链的高端。

山东风电公司大力开拓 EPC 总包业务，从装备销售领域向工程总包领域延伸，不断积累经验，不断从当初的摸着石头过河到现阶段形成成熟的业务模式，并在成本、质量、交期等项目管理阶段形成了一整套规范的管理流程。公司已开展了近十个超过 100 万 KW 的 EPC 总包项目，凭借优异的成本、质量、交期管控能力赢得了合作伙伴的高度赞誉。公司承建

图 8：2019 年，中车第一个自营风电场——后水泉（骆驼山）风电场——完成风机吊装

的中车最大的风电 EPC 总包项目——唐河 40 万 KW 风电总承包项目实现全容量并网发电。

2021 年，随着国家“双碳”目标不断推进，外部形势发生了深刻变化，风电产业价值链的高端逐步转移至产业链两端。为实现风电产业高质量发展，山东风电公司的发展方向指向了风资源开发、EPC、部分风电场股权持有和整机订单。公司的业务结构也从单一的装备销售，转型为“风资源开发、EPC 工程总包、权益风电场、装备销售”四位一体的业务结构。公司本着实事求是的原则，不墨守成规，果断决策，将战略定位由“做中国最好的风机”调整为“在做中国最好的风机的基础上，成为风电新能源产业综合解决方案提供商”。

中车永济电机公司早在 1998 年就抓住了国家政策支持风电产业发展的重要机遇，果断开发风力发电电机，陆续形成笼型异步、双馈异步、永磁同步、电励磁同步等一百多种规格的产品。经过 5 年艰难的市场培育，到 2006 年基本奠定了公司在风电行业的主导地位，进入业绩快速增长期，到 2013 年销售收入超过 20 亿元，成为公司城市轨道交通板块之外成长最快的业务板块。公司形成了年配套 1.5MW—3MW 风力发电机 4000 余台的能力，可以满足国内一半以上的风电市场需求。十年的时间，公司不仅形成了全系列风力发电机产品研制和配套能力，还实现了 600KW—20MW 功率等级产品的全覆盖。特别是 2018 年以来，随着产能不断提升，中车永济电机公司以延链补链强链为路径，破解“量”的困局，实现“质”的提升。公司不仅实现了从风力发电机向机舱叶轮的产品拓展，还成功实现向传动链系统的转型。在此基础上，公司风电业务国际市场覆盖率不断扩大，先后与丹麦 Vestas 和德国 Nordex 公司等国际风电主机企业签订合同，形成批量供货，打开了独立出口全球五大洲的大门。公司作为全球风能理事会（GWEC）C0 级别会员，拥有董事会席位，产品类型涵盖鼠笼型、双馈型、永磁直驱、半直驱传动系统等系列，是国内产品配套最齐备、生产规模最大的风电电机供应商。截至2024年底，已累计为风电市场提供各类风力发电机五万四千余台（128GW），产品分布国内外二千一百多个风场，可满足高海拔、低风速、高温、低温、风沙、沿海、海上等不同工况要求。公司与全球排名前十的国际整机风电制造商建立良好合作关系，产品出口美国、澳大利亚、巴西等二十多个国家和地区。

中车时代新材于2008年成立风电产品事业部，主要从事风力发电叶片系列产品的研发、生产、销售和运维服务，拥有九大叶片生产基地，形成适合国内陆上、海上以及海外供货的产能布局，具备年产超过4000套叶片的制造能力，全球叶片累计装机容量超58GW，广泛分布于北欧、中亚、东南亚、美洲及国内30个省区市，是全球行业排名前三的叶片供应商。此外，中车时代新材还从事风电减振系列产品及联轴器的研发、生产、销售和售后服务，全球已有超过80000台装有公司减振传动产品的风力发电机组在运行，国内行业品牌及市场占有率排名前列。2022年，中车时代新材自主研制110米海上风电叶片是中车走向海上风电装备的第一款叶片，该产品与国外知名公司同款叶型相比，发电性能高1.5%以上，载荷水平低4%，装机并网后，发电性能更是在同类型风机中达到最优。截至2024年末，中车时代新材已下线107米、110米、112米、120米、123米、126米、131米等十余款超大型海上风电叶片。2024年12月4日，中车时代新材自主研发的TMT118AA陆上风电叶片在江苏盐城顺利下线。该款叶片长118米，扫风面积达4.5万平方米，相当于6个足球场的面积，是中车目前生产的长度最长、功率等级最高的陆上风电叶片。该叶片适配12.5MW整机，风机满发运行1小时，可使一辆普通新能源汽车行驶9万多公里。以年均风速7.5m/s计算，单台机组每年可发电约3800万度，相当于节约标准煤15000吨，减少二氧化碳排放36000吨，种树约900万棵，

图 9：2024 年 12 月 4 日，中车时代新材自主研发的 TMT118AA 陆上风电叶片在江苏盐城顺利下线

将为环境保护和应对气候变化产生显著的积极影响。

中车株洲电机公司成立之初，就开始了风电业务的研发，其产品已先后出口澳大利亚、巴基斯坦、加拿大、南非、希腊、智利、越南等多个国家及地区，出口额累计达到 60 亿元，风力发电机出口市场占有率稳居国内第一，已成为全球规模最大、最专业的风力发电机生产企业之一，并实现风电传动链、新能源变压器、风电运维等产业突破，国内风电市场占有率超 30%。公司将 60 余年所积累的国际尖端轨道牵引电机技术引入风力发电机研制全过程，打造了双馈、异步、高速风力发电机 750kW 到 10MW 级、直驱永磁风力发电机 1.2MW 到 14MW 级、中速永磁风力发电机 2MW 到 20MW 级、风电传动链 4MW 到 17MW 级全领域、全谱系风电动力装备产品平台，可满足陆地、海洋、低风速、高海拔等各类环境运行要求。仅“一带一路”沿线上的中亚地区，公司就已供货风力发电机近600MW，助力该地区绿色能源转型和可持续发展。公司打造出的全球领先的大功率陆上双馈风力发电机产品平台，具有功率密度高、体积结构紧凑、环境适应性强等特点，可充分满足“沙戈荒”环境机组的需要，助力“沙戈荒”区域以及全国能源结构调整转型。

2024 年 12 月 21 日，中车株洲电机公司自主研制的 66kV—20MVA 大容量油浸式海上风电变压器成功下线。这是国内电压等级最高的海上风力发电机组专用机舱悬挂式升压变压器，具有体积小、重量轻、全密封、长寿命、少维护和高耐候性、高可靠性等特点，具备抗短路、抗低频振动、抗内燃弧等能力，可全方位满足各项工况的运行要求。该产品的下线，标志着中车在进军海上风电高端市场的征程中迈出关键一步，也是积极响应国家“双碳”目标的又一实际行动和重大成果。

中车株洲所初涉风电整机领域时，曾与奥地利 Windtec 公司合作，引进首套风电整机技术。为了在最短时间内完成消化、吸收，掌握风电机组整机设计、制造技术，风电事业部全员上阵，通宵达旦，成功研制出了首台 WT1.65 型风电机组。从高海拔风电技术到低风速区域风电技术，从“被动适应”电网的随网型风机到“主动支撑”电网的构网型风机，从“箕星”平台系列化产品到中车首台海上风电机组——“海平面一号”，从单一的整机制造商到以“清洁能源装备制造与销售”为一体、“风光资源开发和数智能源服务”为两翼的新能源系统解决方案提供商，形成了包含风电整机、叶片、变流器、弹性元件等零部件及风电场运营全产业链的风电产业集群。2022 年，中车株洲所牵头风电领域的国家重点研发计划项目——风电机组主控系统关键技术及应用，攻克了 PLC 自主可控难题。风电机组整机硬件实现了 100%国产化和软件的自主可控，扫除了中国风电产业全面自主安全可控的“拦路虎”。2024 年 12 月 14 日，全球海拔最高光伏项目——华电西藏才朋光储二期箱变设备成功并网发电。中车株洲所凭借多年高海拔输变电产品的设计和制造经验，结合系统仿真分析、高海拔环境可靠性试验验证等手段，研制出适用于海拔 5200 米的小体积高原型箱变，并成功应用于该项目。该产品克服了高海拔环境下电气设备绝缘介质强度降低，局放、电气间隙击穿起始电压降低，开关电器灭弧性能和散热性能下降的不利影响，标志着中车在高海拔、高寒地区的输变电产品应用迈出新的步伐。

进入“十四五”以来，在国家加快推进“双碳”目标的背景下，中车戚墅堰所风电装备产业发展进一步提速提质。在 2022 年召开的党代会上，中车戚墅堰所正式提出构建“双源双道双融”产业格局，以风电装备为代表的清洁能源装备成为主力赛道之一。依托自身在材料工艺和工业传动领域的技术优势、制造优势、人才优势、产业链优势，中车戚墅堰所具备 3MW—15MW 风电齿轮传动系统自主研发生产能力，产品在全国 20 多个省份的风场装机运行，并实现了海外市场批量交付的突破。

2023 年 9 月 26 日，中车新能源风电传动系统产业化基地在常州奠基。中车戚墅堰所以风电传动系统为代表业务和拳头产品，以“绿色、低碳、智能、数字化”为理念，以打造风电装备全产业链标杆工厂为目标，全面开启基地建设，系统提升风电传动系统组装试验和核心零件关键工序制造能力，全面跨入了清洁能源装备新赛道，助力中车实现风电产业全面先进、全链领先，并深度融入了地方经济社会发展。

中车致力于成为绿色制造的领跑者、绿色生活的创造者、绿色发展的引领者，立足打造“双赛道双集群”产业发展新格局，中车持续深耕风电等新能源装备领域，着力将风电装备打造成为中车的另一张“名片”，为创造更加绿色、可持续的能源未来贡献中车力量。

二、新能源汽车产业迅速崛起

2020年，中国宣布力争2030年前实现碳达峰、2060年前实现碳中和。这是国家基于推动构建人类命运共同体的责任担当作出的重大战略决策。在国家推行“双碳”目标的大背景下，中车的新能源产业迎来巨大机遇。

高端装备往往以高新材料和技术为依托。中车依托轨道交通装备研发，攻克、掌握了一批关键核心技术，并不断将这些技术发扬光大，应用到更多行业、领域。2001年，国家启动电动汽车相关专项。新能源汽车与高铁在电驱系统方面有不少共同点、相似点。凭借在高铁电传动和控制技术方面的深厚积累，中车实现了从高铁“钢轮子”到汽车“胶轮子”的跨越。中车将高铁核心技术进行平移和突破，成功打造了纯电、混电两大电驱动系统集成平台，成为国内唯一一家具备从部件、系统到整车制造的全产业链能力的完整方案提供商。同时也是国内首家专业从事新能源客车研发与制造的整车企业，国内最早掌握新能源汽车全部技术线路、“三电”（电机、电控、电池管理）核心技术的企业，国内首个研制出纯电动、插电式、燃料电池公交及动力系统总成的企业。历经十余年的快速发展，中车成功跻身中国汽车电驱系统领域和新能源客车领域的领军企业行列。截至2024年末，中车新能源汽车的产业布局，已从株洲扩展到常德、重庆、无锡、宁波、成都、沈阳等多个生产基地，辐射全国。

中车电动公司是中车整合国内外优势资源成立的中国第一家专业从事新能源商用车整车研发与制造的高新技术企业，承担了打造中车新能源商用车这一高质量增长极的重要使命。中车电动公司将世界领先的高铁电机及其控制系统、变流系统、网络控制等核心技术成功应用于新能源商用车领域，产品涵盖城市客车、公路客车、通勤客车、物流车、环卫车、自卸车、特种专用车等多个系列。中车电动公司凭借优秀的产品，连续服务北京奥运会、上海世博会、广州亚运会、巴西世界杯、男篮亚锦赛、上海进博会，以及重庆国际马拉松、成都大运会、杭州亚运会等国内外大型赛事，以零排放、零故障等高品质受到业界好评。截至2024年末，中车电动公司累计投放新能源商用车整车约68000台，新能源客车销量连续多年位列央企第一，行业前三，产品已销至全国34个省级行政区（23个省、5个自治区、4个直辖市、2个特别行政区）及海外20多个国家和地区。

2008年，中车电动公司抓住国家“十城千辆”工程契机，与株洲市公交总公司签订140台混合动力公交客车订单，开国内电动汽车批量订单先河。2011年，中车电动公司助力株洲“公交电动化三年行动计划”，株洲成为全国首个“电动公交城”，成为全国各大城市竞相学习的典范。2019年，中车电动公司新能源整车产销突破7000辆，进入行业排名前三。

在数字经济蓬勃发展的浪潮中，智能网联汽车成为汽车产业创新的重要方向。中车电动公司将“智慧的车”“聪明的路”“全能的云”三者紧密结合，将智能网联汽车的应用场景从美好的憧憬变为鲜活的现实。2018年底开始，在长沙湘江新区智慧公交示范线的开放道路上，中车电动12米自动驾驶公交开展测试运营，中车电动公司成为获得全国首张自动驾驶开放道路测试牌照的企业。2020年，中车电动12米自动驾驶公交车更是在法国巴黎获得开放道路许可证。2021年，中车电动公司研发出了“L4”等级的智能驾驶客车，作为中车打造“胶轮上的高铁”新名片的新成果，无人驾驶微循环巴士小V，已经在成都、重庆、宜宾、上海等地投入运营。

2021年10月18日，中车宣布调整中车电动公司管理层级，将其由原先的1.5级子公司晋升为一级子公司。这一决策，是中车站在产业长远发展的战略高度所作出的重大部署，充分展现了中车矢志不渝推动新能源汽车产业发展的强大信心与坚定意志。中车电动公司的提级，不仅承载着中车“三极”产业蓬勃发展的殷切期望，更是落实中车“十四五”发展规划纲要的重要举措，以及率先推进市场化经营机制改革、深化市场导向型发展的迫切需求。提级之后，中车电动公司立足新起点、勇担新使命，明确了“32332”(即“电动化、智能化、网联化”三条路线；“高质量、数字化”两个转型；“新能源客车、新能源专用车、新能源物流车”三类装备；“智慧公交、智慧环卫、智慧物流”三大平台；“高端装备制造商，解决方案提供商”两个目标）战略，步入转型升级、高质量发展新征程。2022 年以来，中车电动公司全面进入新能源商用车赛道，纯电动环卫车、轻卡、重卡陆续上市，并相继推出数智零碳城市交通解决方案。2024 年，智慧客运平台、城乡客货邮平台、智慧物流平台、智慧维保平台成功在吐鲁番、抚州、宜宾、长沙、成都等多地上线运行，网约公交北斗云尚巴士在株洲职教城上线，标志着中车电动公司从装备提供商向数智零碳城市解决方案提供商转型取得突破性进展。2024 年 12 月 20 日，1032 台中车“鲸典”系列公交车正式交付大连公交客运集团。中车全新一体化造型公交产品“鲸典”系列公交车兼具电池罩功能，流畅线条融合海洋元素、轨道交通元素，家族化脸谱造型实现了全新升级，与大连城市定位相得益彰。“三电”(电机、电控、电池管理）方面，车辆达到“高铁级”技术水准。其中，“轻量化、动力匹配、百公里电耗”等综合指标行业领先。搭载 CATL 新一代磷酸铁锂电池，续航里程更长，降低碳排放。智能安全化是“鲸典”系列公交车的另一特点，该车型在“驻车、排水、胎压监测、破玻、主被动安全驾驶、防疲劳预警”等方面，实现车辆全副武装，极大提高了驾驶、乘坐安全性。

中车积极推动数智化、绿色化转型升级，加快提升产品全生命周期服务、系统解决方案两个能力，致力于为全球用户提供“产品 +”“系统 +”的优质前沿服务。通过数字化、智能化、绿色化技术应用，中车利用“云智通”+“智慧售后”双平台，为客户提供新能源汽车“产品＋服务”全生命周期维保服务。“云智通”平台作为“汽车医生”和“数据管家”，是一个集车辆管理、数据分析、大数据服务于一体的综合性平台，为每一辆入网车辆都提供“汽车医生”式的服务。而基于“云智通”平台打造的“智慧售后”服务平台，可以提供电池状态感知与维修维保“线上＋线下”一体化高效解决方案。围绕“公交、物流、环卫、客货邮、渣土”交通场景中“车、路、云、场、站、桩”的核心要素，中国中车还可以提供一城一案、一企一案、一场景一案的“平台＋装备＋模式＋资本”数智零碳城市交通解决方案。该方案已经在株洲、成都、吐鲁番等15个城市落地17个项目，获得17个自动驾驶牌照，自动驾驶安全运行20多万公里。

中车始终坚持以创新驱动发展，以变革推动发展，以融合带动发展，成为人类绿色出行及物流高效畅通的连接者、中国乃至全球新能源汽车核心技术的引领者、未来交通新能源革命的推动者。

三、储能产业形成完整产业链

中车在2019年就有了储能业务，早期的储能技术主要用于轨道交通领域，在国际上创新研制了铁路及其多式联运锂电池动力冷藏集装箱。凭借着丰富的风光开发资源、过硬的自主研发能力以及行业领先的电气化技术，中车从2021年开始在电力行业储能领域发力，在中车长江集团、中车株洲所、中车四方所、中车永济电机公司、中车石家庄公司等多家单位的努力下，中车储能产业形成了从核心部件到系统的完整产业链。中车的储能产品谱系满足市场多样化需求，针对不同应用场景配备多种功率等级的集中式或组串式储能系统，具备安全可靠、智慧友好、高效经济等特征，并可提供定制化解决方案。结合自身深耕新能源领域的经验及产业优势，以及系统集成技术优势，中车储能产品广泛地应用在美丽的三湘大地、广袤无垠的荒漠戈壁和风景宜人的塞上江南。

中车长江集团早在2017年就开展储能装备的探索研究及装备研制。在发电装备方面，2018年成功研制中国首批铁路运输发电箱，创新采用远程监控、多重消防、低温启动等技术，替代铁路发电车并实现无人值守，为外供电冷藏箱海转铁编组运输提供电力供应。首次成功研制柴油背包发电机组，具有高效便捷、远程控制等特点，用于冷藏箱铁路单节运输过程中电力供应。2019年，中车长江集团成功研制中国首台新能源锂电池冷藏集装箱，在国际上率先掌握了锂电池端部集中模块化布置+直流变频制冷机组技术，替代以柴油为动力的传统铁路冷链装备，在上海—成都铁路冷链班列约2000公里的运输途中，能源消耗电量150kWh左右，比原柴油动力节约能耗成本4/5以上，全面降低了氮硫化物排放及噪音，践行铁路装备绿色节能发展要求。2023年，中国首台氢电混合动力冷藏箱成功下线，首台铁路冷藏车柴电混合动力系统完成组装及调试。2024年，中国首批下出风柴电动力冷藏箱批量交付，成功实现中老铁路榴莲等呼吸跃变型热带水果的高质量保鲜跨国运输，在冷链装备领域建立集动力系统及控制、充电控制及运营管理为一体的新能源冷链及其配套装备研发综合体系。

中车石家庄公司也积极拓展冷链业务，自2017年开始技术验证和原理样机试制工作，着眼于冷链物流装备开发，深入分析公路冷链和铁路冷链痛点问题。通过系列箱型、控温温区、保温时长、仓储、运输、配送、多式联运等多层次多维度的“魔方”组合，以准时、安全、高效的方式，提供全流程温度品质管理解决方案。2018年，初代蓄冷式冷藏集装箱研制成功并通过公铁联运运用考验；2019年至2023年，先后开展多工况试验及系统性验证。特别是2021年至2022年，公司以智能蓄冷技术及应用为基础，以公铁联运蓄冷装备为核心，形成智慧蓄冷全程冷链装备系统，

不断丰富装备序列，拓展全程冷链装备体系，成功构建了以储运装备、冷库装备及温控系统为核心的三大产品谱系，全面覆盖从铁路到公路、多式联运等多个应用场景，展现了强大的技术创新能力和市场适应性。2024年，成功签订了首个1000平方米新造冷库的市场订单，成功中标河北净菜（北京）物流有限公司新能源厢式物流车蓄冷式改造项目，以昆明分公司为核心，中车中老铁路国际多式联运信息服务平台建设项目成功获得昆明市补链强链政策的大力支持。

2024年8月22日，“湘滇·澜湄线”昆明—怀化冷链图定班列在昆明铁路王家营西站装载黄白菜、意大利生菜、油麦菜、上海青等云南本地当季生鲜蔬菜鸣笛首发，分销至湘、鄂、赣等省份，丰富了当地居民的“菜篮子”，也为“云品入湘”开辟了新线路。中车石家庄公司生产的蓄冷式公铁联运冷链运输装备承担该列车19箱次冷藏货物运输。该装备以先

图10：中车石家庄公司开发的智慧冷链运输装备

进相变蓄冷材料技术、保温释冷技术、快速充冷技术为核心，适用于多温区、全品类冷链货物，与传统冷链运输方式相比，降低成本 60%以上，每台每年可减少碳排放 3.93 吨。

近年来，中车石家庄公司持续深耕冷链行业，基于“产、储、运、销”一体化设计开发的蓄冷式冷链装备谱系产品，推动区域冷链物流经济发展、支撑服务中老铁路信息化建设。牵头开展的智能蓄冷装备支撑“云花出滇”全程冷链多式联运示范工程项目，成功入选第四批多式联运示范工程创建项目名单。

在电力行业储能方面，2021 年，中车长江集团在中车电力行业储能发展之初，便积极融入中车储能产业，开展深入的产业技术调研及项目布局。2022 年，立项开展储能系统集成、系统控制及功能实现、消防安全、可视化监控技术以及信息远传等储能系统关键技术研究，利用现有冷链装备生产线成功研制用户侧集装化一体式智能电网储能系统，应用于工厂、商场紧急供电等储能场景。同年 7 月，完成首台船舶动力用移动电源箱的前期技术研究及生产交付。同年 9 月到 12 月，根据用户定制要求完成了 40—45 英尺系列电网侧储能预制舱的硬件系统设计及箱体制造。通过这些项目，逐渐掌握了储能箱系统集成、制造及组装技术。2023 年，完成首批 10 英尺分布式储能系统的批量生产，同时实现用户侧储能箱能量管理系统（EMS）的自主开发。2024 年，在冷链装备生产线的基础上，建成了首条储能预制舱柔性生产线，批量交付 20、40、45 英尺各型储能预制舱 800 余台。至此，建立了完整的储能箱系统、船舶动力用移动电源箱等谱系化产品研发、生产及组装平台，具备了源网侧、电源侧、用户侧储能箱系统的研发、生产、组装能力。

中车株洲所拥有六十余年的变流技术以及二十余年的储能技术积累。不管是在以新能源为主体的电源侧，包括风力发电、光伏发电、水利水电、储能系统等领域，还是在电网侧，包括电能质量、输配电、电力电子器件等，以及在用户侧、交通领域，中车株洲所均可提供完整的核心装备和解决方案。产业的多元化发展带动了以构建新型电力系统为重要基石的储能领域的发展。中车株洲所建立起了从电池 PACK、电池簇到 BMS、PCS、EMS、储能系统等全产业链生产能力。同时，其自主研发的核心零部件能够帮助提升整体系统效率、降低产品成本。

2023 年 12 月，中车株洲所首个自主建设的红寺堡 200 兆瓦光伏复合项目，在宁夏吴忠市红寺堡区顺利并网，标志着该公司在新能源工程建设领域迈出新步伐。该电站每年提供 3 亿千瓦时的清洁电力，每年减少碳排放量约 25 万吨。高效、稳定、安全的磷酸铁锂电化学储能系统以及风电、光伏等新能源项目相继落地实施，充分展示了中车株洲所作为“风光水储氢”一体化解决方案提供商的技术研发实力和产业链优势。红寺堡 200 兆瓦光伏复合项目的成功并网，标志着中车在能源赛道再一次“换挡提速”。

中车四方所的储能业务起步于 2015 年。原中国北车集团与澳大利亚联邦科学与工业研究组织（CSIRO）签订了能源管理系统、超级电容研究开发等四个合作开发项目协议，开发和建造适用于铁路应用的、具有高能量密度（20Wh/kg）、快速充放电能力和长循环寿命的超级电容样机；帮助四方所公司开发批量化生产流程，通过确定电极和电解液等关键原材料，设计生产出具有更高能量密度（40Wh/kg）、大功率密度和更长循环寿命的超级电容单体，四方所公司享有镍碳超级电容器和下一代锂碳超级电容器技术成果独立的知识产权。2015 年 8 月，四方所公司与美国麦克斯韦公司达成合作意向，双方共同开发能量密度更高、循环寿命更长的锂离子超级电容器，四方所公司享有锂电容单体技术，并建设全球唯一单体量产线，为四方所公司储能系统产品提供了有力支撑。2022 年 7 月 11 日，中车松原新能源装备产业园首台套风电整机产品下线。中车四方所积极践行“双碳”目标，紧跟中车“一核三极多点”业务布局，以风光资源开发为牵引，在中车松原新能源装备产业园打造“风光储”一体化——智能储能系统生产基地，形成产品生产制造、测试检验和全寿命周期维保能力，推动实现储能业务与风光发电协同融合发展，提供绿色、节能、高效的中车智能储能系统解决方案，助力吉林省打造西部“陆上风光三峡”工程、“千亿新能源装备制造产业集群”。中车四方所在轨道交通装备领域积累的储能、变流、控制等自主核心技术，延伸运用到新能源领域，采用1.X+X模块配置设计理念和智能算法，为“风光储”一体化量身打造模块化、平台化、智能化的储能产品和服务，并为风电整机提供覆盖全部机型的变桨系统。中车四方所依托储能系统全产业链技术基础和丰富的轨道交通应用经验，围绕“源网荷储一体化和多能互补”，立足PCS变流产品与储能系统集成业务，以“储能+”为突破口，打造绿色、节能、高效的产业链和

图11：中车四方所松原新能源装备制造基地

价值链，致力提供低碳 / 零碳绿色能源解决方案。

2023 年 11 月 6 日，中车德令哈 100 万千瓦源网荷储项目开工仪式在青海省海西州德令哈市举行，这是当时中车在新产业领域投资最大、获得资源最多的项目，由中车四方所牵头，中车山东风电公司、中车新投公司等共同建设，项目总装机容量 100 万千瓦，其中光伏 70 万千瓦、风电 30 万千瓦、储能 80 万千瓦时，并配套建设德令哈新能源装备制造产业园区。中车德令哈新能源装备制造产业园布局有储能系统、风电整机、风电叶片、风电塔筒、电气装备、光伏组件等多种装备制造能力，产业园是中国西部地区规模最大、产业最全的“风光储氢”一体化产业基地，达产后年产值超过 40 亿元，真正实现了清洁能源装备全产业链青海有、青海造、青海用，为推动国家清洁能源产业高地建设贡献了中车力量。

中车永济电机公司坚持“创新驱动、高质量发展”的发展理念，在“双碳”目标、构建新型电力系统的国家战略大背景下，积极助力中车

图 12：中车德令哈 100 万千瓦源网荷储项目开工仪式

构建“双赛道双集群”产业发展新格局。2024年7月，中车永济电机公司与中国能源建设集团下属子公司组成联合体，该联合体成功中标芮城100MW/50.41MWh独立储能建设（EPC+O）项目，这是中车首个飞轮储能建设项目。项目占地35.45亩，建设由飞轮储能和电化学储能协同调节的混合储能调频电站，其中包括磷酸铁锂储能系统50MW/50MWh和飞轮储能容量50MW/0.41MWh，同时配套建设1座110千伏升压站及配套工程，用于电力系统一次调频辅助服务。电站利用飞轮储能高频次、快响应、大功率和电化学长时储能特性，保持电网频率稳定，改善电网电能质量，优化能源利用。该项目的实施，不仅提升了电网新能源供给消纳能力，减少弃风弃光，推动再生能源的大规模应用，同时也为当地居民带来安全可靠的用电保障，助力当地经济发展，该项目列入山西省第一批新型储能项目建设库，是运城市第一批电力调频储能项目。项目于2024年9月26日正式开工，截至2024年底储能区域基本建成。依托芮城项目，中车永济电机公司形成了飞轮储能产业在核心技术研究、关键装备研制及新产品产线建设方面的布局，拉动公司在高速电机、高速电机控制器、高速电机轴承、变压器、可移动箱式电站、产品数智化等各板块产品的配套应用，搭建了飞轮储能从技术—关键部件—系统集成的技术平台，培育了公司在新型储能领域的核心支撑能力，为公司飞轮储能产业的进一步发展奠定基础。

2023年7月13日，国内最大的电化学储能电站在新疆莎车县成功并网投运，中车为该电站提供全套储能系统集成设备。储能电站应用了先进的系统控制技术，支持海量数据和设备接入，可实现“毫秒级”快速功率及协同控制，对整个新疆电网的调峰、调频、调压等功能起到明显支撑作用，进一步提高了当地电网的安全稳定性。该项目是中车援疆助发展的具体举措，也是中车积极响应国家“双碳”目标，发挥央企担当，积极推动国家绿色能源转型升级的生动实践。

第二节　新材料研发成就斐然

在中车确定的“一核三极多点”战略布局中，新材料战略性新兴产业是“三极”中的重要一极。中车新材料产业在蹒跚中起步，经过多年的发展，走出了一条属于自己的特色发展之路。目前，复合材料、功能材料等已经被广泛应用于轨道交通、汽车、新能源和特种装备等领域，实现了新材料和产品结构技术相结合的突破。随着技术壁垒不断被攻破，中车新材料如雨后春笋般快速生长并在各个领域发挥着重要作用。

中车时代新材肩负着中车材料产业发展的重任，其前身是原铁道部株洲电力机车研究所橡胶试验室。40 年来，中车时代新材紧跟全球经济发展步伐，利用国内国际两大市场，坚持面向新兴产业、面向高端产品、面向全球整合，现已成为一家高科技、国际化、跨行业经营的制造型企业。

中车时代新材以高分子材料研究及工程化应用为发展方向，致力于轨道交通、工业与工程、风力发电、汽车、先进高分子材料等产业领域系列产品的研制、生产与销售，产品类型拓展到橡胶、塑料、复合材料、功能材料等多个领域，品种达到千余种，并已实现大批量出口和海外经营。中车时代新材建立了集材料技术基础性研究、新技术应用研究与新项目孵化器于一体的国家认定企业技术中心，拥有新材料系统结构领域企业博士后科研工作站，形成了减振、降噪、轻量化、绝缘、耐磨、低碳、火安全“7 项关键技术”。中车时代新材目前已成为全球唯一一家同时为 GE、庞巴迪、阿尔斯通等世界知名机车车辆制造商提供弹性元件的供应商；2014 年进入了全球非轮胎橡胶制品行业前三十强，是“中国橡胶协会副会长单位”及“橡胶制品分会理事长单位”，实力稳居国内第一。

在国际化征程中，中车时代新材 1994 年拿下 GE 第一批订单，2011 年并购澳大利亚代尔克公司，2014 年并购德国博戈公司，目前新材料板块成为中车旗下国际化程度最高的产业板块之一，产品广泛应用在全球60多个国家和地区，海外销售收入从1994年的几万元增长到2024年的83.7亿元，国际化已成为公司鲜明的标志。

改革和创新有效支撑了中车时代新材发展战略落地，也实现了新材料技术的进一步突破，间位芳纶纤维和纸基材料、高性能聚氨酯材料、长玻纤增强热塑性复合材料、有机硅材料、聚酰胺酰亚胺材料等一系列高分子材料，实现批量应用，达到世界先进水平。

中车新材料种类主要分为六大系列，一是间位芳纶纤维和纸基材料系列，包括间位芳纶长丝、间位芳纶短切纤维、间位芳纶沉析纤维、芳纶绝缘纸、芳纶蜂窝纸；二是高性能聚氨酯树脂材料创新应用系列，包括聚氨酯实心车轮、低地板车用聚氨酯止档；三是酰胺基特种工程材料系列，包括高耐热聚酰亚胺浆料、透明聚酰亚胺浆料、芯片封装用聚酰亚胺胶、聚酰胺酰亚胺特种工程塑料；四是有机硅树脂材料系列，包括有机硅泡沫密封垫、有机硅泡沫座椅垫、双组份导热凝胶；五是减振降噪高性能橡胶材料系列，包括一系簧、球铰关节、车钩缓冲器；六是高性能复合材料系列，包括超长海上风电叶片、抗冰冻叶片、复合材料轨枕。

新材料应用具有诸多优势。中车的电动新能源环卫装备车辆采用铝合金、玻璃钢等新材料，运用铆接等其他新工艺，采用一体化设计，既减少了材料在冶炼、焊接过程中二氧化碳的排放，又大幅降低了整车重量，延长了车辆续航里程。一件件“国家重器”的背后都有新型材料的支撑。在高铁的转向架上，到处都是中车制造的金属橡胶材料部件，助力轨道交通减振降噪，其中空气弹簧已成为中车橡胶减振谱系中的“品牌之王”，年销售量达4万件，远销欧洲、美洲、大洋洲的数十个国家和地区，客户覆盖全球90%以上的轨道交通主机厂。在国内外汽车品牌的零部件中，中车新材料“润物细无声”，其橡胶、塑料、复合材料的灵活运用，为汽车

减振、降噪、轻量化提供了解决方案，“中车制造”不断开拓新能源系列，助力国家实现“双碳”目标。在行驶的高铁上，有机硅泡沫材料制作的座椅靠垫，既软硬适中，又轻便阻燃，可进一步保障人们的安全出行。碳纤维叶片、聚氨酯叶片等可满足不同需求的风力发电。中车高阻尼橡胶隔震支座应用在港珠澳大桥，帮助其抵御十六级台风的侵袭。芳纶等材料打破了国外技术垄断，应用于高端电气设备主绝缘系统。

高性能聚酰亚胺薄膜是世界上性能最好的薄膜类绝缘材料，导热率是普通金属铜的三倍，能够解决智能手机、笔记本电脑等电子通信设备的散热问题，在科技界有着“黄金薄膜”之称，被广泛用于手机、电脑等电子产品以及卫星、飞机、高速铁路等重要部件的制造。长期以来，美国某公司占据着绝大部分的市场份额。针对于此，山东中车兆源新材料有限公司用了三年的时间，投资上千万，使聚酰亚胺薄膜实现了量产，不仅打破了国外公司的垄断，还降低了成本。截至目前，该产品已批量应用于海上风电电机、油田钻井电机、煤矿电机、潜油电机等领域。

在薄膜类绝缘材料生产行业中，山东中车兆源新材料有限公司有着最全的产品工艺和最领先的技术，其生产的产品供不应求。在山东中车兆源新材料有限公司的智能化生产线上，所有的工艺参数全部实现实时采集，并反馈到智能终端，可以直观地看到整条生产线的能耗、产量、产品的质量以及需要的工艺参数。不仅如此，其在生产过程中首创的中波加热方式在同等条件下，具有升温更快、温度更精确、更加节能的特点。在加紧工序，其制造的夹板式加紧工艺装置极大地提高了薄膜的稳定性，保证了薄膜的厚度均匀。

新材料在创新中成长和飞跃，并默默服务各行各业。

制动踏板，即人们俗称的“脚刹”，因为与汽车的安全性有着密切的关系，因此对它的强度、刚度、扭转载荷有着更高的要求。随着中车海外子公司推出了世界上首款量产热塑性复合材料汽车制动踏板，满足了汽车厂商对安全性和经济性的要求。这款创新的制动踏板采用了独特的设计方案，混合使用了三种不同的复合材料，引入了与众不同的生产工艺，其尺寸为350毫米×90毫米×60毫米，与早先的设计方案相比，有机板用量减少了33%，名义壁厚从3毫米降至2毫米，该产品的重量约为金属踏板的一半，强度却与其相近，甚至高于后者，有助于改善驾驶者的驾驶体验。

随着中车时代新材与中交集团联手研发的首条国产GINA止水带在襄阳东西轴线沉管隧道项目顺利实现安装，标志着中国自主研发的高性能橡胶止水带首次在沉管隧道施工中使用。此次研发生产的GINA止水带产品长约75.52米、重约4.5吨，在产品的生产过程中，产品的尺寸精度及整体性能的稳定性具有严格标准。而为了产品的顺利安装，中车时代新材配合施工单位设计了整套安装操作规程，设置了专用吊具、吊点及保护工装，解决了起吊后的落位安装等一系列问题，最终实现了止水带与端钢壳的无缝衔接。襄阳东西轴线沉管隧道作为华中地区首条沉管隧道，具有引领内河沉管隧道技术发展的重要意义。中车时代新材凭借其研发实力，实现了国产沉管止水带从无到有的突破。

创新改变世界，科技拥抱未来。从“国之重器”到人们的绿色安全出行，中车新材料的身影处处可见。从突破技术瓶颈到实现稳步发展，中车新材料不断获得业内赞誉。

第三节　“多点”业务发展放异彩

中车的“多点”业务以功率半导体、新能源汽车电驱、工业变流器、传感器、海工装备等为新的增长点，业务布局主要包括双极器件、IGBT

器件、SiC 器件等功率半导体，风电变流器、光伏逆变器、储能变流器、制氢电源等工业变流器，以及新能源汽车电驱、传感器和海工装备等产品。中车成功实现“跨界”发展，既体现了其专业深耕高铁技术的精神，也展现了其敏锐的市场洞察力。目前，中车相关业务发展态势良好，均已进入国内前列，成为企业业绩重要的支撑。

一、功率半导体

中车株洲所所属子公司中车时代电气长期从事功率半导体技术研究，是中国功率半导体领域集器件研发、生产与应用于一体的代表企业。根据 NE 时代统计，中车时代电气自 2008 年收购 IGBT 厂商丹尼克斯公司开始切入 IGBT 产业，2011 年与中国科学院合作开始布局 SiC 半导体产业。2021 年推出国内首款基于自主碳化硅大功率电驱产品 C-Power 220s，系统效率最高可达 94%。十余年来，通过收购、整合、创新，中车时代电气已成为一家具备 IGBT、SiC 等功率器件芯片设计、制造、封装能力的供应商。在轨道交通行业，其高压 IGBT 产品大量应用于中国轨道交通核心器件领域；在输配电行业，其 3300V 等系列 IGBT 产品批量应用于柔性直流输电、百兆级大容量电力系统，为中国柔性输配电工程的建设提供核心技术保障；在新能源汽车行业，其中低压 IGBT 模块具有散热性能好、高电流密度、高可靠性等特点，已批量应用于新能源汽车领域，其乘用车功率模块装机量位居行业前三，产能扩张 + 下游应用进展顺利，收入持续增长，延续高增长态势。

二、工业变流器

工业变流是中车时代电气将轨道交通变流技术向轨道交通外的工业市场延伸形成的新产业，通过电力电子器件实现电能变换和控制，为工业装备提供绿色、安全、高效、可靠的核心动力。工业变流产品包括风电变流器、光伏逆变器、储能变流器、制氢电源、轧机中压变频器、中央空调变频、矿用车电驱系统等，风光储氢全面布局，广泛应用于冶金、矿山、暖通、船舶、新能源发电等领域。随着中车时代电气技术研发不断突破、产品交付进度加快、新接订单表现亮眼。其中，矿用车电驱电控系统突破国外公司的垄断和技术封锁，已经在矿山高端装备（非公路矿用车）电驱动系统领域占据绝对领导地位。中车时代电气从 2003 开始对 IGCT 器件及变流器的关键核心技术进行深入研究，已完全掌握从功率器件、模块、变流、控制以及到系统集成的所有核心技术，在综合性能上达到国际先进水平，中车时代电气也成为继 ABB 之后世界上第二家能够提供 IGCT 器件的企业。

三、新能源汽车电驱

中车竞速新能源汽车赛道，最早可追溯到 2002 年。中车依托在轨道交通电动化领域的成熟经验，积极响应国家号召，参与到 863 电动汽车专项、央企联盟重大专项，抢先抓住汽车电动化的先发优势。此后，通过 20 多年坚持不懈的探索和布局，特别是 2014 年产业化后的十年，依托在轨道交通领域“器件、材料、算法”三大根本技术，构建了电驱产业“组件—部件—系统”全产业链优势；积极推动底层技术创新，完成五大核心技术开发，规划并稳步推进五代产品平台，迅速获取成本和性能优势；通过网络安全、功能安全、动力安全等一系列认证，各代系产品技术指标均达到行业先进水平，已实现国内前五名的客户 100%覆盖。中车的产品受到上汽、广汽、零跑、上汽通用等高质量客户和大众、丰田、通用等合资企业客户的青睐。公司连续四年营业收入和交付数量翻倍增长，取得了独立供方前三的成绩，成为汽车电驱领域唯一的央企。

四、传感器

传感器是信息系统的关键基础器件，主要应用于智能交通、智能工业、智能电网等领域。中车时代电气传感器是轨道交通装备与新能源发电、储能装备领域电流传感器研发和生产制造领军企业，拥有电流、电压、压力、速度、温度、位移和感知测量装置等 7 大类物理测量检测、12 大系列、1200 多种型号规格产品，覆盖机车、动车、城轨等各种车型，在轨道交通领域国内同行中排名第一。在新能源风电及集中式光伏行业实现国内前十名客户的全覆盖，分布式光伏传感器为行业前三名厂家的首选产品。同时，公司研发生产的高可靠性、高精度的新能源汽车电流传感器广泛应用在国内外多家车企电驱、电池管理等三大系统，至今超过 250 万辆装载中车时代电气传感器的新能源汽车奔跑在全球，为全球绿色发展贡献力量。

中车时代电气传感器已实现传统制造业向以自动化、信息化、柔性化为代表的先进制造业数字化转型。从 2018 年公司建成首条专业汽车传感器自动生产线，至 2023 年已建成并投产 60 余条自动化生产线，年产能超 4600 万只。

五、海工装备

中车时代电气通过收购英国的全球深海机器人知名供应商 SMD Limited（即英国中车 SMD），开始布局海工装备业务。2015 年，中车时代电气收购全球深海机器人知名供应商 SMD，在 2017 年成立上海中车艾森迪海洋装备有限公司，将业务向海工装备领域延伸。中车时代电气海工装备产品主要包括深海作业机器人、海底挖沟铺缆产品、甲板及海底采矿等。截至 2024 年末，已先后交付 540 余套深海作业系统装备，中车深海机器人可在 6000 米海底提起 4 吨重物。

中车时代电气下属上海中车汉格船舶与海洋工程有限公司成立于2011年，致力于向全球船舶行业提供船舶电力推进系统和节能减碳系统解决方案，是上海市高新技术企业、专精特新企业、科技“小巨人”企业。公司为客户提供大功率船舶电力推进系统及自动化、大功率永磁轴带发电系统，突破了大功率高端船舶动力系统技术瓶颈，实现了电驱核心装备国产化，系统广泛应用于公务科考船、滨海游轮、风电安装船、海工平台等。中车永磁驱动混合动力直流组网系统，应用在深圳蛇口大湾区系列豪华游轮上，为粤港澳大湾区低碳发展作出了贡献。

六、矿山装备产业

中车大同公司作为中车矿车整机和核心技术集成的牵头单位，充分发挥中车在装备制造、产品配套、国际营销、品牌效应等方面的一体化优势，已开发出100吨级、200吨级、300吨级矿车。2019年6月27日，CR240E型矿车下线，在鞍钢集团完成工业性试验，产品操作性、可靠性、智能化水平获得客户充分认可。2020年底，CR330E型矿车下线，国产化大吨位矿车研制取得重要突破。2024年6月19日，首批CR240EG高原型电传动矿用自卸车在西藏拉萨正式交付，其电传动系统脱胎于成熟的轨道交通电传动技术，变流柜、电阻柜、轮边减速器、主发电机、牵引电机等关键部件均为中车内部企业联合开发，实现技术全面自主可控。中车大同公司具备根据客户需求量身定制电传动矿用自卸车的能力，能够实现核心部件全自主配套、技术支持全寿命周期、售后服务全过程跟踪、主流产品全覆盖，提供完善可靠的数字矿山、智慧矿山解决方案。

七、电气化公路产业

在“碳达峰、碳中和”目标引领下，中车于2021年启动电气化公路及智慧矿山运输系统项目研究。2023 年 3 月，株洲市发布的中车“天行”电气化公路运输系统（以下简称“天行”系统）引发了行业高度关注。“天行”系统深度融合地面牵引供电、车载变流通信、交通与能源融合自洽、综合调度、智能运维等关键技术，对地面供电、风光储、电驱电控、能源管理、地面监控等关键子系统进行深度重构，开辟绿色公路货运新制式。中车株洲所充分发挥“国产芯片—装置—系统”产业技术链优势，开发出适用于电气化公路的车载 DC/DC、牵引变电站、电驱电控、智能受电弓和风光储等系列产品装备，多项科研成果为行业首创。2023 年 3 月，采用“天行”系统方案的多场景试验线在株洲落成，陆续与招商公路、疆纳集团等签订了合作协议。2023 年 3 月 14 日，中车大同公司发布电气化公路及智慧矿山运输系统示范项目。该项目由电气化公路和双源智能电动重卡两大技术平台组成，核心技术处于国际一流水平，核心部件全部实现国产化，综合形成了全套电气化公路和矿山运输系统解决方案。中车大同公司在企业内部建设了首条实景电气化公路直流供电网试验线路和运用模拟平台，相继攻克和系统掌握了双源智能电动重卡直流供电、智能受电弓研制、变流柜开发等先进技术，多项科研成果填补行业空白。2024 年 8 月 22 日，中车电气化公路及智慧矿山运输系统向市场迈出关键一步，中车大同公司与内蒙古蒙泰集团签约国内首条商用电气化公路——移动充电智轨公路试验示范项目（勘设）。该项目位于内蒙古自治区鄂尔多斯市，由中车大同公司勘测设计，运输路线约 14 公里，改造线路单向长约 8.5 公里，最高速度 60km/h，设置控制中心 1 座。

总体来看，得益于中车各子公司在电气传动与自动化、功率半导体、工业变流器等领域的长期技术积累，这些技术应用于新能源产业的发展，使中车“多点”业务取得较大突破，已成为中车新的经济增长点。

第三章

打造国之重器的中车

党的十八大以来，按照国家“自主创新、重点跨越、支撑发展、引领未来”的科技方针，中车紧密围绕铁路建设和运输需要，深入开展关键技术攻关，在高速动车组、重载列车等领域取得系统性创新成果。特别是由中车研制的“复兴号”高速列车摘取2023年度国家科学技术进步奖特等奖。如今，“复兴号”高速列车已成为世界上商业运营速度最快、运营场景最丰富的动车组列车。目前，中车已成为中国轨道交通装备制造业创新驱动、智能转型、强化基础、绿色发展的典型代表。中车通过不断苦练内功，应势而动，顺势而为，乘势而上，持续打造“国之重器”，塑造“国家名片”，培育具有全球竞争力的世界一流企业。

第一节　中国高铁立起国际标杆

1997年，中国开始了全国范围内的铁路大提速。面对社会高涨的铁路“提速”需求，中国相继引进日本、法国、加拿大和德国的高速动车组技术。2007年，“和谐号”动车组正式上线，随后系列产品如雨后春笋般成长。截至2012年底，中国共投入使用“和谐号”系列动车组816列，合计运营里程11.6亿公里。基于不同平台研发的车型，大到车厢布局、载客量，小到车钩、闸片等零部件，都难以互联互通。研发中国标准的高速动车组在现实需求面前得以快速上马，按照“引进、消化、吸收、再创新”的思路进行攻关和创新，经过艰苦卓绝的探索，“复兴号”高铁终于驰骋在祖国大地，并在世界同行中树立起国际标杆。

一、中国标准化动车组横空出世

由于中国幅员辽阔，地形复杂，铁路运输需求大，这就使得动车组研发中必须充分考虑到诸如列车运行距离长、载客量大、沿线自然地理环境多样，甚至受雾霾、柳絮、风沙等多种因素影响。因此，为了适应“中国需求”，打造适合中国国情、路情的高速动车组设计制造平台，实现高速动车组技术全面自主化。自 2012 年开始，中国铁路总公司集合国内中车等有关企业、高校科研单位的优势力量，产学研用紧密结合、协调创新，开展了中国标准动车组研制工作。中国标准动车组即“复兴号”动车组列车。

中国标准是一种“以我为主，为我所用”的标准，是结合中国国家标准、行业标准、中国铁路总公司企业标准以及专门为中国标准动车组制定的一批技术标准的复合型标准，是符合中国铁路运行环境和运行需求的标准。国外高铁运营里程一般只有 1000 公里左右，中国高铁运营里程则一般在 2000 公里以上，适应这种国情、路情的动车组标准当然要与众不同。“中国标准”集国际标准和国外先进标准之所长，又有中国特色和新的超越。

在此之前，由于技术平台不同，不同平台的“和谐号”高铁列车不能互联互通，无法连挂运营，出现故障无法互相救援。并且，由于零部件未实现统型，检修维护复杂，甚至有些车型的软件更新离不开外方协助。基于此，必须研发中国标准动车组，把发展主导权牢牢掌握在自己手里！2012 年，中国标准动车组研制工作启动。正向研发，自主创新，一场关键核心技术攻坚战全面打响。

列车网络控制系统作为动车组的“大脑”，是最为核心的技术之一。中车的研发团队从编写源代码开始攻关。没有仿真测试平台，就自己搭建！买不到网络芯片、网卡，就自己制作！控制逻辑面临技术壁垒，就自己设计！“复兴号”列车的网络控制系统实现全面突破，其网络软件的所有源代码都由自己编写，从硬件到软件全部实现自主化，中国动车组从此真正有了“中国脑”。

为降低噪声，不同材料和结构的隔音试验做了3000多次，最终实现“复兴号”动车组时速350公里运行，车厢噪声最小低至65分贝。为降低列车运行阻力和能耗，对40多种方案进行海量的仿真分析和风洞试验，最终实现气动阻力降低14%，人均百公里能耗降低20%。“复兴号”要跑得又快又稳，需要攻克转向架减震难题。为提升平稳性，研发团队在转向架数十种悬挂参数组合方案中反复比选匹配，一次次推倒重来，最终使平稳性指标达到2以下，优于“小于2.5即为优级”的国家标准。为突破碰撞安全防护关键技术，研究数百种不同结构，进行上千次仿真计算，数百次试验验证，最终研发的“复兴号”碰撞防护系统达到国际领先水平。历经503项仿真计算，5278项地面试验，2362项线路试验……，“复兴号”高速列车惊艳问世。“复兴号”的整体设计以及车体、转向架、牵引、制动、网络等关键核心技术都是自主研发，从硬件到软件全面实现自主化。

从外形上看，“复兴号”的车头线条更为流畅，车体外轮廓更为平顺。这种设计不仅为动车组的提速预留空间，更重要的是可以降低列车运行阻力，减少运行能耗。列车采用先进的轻量化材料，运用有中国元素的低阻力设计，采用高效的牵引制动系统，关注到最易损耗的每个零部件，因此，整车寿命达30年。列车能够实现自我检测、自我诊断、自我决策和自我健康管理，使得列车的监测、诊断和控制范围大大延伸。一旦列车在行进过程中出现异常，就会自动报警或预警，并根据安全策略自动采取限速或停车应对措施。

2015 年 2 月，中国高铁技术的首个国家标准《高速铁路设计规范》正式施行，中国致力于将此标准推广适用于马来西亚、新加坡、印度、俄罗斯等引进中国高铁的国家。“中国标准”正加速走向世界，相信未来会有越来越多中国标准动车组替代旧有车型，行驶在世界各地。

2017 年 6 月 26 日 11 点 05 分，“复兴号”动车组从京沪两地正式同时对开首发，这意味着中国迎来了中国标准动车组时代。

图 13：中车制造的“复兴号”中国标准动车组

从雪域高原到江南水乡，从滨海之域到沙漠腹地，以时速 350 公里飞驰的“复兴号”动车组，助力“中国速度”领跑全球。时至今日，“复兴号”家族日益庞大，从时速 160 公里到 200 公里、350 公里不同速度等级，从标准型到高寒型、智能型不同配置，全谱系的“复兴号”动车组开行范围覆盖全国 31 个省（区、市）。2022 年 4 月 21 日，在济南至郑州高速铁路的综合试验中，中国自主研发的新型“复兴号”高速综合检测列车成功实现了相对时速 870 公里的明线交会运行，创造了新的世界纪录。高铁的快速兴起，带来前所未有的时空效应，从根本上改变中国的经济地理格局。列车行驶速度持续提升和行驶时间的缩短，极大缓解了物理距离和其他地理因素在区域经济趋同过程中的阻碍作用，极大缩短了相对落后地区与距其较远的经济增长中心的追赶时间。

图 14：中车制造的“复兴号”中国标准动车组运行在祖国大江南北

岁月镌刻梦想，奋斗铸就华章。中国高铁的发展速度之快，成就之大，令世界瞩目。全球速度最快——“复兴号”动车组以 350 公里的时速“贴地飞行”，现又在攻坚商业运营时速 400 公里新纪录。全球运输最繁忙——高铁网覆盖 96%的 50 万人口以上城市，一天运载旅客上千万人次。全球增势最明显——现代化铁路网一年增长约 3600 公里，已建成世界最发达的高铁网。世界公认最安全——每天开行动车组列车 8700 多列，安全业绩遥遥领先。2021 年 12 月，中老铁路开通运营，“复兴号”动车组首次走出国门；2023 年 10 月，基于“复兴号”动车组技术平台研制的时速 350 公里雅万高铁动车组在印尼投用。中国高铁首次全系统、全要素、全产业链在海外落地。

二、“复兴号”系列动车组不断上新

“复兴号”CR400AF、“复兴号”CR400BF 型动车组是在 CRH380 系列动车组技术平台基础上，首次以中国标准为主导，按照正向设计思路，以自主化、简统化、互联互通、技术先进为目标研制的时速 350 公里中国标准动车组。2017 年 9 月 21 日，“复兴号”动车组在京沪高铁以时速 350 公里运营，标志着中国成为世界上高铁商业运营速度最快的国家。“复兴号”动车组是中车在研发 CRH380 系列动车组攻克九大关键技术和十项配套技术的基础上，经过几年的技术积淀，结合长期线路运行试验，在掌握动车组的系统集成、牵引技术、列车控制、减振降噪、轮轨关系、弓网关系、轻量化等十大核心技术基础上进行优化提升，实现简统化及互联互通而研发的全新产品。“复兴号”的研发解决了一系列重大技术问题和一些世界性难题，是集成创新的重大成果，具有完全自主知识产权。它的问世，标志着中国铁路技术装备达到了领跑世界的水平。

为了降低能耗，“复兴号”动车组开展了全新的头型优化设计。CR400AF 动车组的车体高度从 3.7 米增高到了 4.05 米，车体断面积增大了 7.3%，但是整车运行的空气阻力较之前的动车组降低 12%，当它以时速 350 公里运行时，人均百公里能耗仅 3.64kWh，往返一次京沪两地共节电 5000 多 kWh。“复兴号”高速动车组涵盖时速 160 公里、250 公里、350 公里不同速度等级。“瑞雪迎春”智能动车组在世界上首次实现时速 350 公里自动驾驶，具备车站自动发车、区间自动运行、到站自动停车、车门自动控制等先进功能；“润泽江南”亚运智能动车组采用“鹰隼”仿生学设计，配合轻量化车体和整体节能技术，单列车年均节电约 180 万千瓦时。

“复兴号”动车组的网络控制系统首次引入高速以太网数据传输和维护网络，传输带宽由 1 兆级提升到了 100 兆级，车辆大容量数据得以高速实时传输，大大提升了智能化水平。令人骄傲的是，“复兴号”动车组网络控制系统的硬件和软件都是自主研发的，实现了完全自主化。

“复兴号”动车组首次应用被动安全技术，通过增设碰撞吸能装置，提高动车组的被动防护能力。在世界高速列车领域，被动安全防护是一项技术制高点，碰撞防护系统结构极为复杂，设计难度大。中车经过两年时间的攻关，自主开发了碰撞防护系统，为动车组又加装了一把“安全锁”。

“复兴号”动车组在自主创新的征途上，以中车为主的研发团队突破了牵引、制动、网络等核心控制和车轮、车轴、齿轮箱设计制造等关键技术。“复兴号”动车组采用的 254 项重要标准中，中国标准占到 84%。动车组整体设计以及车体、转向架等关键技术都是自主研发，软件全部自主开发，具有完全自主知识产权。

2015 年 6 月，中国标准动车组揭开神秘面纱，两列“复兴号”动车组成功完成组装、调试并下线。2017 年，中国标准动车组列车取得型号合格证和制造许可证，同年 6 月，以“复兴号”命名的中国标准动车组正式亮相。2019 年 12 月，“复兴号”动车组在京张高铁实现时速 350 公里自动驾驶。

2024 年 12 月 29 日，中国国家铁路集团有限公司发布了全球运营速度最快的高铁列车 CR450 动车组样车，标志着“CR450 科技创新工程”取得重大突破，进一步巩固扩大了中国高铁技术领跑优势。新一代“复兴号”动车组列车——CR450 动车组样车试验时速可达 450 公里，商业运行时速可达 400 公里，提速 50km/h。CR450 动车组技术实现全面迭代升级，突破了减阻降耗、减振降噪、全要素轻量化系统集成三大成套技术，以及大功率永磁牵引、时间敏感列车网络通信、多级控制制动三大系统技术。CR450动车组样车牵引系统采用永磁电机，这也是永磁电机首次应用在中国商业运营的高铁列车上，在工作状态下，永磁电机带电在两千伏以上，每秒一百转，功率提高14.5%。列车拥有更高速、更安全、更节能、更舒适、更智能等特点，构建起了时速400公里动车组的技术体系，实现了理论、技术、装备、标准、管理模式的全面创新。更高速，从牵引能力、动力学性能、弓网等方面进行了全方位技术提升。更安全，采用多级紧急制动控制技术，列车周身设有4000多个监测点，能够对走行部、车体、高压受电弓、列控、烟火等关键状态进行全息化实时监测；配置了超视距系统，增强线路紧急状态识别能力。更节能，首次采用转向架区域包覆结构设计，大幅降低高速运行下的空气阻力；应用大量轻量化新技术、新材料，动车组整车运行阻力降低22%，减重10%。更舒适，按照分车、分区域、分频率进行全方位降噪，首次应用七大降噪新技术，车内噪声降低2分贝；客室服务空间增加4%，可为旅客提供多样化、便利化、个性化服务，乘坐体验更好。更智能，行车与控制、司机智能交互、安全监控、

图15、图16：中车制造的新一代“复兴号”动车组列车——CR450动车组样车

旅客智能服务等领域均得到全面升级。依托 CR450 动车组研发，中国高速铁路动车组技术体系实现系统升级，填补了国际时速 400 公里高铁技术标准体系空白，为推动世界高铁技术创新发展注入新活力。

从“中国第一”到“世界第一”，今日的“复兴号”家族体系日益庞大，涵盖时速 350 公里、250 公里、160 公里等不同速度等级；包括 8 辆、16 辆、17 辆等多种编组型式；分为动力集中和动力分散不同牵引模式；囊括标准型、高寒型、智能型、内电双源型等不同配置……“复兴号”家族可全方位满足旅客出行需求。从中车研制“复兴号”动车组的案例可以看出，集成创新不是简单的技术拼盘，而是在对引进技术充分消化吸收的基础上，通过创新体系升级、掌握核心技术和技术的深度融合，实现全面自主创新，研发更有技术优势和竞争力的产品。

三、匈塞、雅万高铁拓展国际市场

中车制造的高铁车辆，从最初的技术引进和消化吸收，到自主创新和技术输出，经历了一个漫长而艰难的过程。然而，正是全体中车人不畏艰辛，永不止步，在持续超越中不断进取，使得中国高铁在短短十几年内实现了从零到世界领先的飞跃。中国高铁已成为全球最先进、最具竞争力的高速铁路系统之一，不仅在国内取得了巨大成功，还在国际上展现出了强大的实力和潜力，匈塞铁路、雅万高铁是中车拓展国际化市场的标志性项目。

2017 年 11 月 28 日开工建设的匈塞铁路，全长 341.7 公里，设计时速为 200 公里，连接了匈牙利首都布达佩斯和塞尔维亚首都贝尔格莱德，标志着中欧基础设施互联互通的一个新起点。匈塞铁路改造项目，是中国在欧盟建设的第一条铁路项目，堪称中国铁路技术装备“走出去”的“欧洲第一单”。全线开通以后，匈牙利和塞尔维亚两国首都之间的列车通行时间从 8 个小时缩短到 3 个小时左右。

2022 年 3 月 19 日至 2024 年 5 月初，匈塞铁路贝诺段开通运营两年多来，日均开行旅客列车 62 列，单日最高旅客发送量超过 1.5 万人次，累计发送旅客超过 700 万人次。由中车制造的匈塞铁路高速动车组列车，采用 4 辆编组，最高运营时速达 200 公里，配备了锂电池，具有持续的续航能力。塞尔维亚段运行的高速动车组列车外观上采用流线型，涂装则基于塞尔维亚国旗红蓝白三色设计，在列车结构设计上，低地板区域距离轨面仅 550 毫米，与基础设施站台高度一样，可方便轮椅乘客、推婴儿车或有行李的乘客，以及带自行车的乘客上下车。

当地时间 2024 年 6 月 7 日，中国研制的匈塞铁路高速动车组在塞尔维亚贝尔格莱德泽蒙车辆段亮相，这是中国铁路技术装备与欧盟铁路互联互通技术规范（TSI）对接取得的又一重要成果，标志着中国高速动车组首次进入欧洲，中国高端轨道交通装备走出去取得重大突破。匈塞铁路改善了沿线居民出行条件、促进经济社会发展、加强匈塞两国互联互通、扩大经贸合作交流，对深化中欧互利合作、促进共建“一带一路”倡议与欧洲发展战略对接，具有十分重要的意义。

雅万高铁是“一带一路”建设和中国与印尼两国务实合作的标志性项目，也是中车生产的高铁首次全系统、全要素、全产业链在海外建设项目。雅万高铁从设计、施工到运营维护，都采用了中国最先进、最成熟的技术和标准。这不仅体现了中国高铁技术的强大竞争力和适应力，更为中国高铁在全球市场的进一步拓展奠定了坚实基础。

印尼居民长期受困于堵车问题，特别是雅加达与万隆之间的高速公路在高峰时段几乎寸步难行。雅万高铁作为东南亚地区首条高速铁路，2016 年启动，2018 年 6 月全面开工建设，2023 年 10 月 17 日正式开通运营。这条全长约 142 公里、设计最高时速为 350 公里的高速铁路，连接了印尼

图 17：雅万高铁正式开通运行，雅加达至万隆旅行时间从 3 个多小时缩短至 46 分钟

首都雅加达和第四大城市万隆，极大地缩短了两地的旅行时间，从过去的 3 个多小时缩短到现在的 40 多分钟。雅万高铁作为中国与印尼合作的标志性项目，不仅展示了中国高铁技术的先进性和适应性，更是一次文化融合的典范。

高铁肇始于日本、发展于欧洲、格局大变于中国。过去，提到高端装备制造，人们首先想到的是欧美。现在说到高铁，全世界的目光都集中在中国。备受关注的雅万高铁采用的全部是中国最先进和成熟的技术，针对印尼当地运行环境和线路条件量身定制。雅万高铁在设计建设过程中融入了许多先进的科技，这些技术不仅体现了中国高铁技术的成熟与先进，也充分考虑了印尼当地的实际需求和环境特点。雅万高铁应用了中国自主研发的 CTCS—3 级列控系统、简统化接触网、地震预警接触系统、CRTS3 型板式无砟轨道、高地震烈度区桥梁减隔震技术、动车组高速加模式等一大批科研技术成果，填补了印尼铁路的多项空白。

尊重印尼文化，是雅万高铁动车组的一大关键设计理念。独具匠心的设计，在雅万高铁项目中随处可见，受到了印尼民众的喜爱和欢迎。雅万高铁在外观和内饰设计上也充分融入了印尼本地化文化。列车外观采用银、红两色涂装，搭配印尼国宝级动物“科莫多龙”纹理抽象的红色多边形图案，寓意“繁荣昌盛”，体现了人与自然和谐共生的理念；内饰设计上，座椅镶嵌印尼非物质文化遗产“巴迪克”风格的祥云图案，融入了大量印尼本土元素，使列车洋溢着浓郁的“印尼风情”。

雅万高铁开通以来，中车在印尼派驻了近百人的专业化维保售后团队，为印尼提供“24 小时”全天候列车维保售后服务，每天“精检细修”数以万计的零部件，呵护高铁列车安全飞驰。2024 年 10 月 17 日，雅万高铁正式开通运营满一年，交出亮眼成绩单。一年来，累计发送旅客 579 万人次，单日旅客上座率最高达 99.6%。中车设计制造的时速 350 公里雅万高铁动车组，在印尼安全运营超过 257 万公里，未发生一起运行安全故障，极大方便了当地民众的出行，给印尼民众和经济社会发展带来了实实在在的利益。“Whoosh”，雅万高铁列车这个响亮的名字，如今在印尼家喻户晓。“雅万高铁的出现改变了人们的出行习惯。”来自万隆理工学院的物理学教授纳南·普斯皮托说。雅万高铁极大便利了印尼民众的出行生活，也为印尼经济社会发展注入了新动能。印尼中国高速铁路有限公司总经理秘书伊娃·查瑞尼萨表示，雅万高铁已成为受到印尼国际游客青睐的现代化交通方式之一。数据显示，雅万高铁开通一年来，已有来自 159 个国家和地区的约 30 万人次外国乘客乘坐雅万高铁。

中国高铁通过匈塞、雅万项目，验证了从技术到商业模式的海外复制能力，不仅输出了基建硬实力，更通过标准协同和本地化合作提升了全球交通治理话语权。一步一个脚印地前行使中国高铁在国际上赢得更好的口碑，使中国高铁这张金名片更加闪亮，为中国高铁出口提供强劲加速度，进而推动中国高铁“走出去”迈向全球化新阶段。

第二节 “绿”动机车引领绿色转型

随着全球环境问题日益突出，绿色发展理念逐渐成为社会发展的主流趋势之一。中车以实际行动践行绿色低碳发展理念，围绕交通强国、铁路先行、装备支撑的发展思路，积极落实国家交通运输结构性调整要求，准确把握市场发展和技术变革趋势，实施以绿色智能化为核心的科技创新，持续开展新能源机车的研制工作。一方面加速了轨道交通装备现代化的进程，带来了行业的不断繁荣；另一方面也探索出了一条高质量发展的新路，为轨道交通领域绿色转型提供了有力支撑。

2021 年 1 月 27 日，中车大同公司研制的中国首台氢燃料电池混合动力机车下线，这是中国机车交通领域动力变革的一项重大突破。机车采用国际先进的新能源技术和大功率氢燃料电池混合动力系统，使用氢气为燃料，通过氢氧的化学作用实现碳和污染物的零排放。机车设计速度 80km/h，满载氢气可单机连续运行 24.5 小时，平直道最大牵引载重超过 5000 吨。无须改变铁路基础线路，机车可在大型工厂、矿山、港口等场所执行运转、调车、救援等多种任务。2021 年 10 月 29 日，全国首台氢燃料电池混合动力机车在内蒙古锦白铁路正式上线应用，实现中国轨道交通装备在新能源领域的重大跨越。中车大同公司突破氢能技术在轨道交通装备领域的应用和成果转化，打造出涵盖氢—电、内燃机车改造、纯电等具有企业自身特色的新能源机车平台，形成轻中型调车机车、重型调车机车及 3000 千瓦以上功率级别的干线机车研发平台。

经过 20 多年的技术积淀，中车株机公司已搭建完备的新能源机车技

图 18：2021 年 1 月 27 日，中车大同公司研制的中国首台氢燃料电池混合动力机车下线

术平台，研发了“纯电”“电—电”“内—电”“氢—电”等不同能源制式、不同功率等级的谱系化产品，可为铁路、站场、煤矿、港口、矿山等运用场景绿色转型，提供安全、绿色、智能、经济、高效的系统解决方案，助力实现“双碳”目标。

2024 年，中车株机公司与国家能源集团联合研制的大功率氢能源机车，展示了氢能在重载铁路上的实践运用。这台机车是国内首台 2400 千瓦大功率氢能源机车，可谓“大块头有大智慧”，可以根据不同牵引运用需求，实现氢燃料供电、锂电池供电、混合动力供电的多种供电模式，大幅降低大气污染物和温室气体排放。该台氢能源机车不仅节能环保，而且功率特别大，时速可达 100 公里，牵引最大载重可达万吨，相当于拉动 200 多节车厢，车厢连接起来长约 6 公里。这台氢能源机车满载氢气时可连续运行 12 小时以上，续航里程达 800 公里，仅一台机车每年可以减少 164 吨燃油消耗，减少二氧化碳排放 508 吨。

2024 年 6 月 28 日，中车面向全球首次发布系列化新能源机车。系列化新能源机车由中车大连公司、中车戚墅堰公司、中车资阳公司共同研制，具备“内燃发动机 + 动力电池”“动力电池”“氢燃料电池”三种动力配置，涵盖 1000 千瓦到 2000 千瓦多种功率，可实现低碳零碳排放，低噪音、高效率运行，能有效解决老旧内燃机车存在的“油耗大、排放高、噪音大、舒适性差”等问题，是钢铁冶金、石油化工、矿山煤炭、物流园区等企业用户理想的运输解决方案。

图 19：2024 年 6 月 28 日，中车面向全球首次发布系列化新能源机车

2024 年 11 月，中车出口南美首台氢能源机车揭幕剪彩仪式在智利安托法加斯塔省举行。该机车由中车戚墅堰公司研制，以“氢燃料电池 + 动力电池”为动力源，搭载中车创新研发的燃料电池系统，排放仅为水，无其他氮化物、硫化物等污染排放物，无二氧化碳排放。针对智利当地盐雾、紫外线、风沙、大坡道、小曲线、城市区段运用环境和线路，以及大

流量加氢等特殊需求，进行了定制化设计。与传统燃油和电力机车相比，不仅更加安全环保，而且运行噪音小、成本低，维护也更加便捷，适用于冶金、石化、港口、地方铁路的调车和小运转作业，对日益提高的城市周边环境要求具有很好的适应性。

氢能源以其绿色、高效、可持续的特点被誉为21世纪最具发展潜力的清洁能源。中车研发的氢能源（混合）动力机车系列产品，相较传统燃油和电力机车，没有任何污染物排放，也无须重新架设取电网。可以形象地说，氢能源（混合）动力机车，是用“排水”代替“排碳”，用新能源为世界增添“新绿”。

第三节　城市轨道交通迅猛发展

城市化水平代表一个国家现代经济的活跃程度，代表着各种要素集聚的程度。2016年，中国的城镇化率达57.35%。随着中国城市化水平快速发展，公共交通大大滞后于城市化发展水平，导致道路交通供给能力严重不足，交通堵塞成为城市社会经济发展的制约因素。为了缓解公共交通面临的巨大压力，轨道交通由一线城市向二线城市推进步伐加快。城市轨道交通，作为现代都市的重要基础设施，以其运量大、速度快、安全准时等优势成为解决城市交通拥堵问题的有效途径。

一、城镇化对轨道交通建设需求强劲

据中国城市轨道交通协会信息统计，截至2024年末，中国内地共有58个城市开通运营城市轨道交通线路361条，运营里程12160.77公里。包括大运能系统（地铁）9306.09公里，占比76.53%；中运能系统（含轻轨、跨坐式单轨、市域快轨、磁浮交通、自导向轨道系统）2035.8公里，占比

16.74%；低运能系统（含有轨电车、电子导向胶轮系统、导轨式胶轮系统、悬挂式单轨）818.89 公里，占比 6.73%。

表 1：中国在 2011—2023 年间各种城市客运装备拥有量

年份	轨道交通运营车辆（万辆）	公共汽电车（万辆）	客轮渡（艘）	出租车（万辆）
2011	0.9945	45.33	1061	126.38
2013	1.44	50.96	422	134.00
2015	1.99	56.18	310	139.25
2017	2.87	65.12	264	139.58
2019	4.10	69.33	224	139.16
2020	4.94	70.44	194	139.40
2021	5.73	70.94	196	139.13
2022	6.26	70.32	183	136.20
2023	6.67	68.25	180	136.74

资料来源：根据历年交通统计年鉴整理。

2024 年，中国完成城市客运量 1067.9703 亿人次，同比增长 5.7%。其中，公共汽电车城市客运量 386.7039 亿人次，同比增长 1.6%；城市轨道交通客运量 322.0886 亿人次，同比增长 9.6%；出租汽车城市客运量 358.4081 亿人次，同比增长 7.1%；城市客运轮渡客运量 7698 万人次，同比下降 6.9%。①

随着地铁建设的加快，地铁运营城市逐步由北京、上海、广州、深圳等城市，向省会城市和部分经济发展水平较高的二线城市推开。

从世界城市经济的发展历史来看，城市轨道交通的快速发展往往是一个国家城镇化率超过 60%时得以实现的，对于解决城市交通拥堵问题，

① 中华人民共和国交通运输部：《2024 年城市客运量完成情况》，见 https://xxgk.mot.gov.cn/2020/jigou/zhghs/202503/t20250326_4165989.html。

运量大、运速快的轨道交通是最好的解决办法。应该说，在轨道交通运营总长度、密度及负担客运比例等指标方面，中国与世界其他发达国家相比仍有很大差距，需要加快发展。

在几个著名的国际大都市中，轨道交通的客运量都很大。其中，东京的轨道交通出行比例占据全球首位，伦敦、纽约、巴黎等城市的轨道交通出行比例略逊于东京，上海的轨道交通出行比例相对较高，但中国整体城市的轨道交通出行比例较低，约为 30%，在所有公共交通出行中占比还有很大的提升空间。很多城市轨道交通从无到有，在全国范围大规模展开，网络化运营格局显现。中国城市轨道交通建设布局“点多面广”的典型特征还会进一步表现出来。

表 2：2024 年中国城市交通轨道运营里程排行榜

排名	城市	运营里程（公里）	车站数（座）	线路（条）
1	上海	1032.05	485	27
2	北京	952.29	420	28
3	成都	784.35	378	18
4	广州	704.58	301	19
5	深圳	603.58	352	18
6	武汉	588	332	17
7	重庆	538.2	270	13
8	杭州	516	256	12
9	南京	500.31	228	15
10	郑州	458	225	13

资料来源：根据中国城市轨道交通协会《城市轨道交通 2024 年度统计和分析报告》整理。

从上表可以看出，2024 年中国城市轨道交通运营里程前十位的城市，最低运营里程是郑州的 458 公里，最高是上海的 1032.05 公里；线路条数一般都在 12—28 条之间，最低 12 条的城市是杭州，最高的是北京，有28条运营线。城市轨道交通以地铁为主，市域快轨、现代有轨电车等运输方式作为辅助。城市轨道交通的内涵比较丰富，形式多样。一般有地铁、轻轨、单轨、市域快轨、现代有轨电车、磁悬浮等诸多种类。“十四五”期间，中国城市轨道交通仍然以地铁为绝对主导，到“十四五”末期，已经形成多种线路形式协调发展的局面。

2022年，国家发展改革委《“十四五”现代综合交通运输体系发展规划》又对轨道交通提出了新的目标。“十三五”期间，铁路固定资产投资达到3.99万亿元，铁路“十四五”固定资产投资总规模与“十三五”相当。根据中国轨道交通协会统计，2024年中国城市轨道交通营业里程数为12160.77公里，预计2025年中国城市轨道交通营业里程将达到1.32万公里。城市轨道交通建设投资在2020年达到峰值6286亿元，随后呈下降趋势，但总体仍维持在较高水平。其中，2024年，完成建设投资4749.41亿元，全国城市轨道交通累计配属车辆12314列，全年完成车辆购置投资248.55亿元，国家发展轨道交通的相关政策对于中车来说，都是重大利好。

二、科技引领持续推动城轨交通发展

中国的城市轨道交通发轫于1969年通车的北京地铁1号线。随着城镇化建设速度的加快，中国城市轨道交通装备制造行业也迎来了大发展，车辆装备国产化、自主化逐步深入。中国城市轨道交通不仅有地铁、轻轨列车，还有市域列车、现代有轨电车、跨座单轨、中低速磁浮等多种制式的城市轨道交通产品，为建造遍布城市地上、地下、地面空间的轨道交通立体网络提供丰富多样而又经济适用的车辆选择，将更多的居民更快捷、更方便地连接在一起。中车在城轨建设领域不断发力，走在了时代的前列。

推出标准地铁列车和智能市域列车。中车自主研制了四种系列化中国标准地铁列车，以及时速 160 公里市域 C、时速 160 公里市域 D 型动车组和时速 200 公里新型都市快轨列车。由中国标准主导、拥有完全自主知识产权的系列化中国标准地铁列车，包括时速 80 公里 A 型车和 B 型车、时速 120 公里 A 型车和 B 型车四种车型，在大连、无锡等城市投入运行后，实现了“九化两提升”，即关键部件自主化、零件通用化、部件模块化、系统集成化、功能配置化、整车标准化、产品系列化、产业规模化、行业规范化，整车安全和性能提升。系列化中国标准智能市域列车，是中车基于动车组技术平台，结合公交化运营的特点，打造的具有“智能化、数字化、模块化、绿色化、车地一体化”特征的新型城市轨道交通列车，实现了高铁技术与城市轨道交通运用模式的完美结合。中车的系列化中国标准智能市域列车还拥有时速 120 公里、160 公里市域 A 型车等车型，并在成都、杭州等城市投入运行。此外，中车研发出了系列化中国标准地铁列车制动系统、电子机械制动系统、永磁电机、TSN 高确定性列车网络控制系统等，应用于系列化中国标准地铁列车和系列化中国标准智能市域列车的关键核心系统和部件。

“产品 +”“系统 +”模式构建“造运维”一体化格局。中车以“用户”为核心，充分发挥设计前瞻性、系统性、完整性优势，推动车地信息交流、功能融合、系统重构，通过技术创新、建设和运营管理模式创新，打造以“产品 +”“系统 +”为核心的城市轨道交通系统解决方案。在“产品 +”方面，中车以融合协同、数字赋能的方式打造车地一体化机电系统，实现多系统数据融合、信息共享，提供多专业智能化产品及其全寿命周期智能运维服务。作为“产品 +”典型代表，列车自主运行系统（TACS）通过“车辆 + 信号”深度融合，实现了列车运行方式从“自动运行”到“自主运行”的转变。在“系统 +”方面，中车开创以数字化、智能化、绿色化技术为支撑，涵盖设计、施工、运营全业务过程的城市轨道交通全生命周期服务和系统解决方案新时代。同时建立以产业数字化为抓手的“系统 +”数字化系统平台，在城市轨道交通、旅游交通、物流专用运输等领域建立中车全产业链优势，打造具有差异化竞争优势的“系统 +”业务。

“6G”绿色发展理念加速全价值链“双碳”目标实现。中车着力推动产品绿色研发与企业低碳运营，打造中车“双碳”解决方案。构建绿色投资、绿色创新、绿色制造、绿色产品、绿色服务、绿色企业的“6G”绿色发展理念，加强 ESG 能力建设，不断推进企业低碳运营，助力实现中车 2050 全价值链碳中和目标。中车研发出了多款在“双碳”解决方案下，应用于城市轨道交通的创新成果。包括具有优异制热、环保、节能特性的新型二氧化碳空调，采用新一代洁净气体的高性能、环保型非储压灭火装置，体积小、重量轻、效率高、更环保的镉镍和镍氢蓄电池，以及以碳化硅永磁牵引逆变器、碳化硅高频辅助变流器、碳化硅永磁牵引控制单元、碳化硅芯片为代表的碳化硅应用产品。

中低运量解决方案推动城市运输多元化。面对城市轨道交通多元化发展趋势，中车打造了可根据客流等级和特征、环境条件、系统技术成熟度、运营可靠度、工程投资以及建设周期综合比选的多元化中低运量解决方案。中车还研发了数轨列车、导轨式智慧胶轮捷运系统、单轨列车、“逸群”快轨等中低运量列车，研发出了跨座式单轨系统、悬挂式单轨系统、中低速磁浮交通系统和齿轨系统等新型中低运量轨道交通产品。其中，跨座式单轨车辆具有爬坡能力强、转弯半径小、环境适应性强、建设造价低等特点，可满足不同客流强度、不同运用场景需求；悬挂式单轨车辆作为智能化、节能化、定制化的全新产品平台，具有最优全寿命周期成本；中低速磁浮交通系统具有造型新颖、绿色环保、安全可靠、静音舒适等特点。

中车还研发出以碳纤维风缸、碳纤维天线梁、碳纤维扶手杆等产品为代表的碳纤维复合材料，以及氢燃料电池混合动力调车机车、双动力20头钢轨打磨车、智能巡检机器人、智能架大修系统等应用于轨道交通建设运维的新型工程装备。研发生产了弹性车轮、走行风冷牵引变压器、牵引功率模块、辅助功率模块、联轴节、高压电缆、司机控制器、受电弓、城轨齿轮箱等一系列自主化攻关部件，以及压缩机、接触器、继电器、轴承等在中车产业链集群生态引领下的国产化自主创新技术和产品。

中车始终致力于为客户提供最优质的产品和服务，推动行业的持续发展和进步。中车秉持创新、协调、绿色、开放、共享的新发展理念，以新质生产力推动城市轨道交通高质量发展，让城市轨道交通成为推动国家经济可持续发展、提升人民群众幸福感的强劲引擎。

三、城市轨道交通装备工业再启新程

随着城市化进程的加速推进，城市交通问题日益凸显，城市轨道交通作为一种高效、快捷环保的交通方式，逐渐成为解决城市交通拥堵问题的重要选择。“十四五”期间，中国积极建设都市圈多层次轨道交通网络，推进干线铁路、城际铁路、市域（郊）铁路、城市轨道交通融合衔接，合理推动轨道交通跨线运营。近年来，中国城市轨道交通实现跨越式发展，运营里程超过1万公里，居世界第一。随着以大数据、人工智能为代表的新一代信息技术快速发展以及绿色低碳成为全球共识，智能化、绿色化、轻量化、新能源、无人驾驶、数据化管理与智能运维等成为全球轨道交通装备制造行业重要发展方向。5G时代的到来，高可靠与低时延、大规模机器类通信等5G通信所具备的能力，有效解决了轨道交通所面临的系统复杂、节点分散、运维人员缺乏等问题，促进了轨道交通的快速发展。

以磁浮列车为例，中车唐山公司是中国最早开展磁浮交通技术工程化和产业化的轨道装备主机企业。公司深耕磁浮技术攻关和工程化研发二十余年，将中低速磁浮交通为代表的新型轨道交通作为创新发展的增长极，牵头组织探索磁浮交通技术，突破了一系列关键技术难题，积极参与编制磁浮交通行业标准，成为中国磁浮交通产业的引领者，是全球唯一一家实现了 2000 毫米和 1860 毫米轨距磁浮车辆双覆盖的企业。

自 2003 年至今，中车唐山公司研发、制造了七代磁浮列车产品。其中，第四代产品是目前世界上编组最长、载客量最大的中低速磁浮列车，已在北京 S1 线载客运营六年，圆满服务北京冬奥会，S1 线是连接石景山区到门头沟的重要交通线路，为居民的出行提供优质选择。列车采用 6 辆编组，运用常导电磁悬浮系统，不存在车轮和轨道接触产生的噪音和振动，实现贴地“飞行”。

中车唐山公司制造的第六代产品是为广东省清远市旅游专线制造的中低速磁浮列车。列车进行了多项优化升级，是全新一代安全、低碳、绿色、环保的轨道交通产品。通过优化设计，列车运行速度提升至 120km/h，客室内运行噪声由平均 67 分贝降低至 62 分贝。列车抱轨运行，无脱轨风险，安全性高。

第七代产品时速 200 公里磁浮列车，由中车唐山公司牵头研发，是科技部“十三五”先进轨道交通重点专项下的研究成果，具有灵活、绿色、轻捷、智慧等特点。公司创造性地采用碳纤维轻量化复合材料和“永磁同步中间驱动 +F 轨永磁电磁悬浮”等关键技术，实现了中低速磁浮和高速磁浮技术的完美融合。目前，在中国国内已开通运营的四条磁浮线路中，两条由中车唐山公司提供车辆。

中车株机公司自 2007 年开始研发中低速磁浮列车。2012 年 1 月 20 日，公司自主研制的中国首列商用中低速磁浮列车原型车下线，在公司的试验线路上，它通过了 7% 大坡道和 50 米转弯半径的大考验。自此，中车株

图 20：中车唐山公司牵头研发的新一代时速 200 公里磁浮列车

机公司先后研制商用磁浮 1.0、2.0、3.0 列车，完成了中国磁浮交通从时速 100 公里提速到 200 公里、从短定子直线电机驱动到长定子直线电机驱动的进程，建立了从技术研发、生产制造、试验验证到商业运营的完全自主知识产权商用磁浮体系。2015 年 12 月 26 日，公司研制的中国首条拥有自主知识产权的商用中低速磁浮列车在长沙试运行。长沙磁浮快线是中国首条自主设计、自主施工、自主制造的具备完全自主知识产权的中低速磁浮商业运营示范线，也是世界上最长的中低速磁浮商业运营线。依托创新组织方式诞生的磁浮列车，汇集了全球最顶尖的磁浮研究成果，运用了热门的政府与社会资本合作（PPP）模式，由中车株机公司牵头与同济大学、国防科技大学、西南交通大学、中南大学、中铁二院、中铁四院等单位开展紧密技术合作，产、学、研、建握指成拳，白手起家圆梦磁浮。

2018 年 6 月 13 日，时速 160 公里中国首列商用磁浮列车下线（磁浮

图 21：2015 年 12 月 26 日，中车株机公司研制的中国首条拥有自主知识产权的商用中低速磁浮列车在长沙试运行

2.0）；2020 年 4 月 28 日凌晨，中国首列商用磁浮 2.0 版列车在长沙磁浮快线跑出了 160 公里的时速，成功完成了最高设计速度的达速测试。本次测试再次刷新了短定子中低速磁浮运行速度的世界纪录，标志着湖南省委、省政府战略决策部署的湖南省经济和信息化委重大科技创新项目——"中速磁浮技术攻关"——四个阶段的工作圆满结束；标志着中国自主研发的磁浮技术在中速领域的攻关取得重大成功，中国商用磁浮列车迈入 2.0 时代。测试工作由中车株洲电力机车有限公司、湖南省磁浮技术研究中心、湖南磁浮交通发展股份有限公司、同济大学磁浮交通工程技术研究中心、中铁二院工程集团有限责任公司、湖南省交通规划勘察设计院有限公司、西南交通大学、长沙理工大学等单位共同开展，历时 10 个月。据中车株机公司磁浮研究所所长佟来生介绍，为确保测试安全，列车按照测试速度从低到高、循序渐进、逐级验证的原则，前期已完成了 100km/h、120km/h、150km/h、155km/h 等 4 个速度等级的测试验证工作，测试工作

组对各速度等级下的列车状态和线路实时监控数据进行了研究分析，得出了列车总体运行状态良好、线路监控数据正常、列车具备冲刺 160km/h 条件的结论，最终列车顺利平稳地完成了 160km/h 的速度测试工作。相比 1.0 版磁浮列车，2.0 版磁浮列车悬浮能力提高 6 吨，牵引功率提升 30%，速度提升 60%。

磁浮列车几乎没有废气排放，对于缓解城市空气污染大有裨益。全球提倡绿色交通，中车深耕磁浮交通技术，顺应了国家可持续发展战略，既是为全球环保事业贡献力量，也能有效提升国内城市交通水平。现代科技的魅力在这款贴地飞行器上体现得淋漓尽致，更预示着城市轨道交通将迎来翻天覆地的变化。

第四节　创新驱动中车领先领跑

中车坚持将技术创新工作服从和服务于中车公司跨国经营、全球领先战略目标；坚持“国家需要至上、行业发展至上”原则；坚持自主创新、开放创新和协同创新；坚持正向设计方向，建立与完善适应国际化发展需要的技术创新体系，建设具有国际竞争力的系列化产品体系、国际先进的轨道交通装备知识体系、完善的国际化轨道交通装备技术支撑体系；坚持全面提升技术创新能力，推动中国轨道交通装备产业向产业链、价值链高端攀升，实现“中车创造”与“中国创造”融合，为中车持续快速发展提供强劲动力。

一、自主创新铸就核心竞争力

中车的自主创新，一切围绕产业发展来进行，为产业发展注入新的活力。

中国铁路机车车辆每一次升级换代，都冲破了原有产品的瓶颈，给行业和企业带来新一轮发展机会。借势高铁大发展，中车生产经营总体稳定，跻身世界500强，并在中央企业负责人业绩考核中连续13年获评A级。机车从内燃到电力的升级换代不仅标志着中国铁路进入电气化时代，也造就了一批紧跟时代步伐的企业。集团的代表企业中车株洲电力机车有限公司成为中国最大的电力机车研制基地和湖南千亿轨道交通产业集群的龙头企业。用了10多年时间，其销售收入从几十亿元增长到200多亿元。动车组技术的引进、消化吸收再创新，使中车所属动车组生产企业（唐山公司、长客股份公司、四方股份公司）实现脱胎换骨。销售收入分别从2004年的10亿元、20亿元、30亿元左右，增长至2017年的百亿元以上，其中，中车长客股份公司、中车四方股份公司销售收入均为300亿元以上，中车四方股份公司2019年营业收入达458亿元。

中车通过技术的自主化和国产化，形成涵盖产品上下游的完整产业链。自主化是指国内主机和配套企业能够实现整车、关键系统和零部件的自主设计、自主研发、自主制造或委托制造并拥有自主知识产权。国产化是指国内主机和配套企业引进整车、关键系统和零部件技术后，通过消化吸收，逐步掌握相关设计、制造技术，从开始依靠进口逐渐变为国内生产。最典型的例子就是动车组和城轨地铁。

中车在成功研制中国标准动车组（复兴号CR400AF/BF）后，不仅实现全面自主化，还把国产化率提升到90%以上。在此过程中，高铁形成从整车制造、关键零部件和配件制造到运营维护的完整产业链，带动了冶金、高分子材料、合成材料、精密仪器、机械、电力等高铁相关产业发展，推动高铁成为区域甚至中国经济发展的一大引擎。

1995年以前，中国地铁车辆基本上只有长客一家生产商。当时，中国城市轨道交通装备水平与国际先进水平差距很大。后来，通过引进、消化吸收和再创新，经历一轮自主化、国产化过程，中国城轨地铁才真正拥有了完整的产业链。城轨地铁车辆零部件有上万种，独立成子系统的有20余个，上游配套企业遍布20多个省市，达1000多家，涉及机械、冶金、材料、电气、电子、化工、信息等行业，产业链辐射全国。“十三五”期间，城轨地铁建设投资额约2万亿元，仅城轨地铁车辆设备部分拉动上游产业辐射值就达到2000亿元，平均每年400亿元，加上后期运营维保，对整体产业链达到3000亿元规模的拉动效应。

从高铁、地铁的发展历程看，中车对关键零部件技术攻关，打破了跨国公司对核心产品和技术的垄断，不仅带来了零部件和整机价格的大幅下降，也实现了中国高铁、中国地铁走向世界的梦想。

技术引进之初，每列动车组原装车价格都在2亿元以上，实现自主化和国产化后，“和谐号”380系列动车组整车价格大幅下降。例如，作为新一代功率半导体器件，绝缘栅双极型晶体管（IGBT）是列车的核心动力心脏，类似于手机中的CPU芯片，能让电流在百万分之一秒内实现快速转换，从而获得牵引整列高铁快速前行的稳定电力。1列动车组（8辆编组）需要152个带有IGBT芯片的模块，国产化前每列车国外采购成本达200万元以上，每年中车都需向国外采购10万个以上IGBT模块，采购资金超过10亿元。国产化后，竞争对手迅速降价，降价幅度达到70%。2015年，由中国自主研发的IGBT变流器首次出口海外市场，获得了印度100辆机车的订单。短短几年时间，国产IGBT在功率器件的市场占有率从0升至60%，销售业绩迅速增长。

同时，凭借具有自主知识产权的高铁、城轨产品，中车“走出去”步伐也不断加快，实现了“四大转变”。2015年以来，中车相继获得美国芝加哥、洛杉矶、波士顿地铁和澳大利亚墨尔本地铁等项目订单，不断实现出口发达国家新突破。2017年，签订印尼雅万高铁车辆项目，赢得中国高铁“走出去”第一单。

依托核心技术与装备优势，中车一直致力于轨道交通以外产业的延伸和发展，已拓展并形成风电装备、高分子复合材料、新能源汽车、环保装备等九个新产业板块。特别是近年来，中车瞄准绿色、智能发展方向，打造出一系列新产品、新技术，正在进行智能中车、智慧交通的市场布局，不断引导和创造市场需求。

譬如长沙中低速磁浮列车，该列车由中车株机公司联合国内多家单位，依托近 10 年技术积淀，历时 1 年多系统集成成功研制，是中国首列具有完全自主知识产权、投入商业化运营的中低速磁浮列车，在世界中低速磁浮列车技术领域居于一流水平，使中国成为世界上仅有的 4 个掌握该项技术的国家之一。磁浮列车具有噪音低、转弯半径小、爬坡能力强等特点。更重要的是，该交通系统总成本约为 2—2.5 亿元 / 公里，远远低于地铁交通系统的总成本，是新兴的城市轨道交通工具。2016 年 5 月，长沙磁浮快线开通运营，线路总长 18.55 公里，连接长沙南站和长沙黄花国际机场，标志着长沙成为中国第二个开通磁悬浮列车的城市。

再譬如智能轨道快运电车（以下简称“智轨”）是由中车株洲所历时 4 年研制的全新交通产品，是一款融合了现代有轨电车和公共汽车各自优势的跨界之作，2017 年 6 月首次在株洲亮相。它属于全球首创，源自高铁传承，能够智能驾驶，具有投资成本低、建设周期短、适应能力强等特点。2018 年 5 月，全球首条智轨示范线在湖南省株洲市开通试运行。此后，智轨在江西省九江市永修县、四川省宜宾市等地相继开通运营并走出国门，亮相卡塔尔。

二、聚链成势开启发展加速度

当前，全球科技变革日新月异，人工智能是新一轮科技革命和产业变

革的重要驱动力量。从交通运输行业的状况看，移动互联网、大数据、物联网、人工智能和区块链等新理论新技术正加速向交通运输行业渗透，交通运输行业面临着大变革大机遇。

智慧交通的基本条件已经具备，智慧交通即将迎来大发展的时期，技术跨界融合越来越紧密。互联网产业和传统制造业技术相互融合的步伐不断加快。比如谷歌、百度、苹果、华为等互联网企业，正在推动无人驾驶、智能驾驶的快速发展，颠覆性的“黑科技”不断涌现。一些重大颠覆性技术创新正在创造新产业新业态。比如在轨道交通领域，美国正在研发时速 1000 公里超高速列车，这完全颠覆了人们对轨道交通产品的认知。科技创新犹如逆水行舟，不进则退。

在全球新一轮科技浪潮的冲击下，中车一直保持着强烈的危机感，顺应科技发展趋势，进一步深化关键共性技术、现代工程技术、前沿引领技术、颠覆性技术的追踪和研究，努力为交通强国提供“中车方案”。首先是追求高品质。中车积极开发一系列高安全、高速度、高舒适的产品，如时速 600 公里的高速磁浮列车、时速 400 公里的可变轨距高速动车组、时速 350 公里的卧铺动车组、时速 350 公里的双层动车组，力争在超级高铁等战略前沿技术领域占领制高点。其次是打造高智能。基于信息化、智能化、互联互通、大数据等技术，中车正在推进人工智能在交通领域的深度应用。北京地铁燕房线上已推出无人驾驶地铁。2019 年底，智能型“复兴号”动车组率先在京张高铁投入运用，为北京冬奥会增添亮丽风景线；中车电动无人驾驶客车在长沙已经获得全国首批智能网联汽车开放道路测试号牌。最后是注重高能效。将新材料、新技术应用到轨道交通产品上，以实现绿色化、经济化、可持续化。2018 年 9 月 18 日，中车在德国举行的柏林国际轨道交通技术展上发布了新一代碳纤维地铁车辆，采用新系统、新材料、新结构、新工艺，实现了车辆轻量化、自动驾驶、智能运维与智慧服务。

中车在聚链成势、打造产业链方面在不少地区已经形成了卓有成效的经验和做法，产生了很好的发展效果，为区域经济的腾飞做出了突出的贡献。一列动车组列车，可以拉动一条多大规模的产业链？以中车研制的“复兴号”动车组为例，一组“复兴号”动车组就有 4 万多个零部件，涉及钢铁、铝型材等原材料、电子电器、信息系统、精密仪器等 10 多个行业，全产业链企业遍及全球 13 个国家和地区，涉及全国 20 余个省区市，产业拉动效应达到 1∶5。

轨道交通装备是国家公共交通和大宗运输的主要载体，也是中国高端装备制造业、高端装备“走出去”的典型代表，具有高技术、高集成、高附加值等特点，产业链长、辐射面广、拉动力强。作为中国轨道交通装备行业唯一一家产业化集团，中车拥有 140 余年的发展历史，产品服务全球 110 多个国家和地区。业务范围涵盖铁路机车车辆、动车组、城市轨道交通车辆、工程机械、各类机电设备、电子设备及零部件，产业链涵盖研发、制造、试验、维保、材料、部件、集成等，拥有核心企业高达 6900 余家。近年来，作为亮丽的“国家名片”，中车始终胸怀“国之大者”，坚持创新引领、共链发展，坚持绿色发展、智能升级，着力打造支撑高端装备领先领跑的产业链生态体系，努力在建设现代化产业体系、构建新发展格局中更好发挥中央企业科技创新、产业控制和安全支撑作用。

关键核心技术是产业链供应链的“命门”，如果“命门”掌握在别人手里，那就好比在别人的墙基上砌房子，再大再漂亮也可能经不起风雨，甚至会不堪一击。研制“复兴号”动车组和中国标准地铁列车期间，中车坚持创新引领，推动自主化产业生态建设，正是中车把“命门”掌握在自己手里，集中产业链力量办成大事的破局之法。“复兴号”动车组的网络控制系统作为列车的“大脑”一度需要进口，严重制约了产品生产交付和

技术迭代升级。开发完全自主的“高铁大脑”，只能摸着石头过河，全力推进自主创新。从技术文件到系统架构，从五花八门的硬件制式和选型类别，到一个个零部件的测试和一行行代码的调试。五年磨一剑，中车最终成功突破了高速列车网络控制系统核心技术，实现了与全球网络控制产品无障碍交互，构建了自主化的网络控制系统软硬件平台，提升了产业链供应链韧性和安全水平。

更加发达的自主化“大脑”实现了以太网控车，数据传输速度比既有产品提高 60 倍，传输容量提高 100 倍，数据处理能力大幅提升，列车控制、诊断功能更加强大。创新引领，补齐产业链技术短板，关键核心技术的“命门”就这样牢牢抓在了自己手里。

作为产业链上的“火车头”，中车在补齐短板弱项之余，更加重视实施产业链创新引领工程，带动产业链整体提升。中车以 CR450 动车组、高速磁浮交通系统、中国标准地铁列车等重大工程为引领，填补领域空白，抢占前沿高地，巩固提升产业链优势。当前，CR450 动车组研制已取得阶段性成果，创造相对交会时速 891 公里的世界新纪录；“时速 600 公里高速磁浮交通系统”入选 2021 年度央企十大国之重器；中国标准地铁列车带动 30 项关键部件自主化和安全可控。回望中车研制中国标准地铁列车历程，统筹产业链资源，形成发展合力，则是推动产业高质量发展的又一成功做法。自 2019 年 7 月 31 日起，中车与相关单位携手打造标准化、系列化城轨交通车辆产品，促进产业规模化和行业规范化，推动车辆间实现互联互通，控制运营维护成本，减少了创新领域资源浪费。

“一链带多核、一链多平台、多链共平台”，正是中车的思路和措施。国内一流科研院所和高校，一众产业链及战略供应单位和业内骨干企业，与中车组成“政、产、学、研、用、协”自主创新联合体，院士和众多行业专家参与项目技术研讨和评审。成功完成关键部件研制，实现了城轨装备核心技术、关键部件自主可控；各关键系统自主化和技术升级，打破了关键零部件的技术依赖，推动了产业链健康、协同发展。

攻关过程中，中车带动产业链上中下游企业共同发展。把自身在城市轨道交通装备生产制造领域积累的丰富技术创新经验、研发管理经验，延伸到300余家产业链上中下游企业的供应链管理中，引导城市轨道交通装备零部件供应商在研发、设计、制造环节参与到整车顶层设计中，产业链供应链上中下游企业在技术、工艺、质量等方面均得到了改进提升。2021年6月28日起，中国标准各速度等级地铁列车陆续下线并投入应用。在带动产业链“更先进”的同时，中车不断推动产业链走向“更全面”。以湖南省株洲市为例，中车在这里打造了千亿级产业集群，以3家中车轨道交通装备企业为龙头，400多家上下游企业协同，可解决80%以上的配套产品和技术，产业聚集度全球第一。可以说在喝一杯茶的时间之内，就可以集齐生产一台电力机车的上万个部件，集结一大批全球产业链顶尖专家。产业集群优势加深了产业链上中下游企业合作，形成了发展“命运共同体”，进一步为产业整体带来了强大的韧性和抗压能力。

中车打造的山东省青岛市千亿产业集群，以3家中车轨道交通装备企业为龙头，带动260余家配套企业步入快车道，集聚了13个国字号轨道交通装备技术研发中心，雅万高铁、时速600公里磁浮交通系统等明星产品从这里驶出。产业链上中下游配套协作、融合发展，让中车成为了新竞赛规则的重要制定者、新竞赛场地的重要主导者，同时带动了产业链整体走出国门，深度参与国际分工合作，更好服务“一带一路”建设。自主化产业生态建设，让整条产业链共同实现提升，每个链环更加强健，整根链条更加坚韧。

随着国家“双碳”目标的深入实施，绿色低碳转型成为被普遍关注的热点，“绿色发展”“降碳”“减污”等热词频频被提及。“绿色”这一高频词的背后，跳动着中国持续推进绿色发展的强劲脉搏。在“双碳”目标牵引下，加快推动产业链绿色转型，是中车争当产业链“火车头”应有之义。立足轨道交通装备产业链，中车坚决贯彻“双碳”目标，在2018年实现运营碳达峰的基础上，于2021年9月发布中车“双碳”行动计划，提出到2035年实现企业运营碳中和、2050年实现全价值链碳中和的总体目标。2022年，中车成为首批中国工业碳达峰“领跑者”企业。2023年8月，中车正式发布“双碳”行动方案，全面打造绿色低碳竞争力。

立足“碳中和”引领者的定位，中车正在按照绿色投资、绿色创新、绿色制造、绿色产品、绿色服务、绿色企业“6G”绿色发展理念，加快构建轨道交通装备和清洁能源装备“双赛道双集群”产业发展新格局。中车培育壮大绿色产业，致力于成为绿色制造的领跑者、绿色生活的创造者、绿色发展的先行者。中车始终发挥引领带动作用，努力打造产业链碳中和生态圈，带动全产业链加快转型。

大众广泛知晓的风电装备，虽然与轨道交通装备分属不同领域，但中车提前布局，追风逐电，将两者深度融合协同发展，将高铁技术与管理创新性地引入风电领域，推动高铁技术向风电产业平移，有效解决了风电装备核心技术受制于人的问题。中车已实现轨道交通系统集成、牵引传动、控制系统、车体技术等九大关键技术在风电装备领域的落地应用，推动了轨道交通装备行业向风电产业延伸。逐步形成了提供从核心部件到资源开发，从项目EPC到整机制造和智能运维等风电全产业链、全生命周期系统解决方案能力。

2022年11月23日，中国自主研制的16MW海上风电机组成功下线。这款超大功率海上风电机组的关键部件——风力发电机，就是由中车株洲电机公司与客户金风科技联合研制的。该款风力发电机是当时全球功率最大的中速永磁风力发电机，在项目研发过程中，中车采用揭榜挂帅的工作机制，成立了以中车首席专家牵头的专项攻关团队。通过与客户、供应商等产业链纵向之间，以及与中车内部轨道、工业驱动、新能源汽车驱动等领域横向之间的协同创新，成功解决了中速超紧凑风电机组轴承电蚀等多项技术难题，产品性能达到国际领先水平。该款风机与国产大飞机 C919 等硬核重器共同位列“2022 年度十大国之重器”榜单，成为加快打造国家战略科技力量、助推实现高水平科技自立自强的典范。

在绿色升级领域，面向全产业链、全价值链、全技术链，中车有效整合减碳、零碳、负碳技术，涌现了一大批绿色科技成果。中车主动实施技术平移，实现产业延链，推动产业绿色低碳发展，在“立起来的高铁”——风力发电机之外，大力发展“胶轮上的高铁”——新能源商用车，源自轨道交通业务的整车电控与驱动集成的核心“三电”技术，已做到行业领先，形成了纯电、混动（含增程式）两大电驱动系统集成平台，打造了从关键器件、核心部件到系统集成的完整产业链。

中车的碳纤维地铁列车，整车减重 13%，相当于每跑一公里，可节省电能 1.5kWh。永磁牵引系统节能率最高可达 30%，按照列车总能耗降低 30%进行测算，一列地铁列车每天可减少排放 1000 公斤二氧化碳、3 公斤的二氧化硫，每年节省电能约 40 万 kWh，绿色减排效果相当于种植 10000 平方米的阔叶林。城轨二氧化碳变频热泵空调采用双向跨临界循环技术，全年综合能效提升 20%以上，每列地铁可减少 510 吨碳排放，实现“负碳”技术和“零碳”应用。利用企业屋顶空闲空间，在山东搭建的智能光伏发电站，并网一年来，电站累计发电量 3.1GWh，减少二氧化碳排放量 2919 吨，节约标准煤 1016.8 吨，相当于种植 2.6 万棵 30 年树龄的冷杉；同时累计减少碳粉尘 843 吨，减少二氧化硫 93 吨，减少氮氧化物 46.5 吨，所在企业绿电使用率整体提高至 20%。氢能源有轨电车、氢燃料电池混合动力机车投入运营，真正实现了“零排放”。低碳化产业生态，让整条产业链共同实现升级，每个链环更加绿色，整根链条更加具有竞争力。

进入新时代，面对数字技术与实体经济深度融合的大趋势，中车抢抓新的一次技术革命机遇，聚焦数智转型，聚焦产业数字化、数字产业化两大目标，大力推进产品创新数字化、用户服务智慧化、生产制造数智化、经营管理一体化、产业体系生态化。从核心应用优化完善、产业链供应链资源整合、产业链生态拓展、产业链管理提升四个方面，统筹实施数字化转型 48 项重点任务和产业数字化 19 个系统工程，推进企业开展数字化转型和智能化改造，全面推动产业链供应链向价值链高端迈进，以数字化智能化引领支持产业链智能化升级。

2022 年 1 月 6 日，“瑞雪迎春”智能“复兴号”动车组正式上线运行，首次应用中国自主研发的北斗卫星导航系统，实现了“北斗 + 高铁”两张国家名片的深度融合。同时还具备进入隧道时自动调节压力波，智能调整车内温度、灯光、空调等能力，为乘客带来智能舒适的乘车体验，被众多网友誉为“国货之光”。

2022 年，中车建成了全链开放的中车工业互联网，基于轨道交通装备产业链，构建起统一门户和中国中车、旗下子企业、客户、供应商、创新者五大应用场景，为用户提供智能化生产、网络化协同、个性化定制等服务能力和解决方案。与此同时，分步推进产业链数据平台建设，建设覆盖轨道交通装备产业链的云架构大数据中心，为上下游企业提供连接、计算、存储、分析、安全等基础服务保障，全面增强产业链、技术链、供应链连接能力、计算能力、存储能力、分析能力和安全保障能力。

为了深化产业链生态拓展和管理提升，中车致力于培育服务产业链智能化升级的专业化企业。围绕“为离散型制造业供应链物流提供一体化解决方案”的目标，中车积极推广“运输网络 +VMI 仓储服务 + 储运一体化包装”三位一体模式，实现物流、信息流、资金流融合，打造精益物流，支撑精益制造。其中，《基于三位一体业务融合的工业智慧物流云平台建设》入选全球产业链供应链数字经济典型案例。同时，中车依托自身资源优势和品牌优势，打造了“宜企拍”绿色循环经济交易电商平台，为企业闲废资源的处置和管理提供服务。打造中车购2.0产业链供应链协同平台，涵盖产业链供应链一站式服务门户、电子采购子平台、供应商管理子平台等在内的8套核心子平台，全面覆盖了产业链与供应链管理的各个环节。门户累计注册供应商3.5万家，开通子公司业务人员账号1.6万个，采购平台已上线应用227家，累计交易额456亿元，合同金额2093亿元。

湖南省是中车发展的重要基地之一，中车的发展为湖南省的经济社会发展作了重要贡献。在湖南省，已经崛起了装备、材料、消费品3个万亿级行业，16个千亿级产业。“长沙工程机械”“株洲市先进轨道交通装备”两大产业集群，上榜“全国先进制造业集群决赛优胜者”名单，中车在其中亮点频显。2020年9月，习近平总书记考察湖南，充分肯定湖南发展先进制造业、持续抓产业链和产业集群等工作，赋予“三高四新”使命任务。打造高地，攀登高峰，先进制造业“八大工程”启动实施，“3+3+2”先进制造业产业集群破浪前行——轨道交通、航空动力、先进硬质材料三大优势产业集群服务国家战略，参与全球竞争。电子信息、新能源、高分子新材料+等三大战略产业集群服务“国之大者”，为我国经济社会发展作出贡献；中车围绕人民美好生活需要而不断发展陶瓷、服饰、烟花爆竹等一批传统产业；同时，中车布局功率半导体+、永磁动力、生物医药、人工智能与大数据、通用航空、新型功能玻璃、5G应用、深海装备、北斗应用、算力基础设施等一批新兴和未来产业。

轨道交通电力牵引作为一种先进的技术方式，从落地株机厂起，就承载起了为中国发展提供“动力”的历史使命。近半个世纪以来，中车株机公司通过产业分离、援建、联合研制、技术平移等方式，带动了中国一批整车及核心零部件企业的建立与发展，全国所有电力机车厂的造修技术均源于此。2013 年以来，中车株机公司在中车内部的兄弟企业采购涉及中车株洲所、中车株洲电机公司、中车四方所、中车戚墅堰所、中车大连电牵公司等企业。而中车株机公司的受电弓、真空断路器、高压隔离开关、DK2 制动系统等又输出到中车长客股份公司、中车四方股份公司、中车唐山公司、中车大连公司、中车资阳公司等企业。

多年积累，厚积薄发，使株洲田心地区成为全球有名的轨道交通创新聚集区。在中车株机公司的主导下，2019 年初，12 家业内单位联手成立国家先进轨道交通装备创新中心，对行业关键共性技术展开攻关，全面提升轨道交通装备产业链创新水平。以出口欧洲双层动车组为例，全车近万个零部件，基本从周边 300 余家企业采购，有力地带动上下游企业生产。受益于良好的配套协作，中车株机公司仅用 18 个月就完成双层动车组交付，比国际同行节省一半时间，让世界同行倍感惊讶。在中车株机公司的带动下，株洲的轨道交通装备产业快速发展，已形成整机制造、核心部件、关键零部件协调发展的产业集群，汇聚了 340 家骨干企业及配套企业，形成以百亿企业为龙头、十亿企业为支撑、科技型中小微企业为基础的创新型轨道交通装备企业集聚区。株洲轨道交通装备产业集群持续壮大，2015 年产值突破 1000 亿元，成为国内首个突破千亿产值的轨道交通装备产业集群。2021 年产值超过 1300 亿元，2022 年产值达 1506 亿元，拉动近 8 万人就业，整体处于全球产业链、价值链中高端，能够为全球轨道交通各类用户提供从轨道交通器件、部件、系统到整机、大系统的全寿命周期系统解决方案，几乎覆盖行业所有领域，本地配套率 80%以上，产业集聚度全球第一，整机及配套出口量全国第一。株洲轨道交通装备产业的竞争力、创新力、影响力日渐提升，成为湖南省制造业的主导产业和支柱产业、高端装备制造“走出去”的“中国名片”。

青岛的轨道交通装备产业集群是全国唯一的集高铁地铁整车生产、关键核心系统研发制造、国家基础应用技术协同创新平台于一体的工业集聚区，也是国内最大的高速动车生产基地和重要的城轨车辆生产基地。通过这个基地，世界首套时速 600 公里高速磁浮交通系统成功下线、雅万高铁成功试验运行，在中国轨道交通行业发展史上树立了新的“里程碑”。2016 年 9 月，科技部、国务院国资委共同批复，中车和青岛市共建国家高速列车技术创新中心。2018 年，中车与青岛市政府签订协议，共建国家高速列车技术创新中心。搭建新技术、新产品研发平台，突破关键技术，储备前沿技术，已经完成了“国家高速列车技术创新中心建设专项”“基于全生命周期的轨道交通装备健康管理关键技术研究”等项目，突破关键技术和储备前沿技术 108 项。主持、参与了“磁浮交通系统关键技术”“下一代列车轻量化关键技术和部件研发”等 13 项国家、省部级科研项目。时速 600 公里高速磁浮交通系统入选“2021 年度央企十大国之重器”，“复兴号”CR400AF 动车组“飞龙”车头专利获中国专利奖最高奖——“中国外观设计金奖”。

中车相继在青岛设立了中车研究院（青岛）有限公司、中车成型科技(青岛）有限公司、中车信息技术有限公司青岛分公司 3 个科技型公司，不断打造面向全球开放的创新平台。中车在青岛设立了总规模达 40 亿元的中车（青岛）制造业转型升级基金、总规模 5 亿元的中车（青岛）科技创新创业基金，用于国家高速列车技术创新中心科技成果转移转化和轨道交通产业发展。同时，国家高速列车技术创新中心承担了国家自然科学基金（中国中车）项目组织实施工作，构建了轨道交通领域国家级科技研发平台。经过 5 年建设，国家高速列车技术创新中心已初步建成“三平台、两中心、一网络、一基地”，构建起创新链、产业链和资金链协同联动的全球高速列车技术创新产业生态，为引领轨道交通产业技术创新，促进轨道交通产业集群发展，推进制造强国、交通强国、科技强国等国家战略实施，发挥了重要作用。到2023年底，青岛轨道交通全产业链产值过千亿，集聚中车四方股份、四方阿尔斯通等主机厂和220余家核心配套企业，全国55%的高铁、20%的地铁在青岛生产。中车在青岛发展的产业基地先后入选国家先进制造业集群、国家首批战略性新兴产业集群、国家绿色工业园区、科技部创新型产业集群、工信部中小企业特色产业集群。全国交通强国建设推进会现场观摩中车四方股份公司推广经验。

纵向，一车“链”千企，千企共发力；横向，产学研协同，协作攻难题。以中国标准地铁列车研制为例，以前，中国城市轨道交通车辆基于不同的车型平台研制，制式不同、标准不一、配置多样、品种繁多，对车辆运营维护造成了困扰。2019年，中车勇担重任，开展中国标准地铁列车研制工作。中车组织各地铁公司、科研院校和协作单位经过艰苦努力，制订出了中国地铁技术标准。根据这个标准，在17家国内一流科研院所和高校、70家产业链及战略供应单位、338家业内骨干企业的共同努力下，联合成功研制了高速断路器、芯片、压缩机、制动控制电磁阀等30项关键部件，实现了地铁牵引、传动、制动、信号、供电等关键系统自主化和技术升级，整车自主化率达到98%以上。

截至2024年，中车全产业链供应商达3.8万余家，其中主要供应商1.5万余家、核心供应商6900余家。轨道交通装备供应商10600余家，其中民营企业约8000家，占比75.5%。

三、高速磁浮智慧交通新选择

从2002年中德合作建设上海示范线起，中车持续推进高速磁浮国产化和工程化研究，并于2016年在国家科技专项支持和前期持续研究的基础上，开展面向工程应用的时速600公里高速磁浮交通系统的研制。伴随中国经济的飞速发展，人们对中长距离高速客运的需求呈现指数级增长，因而对交通工具也提出更高要求，高速快捷、安全舒适、资源节约、环境友好成为现代交通可持续发展的主要指标。

高速磁浮交通系统基于电磁原理，采用无接触悬浮导向技术，是高速绿色陆上交通工具，它具有高速、便捷、运输能力强、安全可靠性高、舒适准点等优势。该系统可运用于城市群内快速通勤，打造同城概念，实现城市群内半小时通勤，如京津冀、长三角、粤港澳、成渝四极高发达经济圈；可运用于核心城市间一体化交通，构建2—3小时经济圈，助推我国1—2—3小时经济圈对外活动半径延展，如1000—1500公里的四极经济圈核心城市；可打造快速经济战略廊道，构建5小时经济圈，加快资源、人才、资本有机交互融合，促进地区均衡发展，如京兰、京成、沪昆等走廊化交通。高速磁浮填补了航空与轮轨高铁之间的速度空白，对完善交通运输速度谱系和构建现代化综合交通体系具有不可或缺的支撑作用。有了它的加入，中国多维交通架构将更加合理、高效、灵活便捷。发展高速磁浮交通系统可提升自主创新能力，带动技术创新和产业发展，并对众多相关领域的技术创新与产业转型发展具有显著的引领作用。夯实磁浮技术，持续保持中国轨道交通在国际上的领先优势，对于建设交通强国、引领未来超高速轨道交通技术具有重大而深远的意义。

中国常导高速磁浮技术源自德国，2002年通过技术引进，在上海建成世界第一条商业运营、时速430公里的高速磁浮示范线，积累了常导高速磁浮的工程建设经验和近20年的运营经验，其技术适用性、安全性、可靠性得到了充分验证。“十五”至“十二五”期间，持续开展国产化和技术优化研究，完成自主化车辆、牵引、运控、线路轨道功能样机的开发及验证，开展核心部件对等开发，并装车试用，完成磁浮系统由理论到工程的技术迭代。历经多年的持续研究，中国基本掌握高速磁浮基础理论和单元技术，夯实了进一步提速和工程应用的基础。常导电磁悬浮技术是中国目前唯一可实现工程应用的技术路线。

2016年，结合上海示范线的运行现状，在“十五”至“十二五”期间持续创新和近20年运营经验的基础上，基于常导磁浮成熟技术平台，集聚高铁、磁浮优势资源，中国开展了时速600公里高速磁浮关键技术研发和工程化装备研制。历经5年，攻克时速600公里高速磁浮的系统集成、车辆、牵引供电及运控通信核心技术难关，掌握了设计、制造和试验评估方法，研制成功一套工程样机。同时，建立开放的研发、制造、试验平台，形成可持续的自主创新能力，初步搭建自主化产业链条。2021年7月20日，经过1680项仿真计算、4750项试验、1800多天日夜攻关，先

图22：2021年7月20日，时速600公里高速磁浮交通系统在青岛下线

后突破悬浮导向、车辆、牵引供电、运控通信、系统集成等关键技术，时速600公里高速磁浮交通系统在青岛成功下线。

截至2023年底，中车及各研发团队成功搭建动力学、气动、噪声、电磁、控制、直线电机、牵引、运控及通信等领域的全系统协同仿真平台，为技术方案的论证及优化，提供全面、系统、科学的仿真评估。各参与单位共同规划建设，完成了全系统试验平台搭建，可满足部件级、系统级及大系统集成的地面台架试验验证需求。此外，新建高速磁浮试制中心，其内设的试制平台具备车辆、牵引供电、运控通信、线路轨道全系统小批量工程化试制能力。

中国常导高速磁浮在国家科技专项的支持下，历经20多年的科技攻关，取得了重大成就。目前，已拥有具有完全自主知识产权的工程和装备成套技术，全系统产业链实现自主可控，完成了时速600公里全系统工程样机研制，实现低速牵引运行和系统联调。这是世界上第一套设计时速600公里的高速磁浮交通系统，是目前可实现的、速度最快的地面交通工具，属于中车面向未来的技术储备。

四、牢牢掌握国际标准话语权

习近平总书记指出："抓住新一轮科技革命和产业变革的重大机遇，就是要在新赛场建设之初就加入其中，甚至主导一些赛场建设，从而使我们成为新的竞赛规则的重要制定者、新的竞赛场地的重要主导者。"① 中车认为，这种赛场主导意识，其核心体现就是要打造中国标准，让中国标准和其他标准一样，成为行业的世界通用标准。只有这样，中车才能真正成为新的竞赛规则的重要制定者、新的竞赛场地的重要主导者。

---

① 习近平：《在中国科学院第十七次院士大会、中国工程院第十二次院士大会上的讲话》，人民出版社2014年版，第11页。

国际上与轨道交通相关的国际标准化组织，主要有铁路牵引电气设备与系统技术委员会（IEC/TC9）、铁路应用技术委员会（ISO/TC269）和国际铁路联盟(UIC)3 个平台。德国西门子、加拿大庞巴迪、法国阿尔斯通、日本川崎重工等行业巨头，长期主导 IEC、ISO、UIC 相关轨道交通领域国际标准，高速动车组国际标准基本由其主持制定。而中车于 2011 年才第一次主导轨道交通领域国际标准制定，当时制定的《轨道交通用复合绝缘子》国际标准，也是世界轨道交通领域第一项由中国主导起草的国际标准，影响力较弱，主持或参与制定国际标准比例不高，同时国际标准化相关人才也比较短缺。

“复兴号”CR400AF/BF 型动车组是完全按照中国标准研制的动车组，目的就是建立动车组的中国标准体系。根据《时速 350 公里中国标准动车组暂行技术条件》，CR400AF/BF 型动车组采用标准或技术文件 134 项。其中国际及国外先进标准 33 项，占比 24.6%；国家标准 36 项，占比 26.9%；行业标准 28 项，占比 20.9%；中国铁路总公司标准和技术文件 37 项，占比 27.6%。该车研制采用的 134 项重要标准中有 101 项是中国人自己的标准，占 75.4%。“复兴号”动车组的功能标准和配套轨道的施工标准均高于欧洲标准和日本标准，形成了中车自己的标准体系，具有鲜明的中国标准特征。相较于国际和欧洲标准，“复兴号”动车组运营速度由 300km/h 提升到 350km/h，寿命由 20 年提高到了 30 年；运行阻力相比下降了 7%，车辆外形尺寸有所增加。其先进性可概括为寿命更长、身材更好、容量更大、操作更简便、舒适度更高、安全性更高、适应环境更广。

从“复兴号”动车组的例子可以看出，中车正在努力建立中国标准体系。中车打造中国标准的实施策略是，聚焦优势、三步实施。第一步是等效采用国际标准，快速提升产品和技术进入全球市场的能力；第二步是攻克核心及关键零部件技术，形成优势，成熟一个、制定一个，打造自己的标准；第三步是由点到面形成领先的整机标准体系，让中国标准成为世界标准，实现中国标准国际化。立足中车优势，加快提升国际标准话语权，筛选有关技术或产品作为中车主导制定国际标准的重点培育项目，努力争取更多主导国际标准的制修订工作。不断打造自己的标准，如空气弹簧技术标准。在“复兴号”动车组高速运行的情况下，一枚硬币能保持 8 分钟站立这一“奇迹”的出现，空气弹簧功不可没。动车组开行之初，空气弹簧主要采用国外进口，价格高昂。中车四方所开展了空气弹簧国产化替代工作，后来完全替代进口并占据市场份额的 80%以上。在此基础上，中车组织编制专项产品标准，形成了空气弹簧的中国标准，整体指标高于欧标、日标等国外标准，形成空气弹簧技术市场的话语权，保持了市场份额的优势。

中车积极推动中国标准“走出去”。2016 年，中车出口 35 台机车到埃塞俄比亚。该条铁路从路、车、网以及运营全部采用中国标准建设。鉴于当地海拔高、坡度长、紫外线辐射强、风沙大，夏季最高气温达 50 摄氏度左右，且季度和昼夜温差相对较大，这批机车吸取了国内高原电力机车和出口南非电力机车等多方面优点，并在此基础上作了全面的技术升级，适合在高温、高原和沙漠地区运行，确保机车运行的可靠性和安全性。2024 年 12 月，由中车自主研制的铺卸轨车组在大连港装船发运出口尼日利亚。此次研制的 2 列铺卸轨车组，是为尼日利亚项目“量身定制”用于铺设铁路新建线路的专用工程车组，可单次完成超千米的长线路钢轨的连续性卸轨和铺设，具有作业效率高、自动化程度高、可靠性程度高等特点。该车组的成功交付，是长钢轨车组系列产品实现出口海外的再突破，是融入“一带一路”建设、融入中车国际市场品牌塑造的新成果。

推进“一带一路”建设，是构建人类命运共同体的伟大实践，中国标准理所应当发挥重要作用，要让更多的中国技术标准成为国际标准，更多的中国标准得到国际认同。中车凭借过硬的产品质量让中国标准在海外牢牢站住了脚，为深入推进标准强国战略，全面提升中国标准的质量和水平，作出了中车贡献。

第五节　全面精益管理创新实践

中车积极贯彻新发展理念，主动担当“大国重器、产业引擎”使命，围绕打造世界一流企业这一根本目标，紧抓对标提升行动契机，聚焦核心主业和价值创造核心流程，致力于打造富有行业特色现代化管理模式，推动精益管理创新实践，探索建立符合大型轨道交通装备制造业特色的精益管理体系，全面推进基于价值导向的管理体系和管理能力现代化建设，建立起覆盖价值创造全流程持续改善体系和经营模式，培育出良好的精益文化和企业管理新生态，有力支撑了中国高铁装备产业高端化、智能化、绿色化发展。

一、全面精益管理发展历程

中车聚焦央企集团核心主业和价值创造核心流程，把精益管理作为企业提高“品质、效率和效益”的重要抓手，遵循“强基、赋能、攀高”的迭代路径，推动精益管理创新实践。自 2008 年导入精益生产，中车坚持守正创新，在学习和实践的基础上，结合轨道交通装备行业发展趋势，不断进行管理实践和创新探索。从基础奠定到全面推广，再到成熟应用和数字化转型，体现了其对提高生产效率、降低成本和提升竞争力的不懈追求。

第一个阶段（2008—2015 年），为精益生产阶段，这一阶段，重在“强基”。围绕产品制造流程的价值挖掘，拉动价值网络建立，提升企业精益制造水平。中车重点做了三方面工作：一是全面导入精益思想和理念，推进标准作业、价值流分析、X 矩阵等管理工具在企业应用，提升企业基础管理的水平；二是以生产制造流程优化为先行，变革大型轨道交通装备生产模式，建立高效率、低成本、高质量的生产作业方式；三是围绕产品和订单实现主流程，以价值链管理为导向，拉动产品制造强相关核心业务流程优化。在实施领域和维度上，以精益产线建设为载体，打造精益制造业务单元，建设精益工厂。

第二个阶段（2015—2018 年），为精益管理阶段，这一阶段，重在“赋能”。突出企业运营流程的价值协同，致力企业全流程的价值拓展，建立一体协同的精益管理体系。主要从三个方面展开：一是以产品项目实施为载体，从设计、采购、生产、交付等全流程，打造接口标准和管理规范，形成高效统一的管理流程；二是构建中车特色的精益管理体系标准，统一管理逻辑、语言和运营规范；三是与信息化深度融合，推进产线和工厂数字化、智能化建设，打造数智化精益产线和数字化精益工厂。在实施领域和维度上，以精益管理体系建设为载体，打造可平移、可复制、可输出的管理标准和评价体系。

第三个阶段（2018 年—至今），为全面精益管理阶段，这一阶段，重在“攀高”。围绕产业链条源头的价值提升，致力向价值链的中高端延伸，打造数字化精益企业。这一阶段突出三个“聚焦”：一是进一步聚焦到产品研发源头改善，推动产品研发平台化、系列化和模块化，提升产品竞争力；二是进一步聚焦到供应链能力协同提升上，把价值链条延伸到供应源头企业；三是进一步聚焦到客户价值，形成基于快速响应客户需求的协同能力，提供一流的产品和服务。在价值拓展和延伸上，致力迈向价值链的中高端，不断完善价值协同的管理体系，深度融合数字化、网络化、智能化技术，建设数字化精益企业。

二、全面精益管理核心内容

轨道交通装备作为一类大型产品，其产品的复杂性和高质量高标准要求，决定了产品实现过程业务活动的复杂性，因此构建世界一流的运营协同管理体系，既要有具体的工程化推进思路，又要有阶段化、递进式的工作方法，更要有全方位、立体式的组织与机制来保障。中车聚焦央企集团核心主业和价值创造核心流程，遵循“最佳实践—体系标准—贯标覆盖”的迭代演进路径，将精益管理体系覆盖维度由制造系统向企业经营全过程纵向拓展。

（一）打造工位制节拍化制造方式。中车抓住制造实物流为管理对象，全面打通与之关联资金流、信息流和管理流，遵循精益生产准时化和自働化两大基本原则，探索建立了具有轨道交通大型装备特色的“工位制节拍化生产”方式。中车所属各企业抓住工位、产线和生产单元作为载体，全面普及和推广工位制节拍化生产的改造和优化，制造现场的“七大任务”（质量、安全、生产、保全、成本、人事、环境）和“六要素”（人、机、料、法、环、测）的管理不断强化，在制造能力和水平上迅速提升，取得了普遍的最佳实践案例和成果。在机、客、货、城轨及新产业等领域，均形成了可快速平移和复制的样板。通过推行工位制节拍化生产，动车组生产能力提高 100%，客车生产能力提升 200%，机车生产能力提升 50%，铁路货车生产能力提升 60%，产线节拍兑现率达到 95% 以上。

中车在夯实精益工位、精益产线、精益工厂建设基础上，按照标准化、信息化、数字化、智能化的路径，推进企业设计研发、经营管理、生产制造、售后运维等业务信息系统建设，在建立和拉通设计研发管理平台（PDM）、集团化管控模式的企业资源管理平台（ERP）、企业数据管理系统（MDM）等管理模块上，实现了快速突破。打造了一批高水平的数字化、智能化产线和制造单元，在生产效率、产品质量、能效管理等方面不断提升。

（二）构建基于“6621”核心逻辑的精益运营模式。中车始终坚持系统思维和价值逻辑，在持续夯实精益制造平台的同时，不断打造大型装备制造企业集团的精益运营平台，统筹企业系统资源、管理要素和价值流程，抓住企业与用户最紧密贴近的系统，以项目实施为载体，对设计、工艺、采购、生产计划、质量、成本和市场、人力、安全环境、资产、信息、售后等12项管理职能和流程进行重组，将管理流直接指向产品增值的制造工位，通过节拍协同管理流程，推动管理方法和流程的标准化，建立与精益制造流程高度匹配的运营系统，对原有相对分散和割裂的职能管理进行系统集成和协同，实现运营流程的高效率和高效益。中车把这种管理逻辑具化为中车特色的“6621运营管理平台”（即市场开发、人力资源、资产管理、安全环境、信息化和售后管理“6”个管理平台；设计开发、工艺管理、计划控制、采购物流、质量管理、成本管理“6”条管理线；模拟生产线、模拟配送线“2”条模拟线和“1”条工位制节拍化流水生产线），并构建了基于“6621运营管理平台”的精益运营模式。精益运营作为价值创造行动的重要内容。在“6621运营管理平台”建设基础上，通过探索实践、总结提炼，形成了中车精益运营管理体系模型及方法论，构建形成以“一纵一横一平台”为核心管理过程的精益运营管理体系，实现以价值创造与持续改善为核心的卓越运营管理目标。“一纵”——即经营目标与收益性改善运营模式。“一横”——即订单项目运营管理。“一平台”——即“6621运营管理平台”。

（三）实施“三大重点管理工程”。中车在全面精益管理探索实践中，坚持从“点的突破”到“面的普及”，深入实施“三大重点管理工程”，全面提升集团公司精益管理整体水平，不断增强企业的全球竞争力。

1. 推动“强基工程”。强化“基本制度、基础工作、基本能力、基层管理”为主要内容，聚焦“无死角、无漏洞、无隐患、无事故、无风险”管理目标，在集团和所属企业两个层面，每年度组织系统梳理，进一步优化管理流程、完善管理制度、创建管理范式，持续构建科学规范、系统完备、运行高效的管理体系，持续提升管理水平和价值创造能力，共建全价值链系统集成的特色管理模式。集团总部和各企业制定 7569 项年度强基工程清单，完成 1730 个重点突破项目，实现了 1605 项里程碑成果。管理的标准化、制度化、规范化水平不断提高。

2. 打造“示范工程”。以打造高水平的精益工位、精益产线和精益工厂作为载体，落实现场管理“七大任务”，实现“六要素”标准化、流程化、信息化，以深度应用数字化、网络化、智能化技术为支撑，不断挖掘和提升制造过程价值创造空间，打造了一批高质量、高效率的数字化精益制造典范。多年来，在全集团生产制造单元共计打造了 10880 个精益工位，覆盖率达 90% 以上；建设了集团级精益生产示范区线 142 条（子公司级 819 条）；建设了 207 个集团级精益车间。在精益制造示范工程基础上，升级建设了 31 个智能产线，13 个数字化精益车间。这些典范工程建设为中车形成可复制、可平移的精益体系提供了成熟的样板。

3. 推进“雁行工程”。在精益制造模式基本构建和有效运行的基础上，中车把工作的重心迅速转向与制造强相关的管理职能和流程优化上，以产品制造的价值流程为主线，建立管理流程与制造流程高度协同的运营模式。突出龙头和优势企业的管理先行作用，组织推进精益管理体系建设“雁行工程”，分批次、分领域推动职能管理流程的优化重构。

在试点取得最佳实践的基础上，形成集团层面的规范和标准，按照成熟一个、推广一个的“模块化”的思路，不断完善精益体系和标准，并通过管理信息平台固化和推广。形成了《工位制节拍化流水生产工作指南》《精益运营管理体系建设工作指南》《基于精益制造的指标改善系统建设指南》《工艺管理线建设指南》等一系列指导性文件。2018 年中车颁布了《精益管理体系要求》，作为构建精益体系和生态的纲领性文件，持续构建、完善和实施“精益制造、精益运营、精益研发、精益供应链”四大体系为核心模块，推动体系向产品研发源头拓展，向客户价值和供应商两端延伸，努力打造高质量发展引擎，建设数字化精益企业。

三、全面精益管理成果斐然

中车将精益管理作为提升管理能力和管理水平的重要抓手。通过全面推行精益管理，显著提升了运营效率与产品质量，有效降低了生产成本，数字化中车建设步伐不断加快，企业核心竞争力进一步增强，为高端装备制造业高质量发展树立了标杆。

（一）企业价值创造能力和水平显著提升。历时十余载精益管理体系建设，中车努力把构建管理核心竞争力，转化为企业的发展优势，支撑中车经营品质的稳步提高。“十三五”期间，中车累计实现营业收入、利润总额与前五年相比分别提高 27% 和 44%，规模效益指标位居全球轨道交通装备制造业前列。中车连续多年位列世界 500 强；位列最受赞赏中国企业榜首；获得国际评级机构“中国主权级”评价，刷新了中国制造业国际评级的最高纪录。

（二）企业管理体系和能力现代化水平明显提高。坚持深化价值理念和推动精益思想本土化实践，构建了富有中国大型轨道装备企业集团的特色精益管理体系，企业管理体系和管理能力现代化建设不断夯实，有效助推了企业高质量发展进程，得到了上级部门和用户的充分肯定，赢得了社会各界的高度赞誉。中车 3 家子企业入选“对标世界一流管理提升”标杆企业创建名单。“中国高铁自主创新管理模式”入选10个标杆模式创建名单，“基于6621核心逻辑的精益管理体系”入选100个标杆项目创建名单。12家子企业入选国企改革专项工程。多项以精益管理为主题的管理成果获评国家级管理创新成果。

（三）形成了可复制、可输出、可平移精益管理模式。中车在构建具有自身特色的精益管理体系过程中，充分借鉴了ISO9000和IRIS等先进管理体系的建设思路和方法，统筹价值战略、管理架构、组织流程和机制建设等维度，在方针目标、指标体系、过程管控、结果评价、激励考核等方面，持续推进全系统、全链条、全过程的管理模式创新和能力提升，建立了可执行、可评估、可衡量、可推广的管理体系，形成了“体系标准要求+模块系列标准+专项工作指南+综合评价体系”系列化工作标准。总结中车精益管理实践，已出版发行《精益管理之道》《全面精益管理之策》两本书，供社会各界交流借鉴。中车精益管理模式具有可复制、可输出、可平移特征，对于国资央企大型装备制造企业具有借鉴意义。

（四）精益管理价值和效能不断显现。贯彻“以精益设计为源头，以流程驱动为主线，以项目执行为抓手，以获取价值为中心，实现全产线、全项目、全流程精益全覆盖”的总体要求，中车所属各企业强化精益管理改善，贯标精益运营体系评价标准，不断增强价值创造能力，为中车实现经营目标、稳住经营大局、支撑高质量发展，发挥了重要保障作用。中车连续5年推动战略领导层、职能协同层、全员改善层“三个层面”的全面管理改善，累计开展涵盖精益制造、精益研发、精益供应链、劳产率提升、数智化转型等各类改善课题2万多个。所属各子企业在模块化、简统化、工程化上，取得显著成效。其中，中车四方股份公司、中车齐车公司推进模块化设计，典型产品模块化利用率达到60%以上。中车唐山公司推进研发数字化，构型管理在新产品100%覆盖应用。

第四章

受人尊敬的国际化中车

1881年，中国首家机车车辆企业，中车唐山公司的前身胥各庄修车厂应运而生。

然而，当时的工业基础极度薄弱、时局动荡不安，羸弱的旧中国铁路机车车辆工业发展艰难而缓慢，铁路机车车辆大部分依赖进口，使用的是“万国牌”蒸汽机车。中华人民共和国成立后，中国机车车辆工业才迎来新生，建立起独立自主的轨道交通装备工业体系，打下了“走出去”的基础。改革开放以来的40余年，中车奋起直追、迎头赶上，中国机车车辆工业实现了电气化、现代化后才得以大踏步地“走出去”。尤其是党的十八大以来，中车以“连接世界，造福人类”为使命，不仅实现了“走出去、走进去、走上去”，还站在了“打造受人尊敬的国际化公司”的更大舞台上。

第一节　中车产品走向六大洲

自中车齐齐哈尔公司于1958年获得越南29辆棚车援助项目暨中车首个海外出口项目开始，中车的国际化之路已走过60多个年头。到2024年，中国的轨道交通装备产品已经遍布全球六大洲。全自动无人驾驶城轨车辆、3万吨重载组合列车、“复兴号”高速动车组……中国制造的品牌和影响力正随着一台台机车、一节节车厢、一列列地铁，呈现给全世界。

一、中车的国际化之路

到2024年为止，中车国际化之路先后走过了出口贸易、战略布局和全球资源配置三个阶段。

在出口贸易阶段，中车采取以高性价比与技贸结合的策略。

自20世纪50年代起，中车铁路装备技术处于发展阶段，以满足国内铁路建设需求为主，主要特点为出口产品比较单一、出口规模总体偏小、出口市场以亚非拉国家为主、出口形式多为间接出口等。此阶段是中车国际化的起步阶段，作为国际市场的初来者，初期以出口零配件形式参与国际贸易，逐步过渡为以“技贸结合”等方式实现整车产品的规模性出口。该阶段自中华人民共和国成立至2000年，通过半个世纪的努力，中车出口产品种类从零星配件到涵盖机、客、货等多品类整车产品。自1986年以来，出口电力机车、内燃机车、蒸汽机车等近150台，客车、货车、地铁、内燃动车组等7000多辆以及机车车辆配件，产品销往东南亚、中东、非洲、澳大利亚及欧美等30多个国家和地区。

在战略布局阶段，中车采取以贸易出口和对外合作为主的策略。

在此阶段，得益于全球范围内特别是中国轨道交通行业的蓬勃发展，以及中车自身铁路技术的不断积累、提升与自主创新，中车开始将国际化作为公司未来的重要发展方向之一，积极参与全球轨道交通建设。此阶段的主要特点为，以全球市场共享中国铁路发展成果为出发点制定国际化规划，逐步开展全球布局；出口产品种类多、规模较大，逐步进入欧美澳市场；经营方式多样化，本地化经营、投资并购开始成为融入国际市场的重要方式等。

这一阶段从2000年开始，中车加快了以贸易出口和对外合作为主的国际化经营步伐，着手打造轨道交通装备产业、专有技术延伸产业和资本运作三位一体的国际化经营格局。中车依靠在高铁领域积累的技术优势和品牌优势，不断加快全球业务布局，出口产品形成谱系，涵盖铁路装备、城市基础设施、新产业、现代服务等多个领域，技术实力和全球影响力显著提升。推动高端产品“走出去”，中车成功中标新加坡项目；中标美国芝加哥、洛杉矶、波士顿等地的车辆订单；中标德国调车机车项目。中车产品在发达国家立足生根，充分展示了中国制造的力量。中车还获得澳大利亚墨尔本 65 列大容量地铁百亿订单，在发达国家市场实现了业务合作模式新突破。中车成功签署埃及“斋月十日城”车辆与维保服务合同，拓展了“制造 + 服务”的全寿命周期服务模式。

此外，中车还在新加坡、马来西亚、印度、南非等多个国家和地区设立了维保服务和生产制造基地。促进产能“走进去”，海外业务总体布局基本形成。中车在美国、德国、英国、澳大利亚、马来西亚、土耳其、南非、印度等国家，通过投资并购企业、组建研发中心、建设制造基地等方式，形成轨道交通全产业链服务体系，带动当地产业发展和就业，初步实现了全球资源的有效利用。中车依托高质量的产品和服务，实施品牌“走上去”，致力于打造高端装备“金名片”。出口南非的机车，受到用户称赞，被命名为“曼德拉号”。在为期 7 天的沙特麦加轻轨朝觐运营中，“中车制造”轻轨总载客量为 200 万人次，中车运维团队保障了朝觐期间的车辆与乘客安全，获得运营方和乘客纷纷点赞。中车设立的本地化生产基地成为扎根当地、服务社会、提供就业岗位的典范，得到所在国家政府和人民的高度赞扬。中车的品牌效应迅速放大，在全球范围内树立了优质、安全、可靠的品牌形象。

在实现轨道交通装备快速发展的同时，中车还积极开展海外并购，拓展产业领域和市场空间，提高核心关键部件的自主研发能力，有力推动了中车产业结构的转型升级。

在全球资源配置阶段，中车采取与各利益相关方协同共赢的策略。在此阶段，依托完善的业务、市场和技术布局以及强大的品牌效应，中车能够通过跨国经营、多元发展，进入全球资源配置阶段。此阶段的主要特点为，全球资源得到有效配置与应用，国际化经营形式丰富多样；多个业务板块并驾齐驱，国际化指数提高，抗风险能力增强；当地社会融入度好，持续打造受人尊敬的国际化公司。这一阶段是中车开展局部尝试和探索的阶段，履行当地社会责任，收购博戈、SMD 等非轨道交通产业企业，拓展新产业和未来发展空间。在此阶段，中车以“连接世界，造福人类”为使命，积极参与“人类命运共同体”的构建，全面分析全球资源要素特点，根据效益最大化原则采用合资合作、投资并购、共同研发、本地化制造等多种方式开展国际化经营，提高资源利用效率；提供更加先进、安全、绿色、智能、人文的“中车产品”、“中车技术”和“中车方案”，全力融入当地经济发展和社会建设，积极担当履行社会责任，实现与供应商、客户、当地政府、民众等各利益相关方的协同共赢。

2012 年以来，中车从纯产品输出到全系统走出去，实现了华丽转身。乘着“一带一路”和“走出去”的东风，中车走深走实“出海”之路，出口产品实现了从中低端向中高端转变，产品种类由单一性向多元化、个性化方向发展，覆盖高铁、动车、城轨、机车、工程车、客车、货车、电机、风电设备、新材料等完整产品谱系。中车依托规模优势，每新增一个产业，就形成了一个新的经济增长点，海外市场由“游击战”变为“阵地战”，由“走出去”变成“走进去”，中车制造的高端装备已遍布全球六大洲 116 个国家和地区。

2018 年 4 月，中车货车产品“走出去”也迎来了突破。中车山东公司与德国国铁签订了铁路货车供货合同，这是德国国铁首次在欧洲以外采购铁路货车整车产品。2020 年，该批次货车实现批量交付并在德国投入商业运营；2021 年，德国国铁又追加 300 组整车订单，这也刷新了中国铁路货车整车出口欧洲发达国家市场的最大订单纪录。

墨西哥城地铁 1 号线是该市轨道交通骨干线，年运送旅客约 2.43 亿人次。该线路已开通运营 50 余年，设施设备迫切需要进行现代化升级。2020 年，中车中标墨西哥城地铁 1 号线整体现代化改造项目。这是中车在境外的首个系统解决方案应用项目，不仅包含新造列车，也包括线路整体修复施工、控制系统现代化改造及维保服务等，是中车在国际输出系统解决方案的重大突破，并以高度的社会效益和环境效益入选联合国开发计划署“全球十大 PPP 项目经典案例”。中车良好的履约能力和产品的高可靠性赢得墨西哥客户的高度信任，持续收获新订单。2022 年 9 月 28 日，与墨西哥城电动交通局签订铰接式轻轨列车项目合同。9 月 30 日，中标的墨西哥蒙特雷 4、5、6 号线 EPC 项目正式启动，项目涵盖线路设计、建设和调试以及全寿命周期服务，将成为城市交通解决方案的示范工程。

中国与阿联酋客户建立起坦诚信任的合同关系，为海湾国家铁路建设和货运能力提升作出了重要贡献。2020 年，在国际市场受疫情影响萎靡不振的背景下，中车逆流而上，成功收获阿联酋二期铁路货车项目，创造了国内最大单笔铁路货车出口纪录。2022 年，阿联酋阿布扎比智轨项目也成功落地，成为中车智轨首个海外批量交付项目，成为中国高端装备制造走出国门的又一张中车新名片。12 月 2 日，作为阿联酋首个干线铁路客车项目，中车出口阿联酋高速内燃动车组获邀在阿联酋成立 51 周年国庆庆典活动中惊艳亮相。

2020 年 11 月，中车全资收购澳大利亚 PRE 公司，使其成为中车货车系统首个海外全资子公司。在积极推动本地化营销和本地化管理的基础上，持续完善 PRE 公司管理模式，实现了铁路货车从运用到检修、再到优化设计的全寿命周期零距离服务。产品向高端延伸，市场向广度开发，业务模式则朝着全系统、全生命周期不断丰富。中车正致力成为以轨道交通装备为核心，具有全球竞争力的世界一流高端装备制造商和系统解决方案提供商。

党的十八大以来，中车完成了从“走出去”到“留下来”再到“座上宾”的嬗变。2021 年 12 月 4 日，随着首发“复兴号”“澜沧号”列车分别从中国昆明站、老挝万象站同时驶出，全长 1035 公里、全线采用中国标准的中老铁路全线开通运营。万象火车站一大早就挤满了人，许多人庆祝人生中第一次坐上火车，纷纷自拍、与亲属进行视频通话。乘坐“澜沧号”动车组从老挝万象站前往老中边境用时不到 4 小时，“中车造”助力老挝实现了从“陆锁国”到“陆联国”的夙愿。从亚洲到非洲，从大洋洲到欧洲、美洲，中国轨道交通装备编织起互利共赢的合作伙伴网络。

2022 年 5 月 31 日，采用中国标准、中国技术、中国装备建设的肯尼亚蒙内铁路迎来正式通车运营五周年。蒙内铁路是中国与肯尼亚共建“一带一路”的旗舰项目，是肯尼亚独立以来投资最大的基础设施工程，也是一条采用中国标准、中国技术、中国装备建造的现代化铁路。中车为蒙内铁路提供了客货运牵引机车、客车和货车车辆，并创建海外维保“4S 店”，建立 24 小时机车运维保障机制。从 2017 年 5 月 31 日开通运营以来，蒙内铁路已安全运营超 7 年。截至 2024 年 5 月 31 日，7 年间蒙内铁路累计运输 268.4 万个标准集装箱，发送货物 3286.7 万吨；日均开行 6.4 列客运列车，累计发送旅客 1286.9 万人次。“中车造”推动了肯尼亚经济社会的发展，也为东非地区互联互通和中非合作共赢留下浓墨重彩的一笔。

2022 年 6 月 6 日，随着一辆新 7000 系地铁车辆从中车芝加哥工厂运抵芝加哥交通局斯科基车辆维保基地，中车制造的芝加哥地铁开始批量交付用户。这标志着中国出口发达国家最大地铁车辆项目正式进入批量交付阶段。中车还在芝加哥南部建设了轨道车辆组装工厂，通过实施本地化采购和本地化制造，带动了当地配套企业的发展，创造了200余个就业岗位。类似的例子还在马来西亚、澳大利亚、南非、印度、土耳其等国家延续，形成中车本地化制造、本地化采购、本地化用工、本地化服务、本地化营销的“五本模式”，为当地创造就业和税收，完善轨道交通产业链，造福当地民众。中车持续带动着当地产业发展和就业，逐步发展为更多国家和城市的“座上宾”。

党的十八大以来，中车实现了从追赶到并跑再到领跑的非凡跨越。今天，世界上运营时速最高的列车、载重最大的机车、能耗最低的地铁、功能强大的列车“心脏”，驰骋四方的时代列车都诞生于中车。中车集团领导表示，中车能够实现从弱到强、从追赶到领跑、从本土企业到跨国企业的重大跨越，最根本的一条就是始终坚持科技创新。

从前期的“引进、消化、吸收、再创新”，到大步“走出去”的“出海”路上，中车奋力拨动“创新之桨”，在广大科研团队的努力下，成就了中车这张亮丽的“中国名片”。

2022年8月5日，中国高铁走出去“第一单”迎来重大突破——雅万高铁高速动车组在青岛成功下线。动车组列车依托世界商业运营速度最高的“复兴号”中国标准动车组技术平台，为雅万高铁量身定制。2012年，“复兴号”动车组启动研制，仅5年之后，该列车就实现了世界最高速度商业运营。先进的技术标准、优异的性能指标及运行表现，成为世界轨道交通装备领域的“领跑者”，也成为印尼业主的不二之选。印尼交通部部长盛赞雅万高铁“这是一种荣誉！因为印尼是东盟首个拥有和运营高铁列车的国家！”

自主创新引擎轰鸣世界、绿色低碳产品造福人类。创新驱动下，一大批代表轨道交通发展趋势的高端创新产品陆续“出海”：

代表着业内智造顶级水准的新能源自动驾驶客车，以智能驾驶、智能动力、智能互联为依托，搭载着升级版“T动力”，辅以智能网联V2X技术，穿行在法国都市。

面向全球首发的轨道交通车辆“弓”系转向架，采用零部件组合的制造方式，制造过程无焊接污染，同时应用了碳纤维、石墨烯等新材料和永磁电机直接驱动技术，实现了轨道车辆在轻量化、低能耗、低噪音方面的提升。

海外风电整机项目“越南双安风电项目”，采用中国设计制造标准，是中国技术和标准“走出去”的有益尝试，实现了与世界顶尖级企业同台竞技。

自主研发的4.5MW直驱永磁风力发电机，为110万户乌克兰家庭供电，每年将减少约170万吨二氧化碳排放。

科技创新推动着中车的“出海巨轮”乘风破浪、行稳致远。

习近平总书记指出：“应对共同挑战、迈向美好未来，既需要经济科技力量，也需要文化文明力量。”① 中车用文化融合的力量拉近了不同肤色、不同种族之间心与心的距离，实现中车“连接世界，造福人类”的使命目标。

在巴基斯坦拉合尔地铁车辆外观设计上，特意融入巴基斯坦国花素馨花、皇家清真寺巴德夏希清真寺元素；出口巴西地铁，车头形似奔跑的足球，成为“足球王国”的一道风景……

不仅如此，在国际化活动中，中车充分发挥文化的影响力，讲好“中国故事”，也讲好“他国故事”，尊重所在地的风土人情、文化理念、生活习惯等，用浓浓的“本地风味”，贴近当地百姓。中车在美国春田的工厂里有一座100多年的红房子，是美国工业辉煌时期的典型代表，寄托了

① 《习近平谈治国理政》第三卷，外文出版社2020年版，第465页。

图 23：中车在美国春田的工厂里拥有百年历史的红房子

当地约 7000 人的回忆，不少人祖孙三代都在这里工作。经过充分的论证，中车修缮并对其加以保护利用。这个做法得到了当地居民的认可，他们赞叹“我们的春田迎来了春天”，还在墙壁上刷上标语“欢迎中国中车”。如今，春田工厂在当地颇受欢迎，美国人以能够在这家工厂工作而自豪。

长期以来，中车在扎根当地的同时，全力融入海外所在地的经济发展和社会建设，积极履行海外社会责任。

在国外大规模暴发新冠疫情初期，中车多家子企业向海外国家伸出援手，克服重重困难捐赠口罩、防护服等医疗物资，帮助他们共克时艰。

图 24：美国春田当地居民在红房子墙壁上刷上标语“欢迎中国中车”

中车坚持在国际化经营中担当“四种角色”，即文化传译者、人才孵化器、产业推进器、社区好邻居，以便更好地回馈社会。在南非，帮助女性高管学习企业管理知识，赞助社区活动和非物质文化活动，帮助工人提升技能水平、提高就业能力。

2022 年 9 月 19 日，中车旗下首个企业社会责任与文化交流中心（欧洲）在维也纳揭牌，实现了中车“产品 + 技术 + 管理 + 资本 + 文化”的一体化共享，也为中欧企业文化交流提供了新平台。

一直以来的不断耕耘，使中车在全球范围内树立了优质、安全、负责、可靠的品牌形象。中车秉承着“连接世界，造福人类”的使命，不断提升整合全球资源和满足全球需求的能力，让中车大爱无限延伸，让“国家名片”闪闪发光。中车的国际化经营能力和水平也获得了很大提升，并实现了“四大转变”，即出口产品实现了从中低端到中高端的升级；出口市场实现从亚非拉到欧美澳的飞跃；出口形式实现从单一的产品出口到产品、资本、技术、服务等多种形式的组合出口；出口理念实现从产品“走出去”到产能“走进去”、品牌“走上去”的转变。

二、夯实“走出去”的基础

1949 年之前，旧中国连老百姓一滴点灯的煤油、一颗钉桌椅的铁钉、一根点火做饭的火柴都要依赖进口。中华人民共和国成立后，为了摆脱这种局面，国家在 1956 年制定的《1956—1967 年科学技术发展远景规划》中提出，技术政策的中心环节是牵引动力的改造，要迅速地有步骤地由蒸汽机车转移到内燃机车和电力机车上去，中国开始实施铁路电气化和铁路牵引动力改革，由此拉开中国轨道交通装备工业固本强基的序幕。

1957 年，毛泽东主席率领中国党政代表团出访苏联，向苏联政府提出了引进苏联电力机车技术的请求。1958 年 12 月，中车所属企业研制成功了中国首台电力机车，几乎与此同时，中车所属企业还研制成功了中国人自己的内燃机车、轨道客车、货车等。以此为发端，60 余年来中车建立起世界一流的包含人才队伍、研究制造平台、试验验证平台、维保技术平台、专利标准平台等在内的强大技术创新体系。中车的创新能力成为打破国际巨头垄断、实现国际化经营的利刃；中车的创新体系成为获得国际客户订单、赢得竞争对手尊敬的重要砝码。

自 20 世纪 50 年代起，中车在国家的统一部署下，依照“有厂必有所”

的模式，依托主机厂先后成立了株洲所、四方所、戚墅堰所等研究所，先后成立永济电机公司、株洲电机公司核心零部件企业，依托各主机企业原来成立的劳动服务公司等企业，分离成为面向市场竞争的完善配套的重要零部件企业。比如在中车株洲基地其本地化配套率最高可以达到90%。国际上研制一台新的机车车辆产品，通常需要18到24个月，而这里最快可以在10个月内完成。这种配套能力成为中车产品在全球竞争中不断取胜的保障。

中华人民共和国成立以来，历经70余年的发展，今天的中车在产品门类上，打造了涵盖内燃机车、电力机车、轨道客车、货车、动车组、城轨车辆、磁浮列车、有轨电车、单轨列车、轨道工程车等全系列产品；客运速度涵盖普速、中速、高速；货运载重涵盖普载和重载(2万吨、3万吨)；材质涵盖碳钢、铝合金、不锈钢、碳纤维复合材料等；动力源涵盖燃油、电力、储能式电力以及混合动力等制式。齐全的产品型谱，为满足全球客户不同需求、实现“走出去”和国际化经营的中车奠定了坚实的基础。

数十年来，中车先后与清华大学、中国铁道科学院、上海交通大学、西安交通大学、西南交通大学、北京交通大学等数十家国内外高校和科研院所建立了合作关系，同时也与国内外有关用户建立了良好的合作关系。中车人正是依托产学研用所构筑的核心竞争力，有力地助推了中车走向国际化。

中车通过三个阶段的“引进、消化、吸收、再创新”的进程，迅速缩小了与世界同行的差距。前有中华人民共和国成立初期引进苏联技术，中国获得了当时世界先进的电力机车、内燃机车技术；后有改革开放初期与法国、日本、德国等合作，中车各企业在生产制造、经营管理等方面有效地吸取了西方企业的先进经验；近有自2003年起，四方股份公司、长客股份公司、唐车公司等各大主机工厂通过与不同的国际企业合作，先后跻身于掌握高速动车组、大功率交流传动电力机车技术的企业行列。中车所属企业先后与西门子、庞巴迪、川崎重工等企业成立了相关合资企业，通过合资合作，达到了近距离接触西方企业管理、创新、制造等并提升自我的目的。

20世纪80年代初，原铁道部为了实现中国机车车辆工业的企业化管理，将原铁道部所属制造总局、各主机企业整合成立了中国机车车辆工业总公司，到2000年，中国南车、中国北车分立。这15年间，在一定程度上，通过内部竞争提升了所属主机厂的发展质量。2015年，按照国资委对国有企业改革的战略安排，中国南车、中国北车迅速通过重组成立了中国中车。中车的成立一定程度上减少了中国南车、中国北车分立时存在的问题，而且解决了在国际化经营上无法从整体上思考布局的难题，中车人得以系统思考中车的国际化经营。公司提出“打造受人尊敬的国际化公司”，这成为新时期中车所属企业实施国际化经营的航标。

中车成立后，先后实施一系列的产业整合，如对两大货车集团实施改革重组成立齐车集团和长江集团，对新产业板块成立中车产业投资控股公司。中车实施产业整合，使得有关企业一方面能够集中发展主业，另一方面能够集中优势力量在目标区域市场开展攻关。

随着这些措施的推行，中车实现了产品和企业“走出去”，国际化经营之路越走越宽广。

第二节　实施属地化发展战略

从区域分布看，中车的轨道交通市场主要集中在东南亚、欧洲、北美洲和独联体国家。以上区域除东南亚市场相对开放外，进入北美、欧洲、独联体区域市场必须先通过AAR、TSI、GOST等产品认证。从细分产品来看，城轨车辆、铁路客车仍是客运装备需求的主要产品。同时，当前全球参与运营的轨道交通车辆总量基本保持稳定，对全寿命周期维保服务的需求量较大。因此，面对压力和挑战，中车积极采取属地化发展战略，确保国际化之路行稳致远。

一、中车国际化面临诸多挑战

当前，国际经营环境较为复杂。大国间的角力、文化间的冲突都对政商关系、营商环境造成很大的不确定性。个别高铁项目的得而复失，就是一个典型的例子。如何通过对话、沟通，熟悉掌握不同国家的文化与规则，在融入的过程中不断提升自己的影响力，对中车来说是一个很大的挑战。同时，受时局动荡或资金不足影响，相关国家推迟或延期项目的情况时有发生，PPP、BOT 等投融资类贸易比重快速上升，资金需求量大，这些因素都加大了中车拓展国际市场的难度。

各地标准不一。标准是进入国际市场的第一道门槛，如北美实施 AAR 标准，欧洲有 TSI 标准，独联体有 GOST 标准，各种标准差异较大，产品互换性要求较高。尽管中国标准融合了部分国际标准，甚至在特定条款要求方面高于国际标准，但由于属于国别标准，国际认可度和接受度还有待进一步提高，要进入欧洲、独联体等市场，中车产品必须通过 TSI、GOST 等认证后才能获得投标“入场券”，而上述标准认证一般过程复杂且程序较长，对及时满足客户或标书要求有较大的挑战性。

国际市场的本地化要求不断提高。随着发达国家“再工业化”、发展中国家积极参与全球产业再分工，部分国家地区本地化要求持续提高。如美国相关法案要求，由联邦财政资金资助的项目中 70%的材料须产自美国，同时最终装配制造也必须在美国进行。印度方面，政府提出今后所有印度地铁和轻轨项目本地化率要求达到 75%及以上。俄罗斯要求高速动车组不能低于60%本地化率，并要在俄罗斯成立合资企业。但由于相关国家轨道交通产业发展滞后，车辆零部件配套企业非常有限，给中车满足本地化要求带来较大阻碍。

国际竞争非常激烈。尽管中车在世界轨道交通装备制造行业处于领先，但主要受益于中国国内高速铁路和城轨市场的大规模跨越式发展，中车海外业务板块收入占比相对较低，仅约9%。中车的海外业务板块营业收入、新签订单等经营指标均落后于西门子（运输）和庞巴迪（运输）；与阿尔斯通（运输）和通用电气（运输）相比，仅新签订单指标具有优势，营业收入指标则仍有一定差距。阿尔斯通、庞巴迪、西门子、通用电气等同业竞争对手的总部都设置在全球标准认可度最高的欧美市场，制造基地、售后服务机构、销售公司、服务共享中心等多样化机构协同运营且分工明确，区域布局和产品布局相对合理。与同业竞争者相比，尽管中车已设立百余家境外子公司或机构，但起步较晚、分布过于集中，部分市场密度过大，布局有待优化，同时本地化营销作用还未能有效发挥。中车主要注重轨道交通设备的总装生产与销售，机车、客车、货车以及动车组的产品销售额都排名全球第一（包含中国市场）。阿尔斯通、庞巴迪、西门子等同业竞争者则在生产和销售整车产品的同时，也非常注重售后服务、系统保障等方面的业务，目前其非设备部分的销售已经占到企业销售额的40%以上。阿尔斯通、庞巴迪、西门子等同业竞争者大多通过并购行为推动企业的快速扩张或转型升级，实现快速获取技术、市场或战略扩张的效果，建立、扩大和巩固行业领先地位。

二、中车国际化经营四大优势

与同业竞争对手相比，中车拥有自身的四大优势。

中车的研发周期短。在研发投入方面，2015年，中车的投入为99.50

亿元；2017 年开始，年度研发投入超过百亿元；2020 年至 2024 年分别为 135.79 亿元、132.05 亿元、132.92 亿元、148.13 亿元、172.01 亿元。近 9 年来，公司研发投入合计约为 1282 亿元。其中，2024 年的研发投入占当期营业收入的 6.66%。截至 2024 年末，中车拥有 11 个国家级研发机构，21 个国家认定企业技术中心，19 个行业研发机构，18 家海外研发中心；公司研发人员数量超过 2.1 万人，占员工总数的 13.13%。中车已经具备面向全技术链的技术开发能力、面向全产品链的产品开发能力和面向全生命周期创新保障的科技支撑能力。凭借强大的创新资源和能力，中车研发周期较国外平均研发周期可缩短 20%。

中车的产品交付快。在漫长的发展历程中，中车完成了技术经验的积累，生产制造能力、项目履约能力得到稳步提升。依托国内从零件到整车成熟完善的全产业链条，中车可实现产品的快速交付，满足客户需求。

中车产品性价比高。由于完整的产业链配备以及规模生产效应，中车建立了良好的成本管控能力，可为客户提供性价比高的优质产品及服务。但近年来，随着同业竞争对手相继在发展中国家设立制造基地，以及中国劳动力成本的攀升，中车的性价比优势正在逐步缩小。

中车产品谱系齐全。中车是全球规模领先、品种齐全、技术一流的轨道交通装备供应商，通过持续的技术创新，形成了包括高速动车组、机车、客车、货车、城轨车辆在内完整的产品谱系，有能力满足全球轨道交通不同模式、不同运量、不同环境的要求。

三、中车国际化发展成功之道

回顾中车的国际化发展历程，从单纯进口、少量零配件出口再到整车产品、技术、资本等多要素出口，从零星项目到积极融入全球轨道交通大发展浪潮，从亚非拉市场成功拓展到欧美澳等市场，中车书写了与同业竞争者同台竞技、合作共赢的辉煌篇章。在此过程中，离不开中车国际化经营核心思想的科学指导。战略层面，以“连接世界，造福人类”核心思想指导中车国际化经营。“连接世界，造福人类”既是中车确立的企业使命，也是中车国际化经营的战略目标。世界铁路发展史是不断缩短时空距离，密切各国家和各地区经济、社会、人文交流的历史进程。中车成立以来，坚持以连接世界、实现全球互联互通为美好梦想，加快构建“智能制造、智能产品、智能服务、智能交通”四大体系，始终致力于建设和提供合理、高效、经济、绿色的轨道交通运输体系，让世界各国人民享受轨道交通产业升级带来的幸福生活。

战术层面，以“融合·共享”核心思想实施中车国际化经营。中车始终秉承融合理念，聚焦国际视野，与客户融合、与所在国政府融合、与社会民众融合、与当地文化融合、与同业竞争对手融合，以更为积极开放的心态持续推动中车的国际化战略，坚持人文关怀、有舍有得、合作共赢，融合各方优势，致力于提供轨道交通定制化解决方案。中车持续优化与客户、当地政府和民众、当地轨道交通企业、上下游产业链等利益相关方的合作策略，拓展合作内涵与业务范围，推动中车与各方的共商共建共享，构建轨道交通领域的“命运共同体”。

中车国际化经营实现“融合·共享”的方法论，即共赢、协同、行稳、致远。

共赢是中车国际化经营的行为准则。中车作为国际轨道交通领域的后来者，在推进国际化的进程中，一方面要获得客户、当地政府和社会民众的价值认同，树立良好的品牌形象，获取海外市场订单；另一方面，不可避免地要与既有的市场参与方发生业务范围重叠或项目摩擦。为推动国际化经营的顺利实施，中车始终坚持全方位共赢原则，即坚持与客户共赢，为客户创造价值，提供定制化的系统解决方案，改善民众出行；坚持与当地政府和社会民众等利益相关方共赢，带动产业发展，为当地创造就业和税收，积极履行社会责任，体现责任担当，为当地经济发展贡献力量；坚持与价值链上下游、同业竞争对手共赢，将竞争对手转变为合作伙伴，为第三方市场提供增值服务；尊重当地传统，融入社区生活，成为受人尊重的企业公民，构建与各方共商共建共享的合作发展模式。

中车始终致力于提供优质、安全、可靠、高效的轨道交通产品和服务。依托在轨道交通及高端装备领域积累的丰富经验，提供定制化的解决方案，解决用户痛点为当地设计建设更加合理、高效、经济的运输体系，提供装备制造商以外的增值服务，让各国民众享受“中车方案”、“中车智慧”和“中车经验”所带来的便捷和舒适优异的产品性能。2016 年，中车资阳公司制造的铁路机车一次性通过澳大利亚“魔鬼弯道”试验（其他公司的机车一般要历经六次才能通过试验），澳方总经理为此专门致信中车，称中车的机车为“山中之王”（King of Mountain），超过同业竞争者。中车四方股份公司 1964 年出口到斯里兰卡的客车、中车齐车公司 1991 年出口到博茨瓦纳的苏打粉漏斗车等仍在当地发挥作用，成为中车在海外的一个个移动广告牌，中车用好产品筑起好口碑。

2013 年 11 月 29 日下午，中国中央电视台直播了一条“飞机运地铁”的新闻，折射出的是中车唐山公司对客户诉求的圆满回应。2013 年 11 月，受强台风“海燕”影响，承运土耳其萨姆松市现代有轨电车的货轮无法按时到港，将导致运输周期滞后一个月，原计划线路开通时间也将往后推迟，萨姆松市市长对当地民众的承诺将无法兑现。由于是自然灾害影响所致的，中车唐山公司并不需要承担责任。但为兑现为客户按时提供优质产品的庄严承诺，确保轻轨列车如期开通运营，中车唐山公司采取空运方式，搭乘世界最大货运飞机安 -225，以“飞机运火车”的惊人行动，“空降”土耳其萨姆松市，兑现了虽受不可抗力影响，但仍要按时供货的“中车承

图 25：2013 年 11 月 30 日，中车唐山公司（原中国北车唐车公司）研制的 100%低地板现代有轨电车搭乘世界最大的货运飞机安 -225，运往土耳其

诺”。这是世界首次使用安 -225 大型货运飞机运载轨道车辆。线路开通后车辆运行状况良好，萨姆松市对中车唐山公司的产品和售后服务给予了高度赞扬。

在 2014 年巴西世界杯 32 天的比赛期间，中车长客股份公司提供的电动车组共计发出 1484 列次，总行程约 652075 公里，累计运营约 19202 小时，发送乘客近千万人次，承载了世界杯期间近 76%的球迷。这些直观数据的背后，饱含了中车长客股份公司现场售后服务工作的未雨绸缪和科学组织，也生动展示了“中国制造”的独特魅力。

除了主业轨道交通产业，中车还将部分新技术、新产品提供给客户并通过主动贴近客户，了解客户需求，把客户的“痛点”变成对中车的“动心点”。

中车眉山公司在巴基斯坦 1300 辆铁路货车项目中，通过全面的技术转让和“手把手”的培训，极大地提升了巴基斯坦铁路货车的生产能力和制造技术水平。孟加拉国缺电，中车资阳公司从解决电能入手，在孟加拉国建设了 2 个 50 兆瓦电站，目前已经顺利运行多年，产生了较好的市场反响，也为后续参与孟加拉国轨道交通项目奠定了良好基础。中车四方股份公司与阿根廷铁路运营公司签订技术培训和技术支持协议，帮助阿方人员自主掌握运用维护技术，这成为中国城际动车组的首个海外技术输出项目，实现了“产品 + 技术 + 服务”全方位走出去。

中车根据重点区域市场国情、工业基础、政策法律等投资环境特点，通过合资、独资、租赁及合作等方式建设本地化生产及服务基地，同时输出“技术 + 管理”，帮助基地形成制造和服务能力。目前中车已经在土耳其、马来西亚与南非建立了生产制造子公司，其中土耳其公司可实现多种车型产品的柔性生产，具备年制造 200 辆城轨车辆的生产制造能力，同时兼容 100 辆电力机车的年产能，已经实现安卡拉不锈钢地铁车辆的本地化生产制造，并通过了土耳其国内行业协会认可，获得了本地化生产证书。

在推进本地化采购的过程中，很少有国家像中国这样建立了完整的轨道交通工业体系，甚至没有轨道交通行业的配套供应商，这意味着中车可能面临没有成熟可用的本地供应商，进而带来成本、质量、进度等方面的风险。以土耳其安卡拉项目车辆内装顶板为例，在中国该产品至少拥有十几家配套企业，而在土耳其生产侧顶板的供应商只能提供半成品且没有喷涂车间。经长时间协调，最后侧顶板原材料从当地供应商购入，交给另外一家厂商进行整体喷涂后交付中车株机公司土耳其制造基地。目前中车已探索出相对成熟的本地化采购策略。小部件方面，积极在当地寻找最优供应商，拓宽当地化采购渠道；中部件方面，帮扶当地制造商实现部分零部件的本地化制造，完善轨道交通产业链，形成规模效应；大部件方面，支持供应商在境外开设分、子公司或者联合供应商共同投资建厂。

中车以项目为支撑，以本地化制造基地为平台，不断拓宽本地化用工规模并开展员工技能、语言和文化培训，提升员工职业素养。近年来，中车株机公司海外基地本地化员工数量持续稳定上升，截至2024年末，海外基地员工总人数超过1300人，员工本地化率为85%。

中车充分挖掘客户需求，提供全寿命周期的本地化服务并将此作为市场营销的重要竞争优势，大大提高了服务响应速度和客户满意度。例如，为解决印度本地服务人员技能不足问题，采取中方技术专家指导、中印员工组合、开展印方员工技能培训等方式给予有效解决。中车永济电机公司坚持采取“人员请进来，技术送出去”的方式为印度本地员工提供全方位培训。每年分批组织印度员工到中国进行专业技术学习，组织派驻专家赴印度进行技术支持，在传授操作技能的同时帮其建立管理体系。通过技术培训和技术支持，印度员工在技术能力上得到“质”的跃升。

本地化管理的优势在于海外子公司熟悉项目所在国家法律法规风俗人文及市场规则，可增强价值身份认同。如中车株机公司马来西亚基地的营销团队就涵盖了马来裔员工、印度裔员工、华裔员工和国内派驻员工等。

通过开展上述本地化建设，中车为项目所在国创造了就业和税收，推动了当地轨道交通产业链建设，提升了当地轨道交通产业发展水平，赢得所在国政府民众的尊敬和好评，树立良好的中国高端装备品牌形象。同时，在此过程中，中车实现了全产业链向海外的平移，具备了在海外区域市场长期持续获得订单的能力，目前在马来西亚获得订单累计超过16亿美元，在土耳其累计超过10亿美元。

中车非常注重与产业链企业、科研院所、同业竞争者间的合作。通过加强与供应商的合作，实施产业链整体“走出去”，打造整体竞争优势，形成产品“走出去”的共赢局面；加强与大型工程公司、贸易公司合作，优势互补，实现联合出海，形成彼此获益的共赢局面；加强与进出口银行、国家开发银行等金融保险机构合作产融结合，实现共同出海；发展与同业竞争对手的竞合关系，共同拓展第三方市场，积极与当地企业、团体、组织开展合作，形成利益联合体；通过联合、联动、联盟的“三联”策略，不断拓展合作空间，实现互利共赢。

中车始终坚持全球化采购，下属众多轨道车辆生产主机厂与国外的系统和零部件供应商保持着良好的供货关系，如美国西屋公司、德国克诺尔、日本东洋电机公司等供应商都已被纳入中车的供应链体系，通过与供应链体系内企业长期合作，实现与上下游供应链的共赢。

在阿根廷布宜诺斯艾利斯市 150 辆地铁项目中，中车长客股份公司作为合同主体负责整车设计和系统集成，转向架、牵引系统等则由阿尔斯通公司负责。通过双方合作，中车长客股份公司增强了阿根廷客户的授标信心并成功进入阿根廷城轨市场，同时阿尔斯通经过此次合作则继续保持其产品在当地的市场占有率，实现了互利共赢。除开展市场项目合作，中车还与同业竞争者成立合资公司共同开拓中国和全球市场，如中车与庞巴迪在中国长春、青岛和芜湖合资成立了三家轨道车辆生产企业，分别负责城轨（长春）、高铁和客车（青岛）、单轨和 APM 车辆（芜湖）的设计、生产、集成与销售。其中，双方在芜湖的合资公司自成立以来，已相继获得多个境外项目订单，如泰国曼谷“粉线”和“黄线”单轨项目、泰国机场 APM 项目和中国香港机场 APM 项目等；在长春成立的合资公司则陆续获得新加坡等国家和地区的多个地铁项目订单。

在经济全球化的大背景下，随着社会分工越来越细，各国家、各企业之间的产业合作日益紧密，每个公司都有拥有竞争优势的产品技术或市场区域。中车坚持树立全球化思维，以全球价值链为基础，以公平、包容、互补为原则，推动与各方的协同合作，提升全球资源配置能力。

国际化经营不是“一锤子买卖”，中车非常注重当地资源的挖掘，扎根当地、依靠当地、精耕细作，通过与所在国和区域市场内项目相关的本地化资源合作，逐步建立起当地全价值链的经营体系，不仅在当地销售产品，同时为本地化经营开好头、起好步。在美国市场，中车长客股份公司于 2014 年中标波士顿地铁项目，在推动项目执行、建厂选址的过程中，中车长客股份公司充分吸纳和结合当地资源，如在工厂选址方面，考虑到春田是美国的“政治之乡”，马萨诸塞州乃至美国联邦的众多政治人物都来自春田，对产品落地有很强的话语权，因此选择在春田建厂，马萨诸塞州州长、春田市市长也都参加了春田工厂动工仪式。在形象代言人方面，中车专门聘请了马萨诸塞州交通局的前发言人 Lydia 作为中车在美国的新闻官并组织开展规模宏大的推广活动，争取当地的支持。此外，中车长客股份公司与美国当地几大轨道交通企业、20 多家供应商、100 多家小企业、律师、房产经纪银行、商会等组成合作团队，建立广泛的“共同体”，体现了中车的诚意和善意，确保了波士顿地铁项目的顺利执行。同样，在芝加哥地铁项目执行过程中，中车四方股份公司主动与西门子（美国）公司进行联系，将其作为车辆转向架核心供货商，产生了较好的示范效应和放大效应，不仅保障了项目的顺利完成，还大大提升了中车的品牌知名度。

除注重产业链合作，中车以满足客户需求为导向，加强对全球技术资源的配置与应用，实现资源联结、能力互动，推动产学研协同。近年来，中俄双方合作进一步加深，拟共同开展“莫斯科—喀山”高速铁路项目，俄方提出了建立中俄高铁技术联合研发机构的要求，中车长客股份公司与俄罗斯快速干线股份公司、莫斯科交通大学等单位组建了中俄高铁技术联合研发中心，搭建起了中俄两国高铁领域技术合作的桥梁。

近年来，中车已在澳大利亚、俄罗斯、泰国、德国、英国等国家建立海外研发中心，根据不同国家、不同地区的不同需求，共同开发产品，共同提供系统解决方案，共同享有知识产权，共同分享发展成果，推动当地轨道交通技术发展。同时，中车也成功将境外优势技术资源纳入中车全球研发体系中，实现了中车在新材料、新技术应用等方面的突破，增强了技术实力。通过相互间的技术交流，提高了中车产品与当地运营环境的匹配度，增强了产品的竞争力和市场认可度，间接推动了中车在所在国家市场项目的进展。

通过资本运作方式实施海外并购，借船出海、借梯登高，既能迅速实现海外市场的拓展，又能提升核心技术的研发能力。近年来，中车先后在英国、德国、芬兰等国家并购、参股多家优质企业，通过资源互补、协同拓展、产能合作、技术联合等，加快核心能力培育，开拓市场空间，加快中车国际化进程。

中车通过技术与市场的协同，实现被并购企业与自身的协同融合。2011 年，中车株洲所并购了澳大利亚代尔克公司。代尔克公司在进入中车大家庭后，借助中车的核心产品资源以及材料研发、检测和分析计算能力，开发出新产品，其产品谱系和价值内涵不断丰富。同时，随着中车的全球化进程的加速，凭借中车株洲所海外渠道支持和人力资源协同，代尔克公司持续优化供应链管理，在全球开展资源配置，逐步形成以亚太线路市场辐射全球线路市场的业务格局，在国际市场的竞争力进一步提升，营业收入也逐年稳步增加。同时，中车株洲所在并购代尔克公司后，其全球市场范围得到进一步扩大，实现了技术的纵向升级和市场的横向拓展，此次并购对代尔克公司和中车株洲所产生了双赢的协同发展效应。

2014 年，中车株洲所收购了德国博戈集团。博戈集团在加入中车后，得到了中车在投资、产品研发等方面的大力支持。依靠中车通过中国高铁塑造的全球形象，博戈集团的品牌价值不断跃升，不仅在新兴发展中国家投资布局推进业务增长，同时也依托中车平台实现了其产品在中国市场的快速扩张。博戈集团在中国汽车零部件市场的占有率取得明显提升，当前实际运营数据明显优于并购时的期待，得以共享中国经济高速发展的成就。

博戈集团现有的管控形态和产业布局对中车株洲所的经营管理和国际化进程具有重要的借鉴意义。中车先后组织五个批次50余名中高层人员赴博戈集团进行实践学习，同时邀请博戈集团技术精英、骨干人才到中车株洲所进行联合研发或技术指导，通过“请进来、走出去”的双向沟通模式，进一步发挥并购后的协同效应。

当前，企业的竞争已超越了单个企业间的竞争，进入到企业所代表的产业链竞争的时代。中车作为一家以轨道交通装备研发、制造、销售、服务为主业的供应商，要实现国际化发展，离不开同业竞争者、上下游产业链和横向相关企业的协同合作。为提升市场开拓的有效性，拓展发展空间，中车积极开展与同业竞争者、供应链等产业相关方的协同合作，根据具体项目情况，与基建、信号、机电设备（机车车辆除外）等供应商、车辆运营商、融资机构、商业开发机构进行合作，发挥各自专业能力，构建相互补充、前后衔接、协同配套的联合体，共同参与项目竞标。如在香港机场第三跑道APM总包项目中，中车与庞巴迪合作参与竞标并成功中标。

中车始终追求合作的公平性和包容性。中车或子公司层面已与泰雷兹、西门子、川崎重工等同业竞争者、系统供应商建立了战略合作伙伴关系，形成品牌合作的协同效应，通过跨学科、跨地域、跨项目的产业协同，整合全球优势资源形成合力，实现“1+1>2”，为客户提供系统解决方案。如在新加坡市场，中车四方股份公司与日本川崎重工进行合作，将中车的制造资源及成本优势和川崎重工的技术及品牌优势相结合，强强联合服务新加坡这一高端市场，已先后获得6个地铁项目共计916辆车的订单。

历史经验证明，只有坚持合规经营，做好风险管控，才能走得稳、走得远。历经一百多年发展，中车积累了丰富的风险管理实践经验。国际局势复杂多变，各国政治经济发展存在较多的不确定性因素，不断变化的国际商业环境，导致中车外部风险快速积聚与显现，越来越考验着企业的抗风险能力。考虑到海外项目的特殊性和复杂性，中车始终将质量管控、合规管理和跨文化融合，作为国际化经营的三大基石，强化高质量发展能力建设，提供高可靠性、高质量的产品，高度关注海外经营和投资并购过程中派生的各种风险，健全风险管控体系，加大各类风险化解力度，努力做好跨文化融合，确保企业风险总体可控。

在企业国际化的过程中，产品质量、履约能力、服务品质等是竞争制胜的基础。中车持续完善“中车 Q”质量管理标准体系，强化铁路产品质量管控，加强运维服务保障，实现全方位的质量管控，确保产品安全运营的万无一失。通过国内铁路高速发展所积累的技术研发、规模生产、精益管理、运营业绩等优势，特别是经过高寒、高温、高湿、高海拔、高风沙、高速、高密度的长期运营实践检验，中车掌握了丰富的产品制造和运维经验，结合客户要求和项目运营环境的特点，致力于为国际市场提供更加安全可靠、平稳舒适的产品。

麦加是伊斯兰教的圣地。近年来，世界各地前往麦加的朝拜者已超过千万。在朝觐期间，成千上万的朝拜者从世界各地赶往麦加，交通问题一直是困扰沙特各界的难题之一。中车充分考虑麦加独特的地理环境、宗教人文特点和集中性超负荷运营的特殊要求，创新设计了朝觐线地铁。这种车的特点，一是编组最长，采用 12 辆编组形式，是国内地铁编组长度的两倍；二是运能最大，具有每小时单向 72000 人次的载客能力；三是乘客上下车方便，每节车单侧设置 5 个车门，能够快速疏导上下车人流；四是耐高温风沙，国内以及国际绝大多数地铁列车环境温度最高限度为 45℃，朝觐线地铁能够满足 50℃运行要求，在 55℃时也可以降级运行并保证车辆在 8 级风力条件下正常工作；五是安全冗余最充分，车辆具备强大的制动功能，能在超员载荷情况下，在40%的坡度施加停放制动。麦加朝觐地铁自2010年11月投入使用以来，始终保持良好的运营状态，千万朝拜者在朝觐活动中感受到了中国新型地铁的便捷与舒适。

2018年，中车四方所旗下思锐智能公司收购芬兰倍耐克100%股权，以国内市场资源为渠道、产业制造优势为基础，集中力量强化智能技术研究与应用，致力于推动多领域薄膜电致发光显示行业产业化发展，为轨道交通、航天、汽车等领域提供更先进的优质信息显示解决方案。在此基础上，进入新产业开拓更广阔的市场空间。中车四方所与倍耐克公司的联姻，为中国轨道交通领域与世界先进技术之间搭建了一座桥梁。双方的合作加速了芬兰倍耐克公司国际先进透明显示技术（EL）和原子层沉积镀膜技术（ALD）转化与市场应用。同时，为中车四方所积极探索以技术为先导融入全球创新体系，推动中车创建世界一流示范企业积累了宝贵经验。并购以来，双方依托中车四方所60年根植轨道交通的技术积累，积极探索倍耐克EL、ALD技术与中车四方所识别、感知、监测、控制、交换等一系列技术的融合创新，形成基于显示技术和半导体制造的整体解决方案。

依法合规经营是企业适应市场需求、发展升级的内在需要，也是企业国际化经营走稳走实走深的必然选择。为保障国际化经营健康有序开展，中车建立了严密的合规管理体系。通过采取组建专门团队、聘请咨询机构等措施，深入研究国际法和项目所在国的法律法规，有效化解法律政策风险。在日常经营活动中，加强合规培训，培育合规文化，将合规培训作为境外业务人员任职上岗的必备条件，确保严格遵守东道国当地的风俗习惯、民族文化、项目合同及相关的强制性标准，遵守国际商会关于反对贿赂、索贿、影响力犯罪等行为的规定，确保企业安全、健康、平稳、高效运行。

在开展美国芝加哥地铁项目过程中，中车在项目前期策划和市场跟踪伊始，即加强对美国当地法律、环保、工会等相关信息的调研，全面做好风险识别，强化风险防范，以满足美国当地要求。在投标阶段，中车四方股份公司提前开展当地标准和知识产权的调研和分析，共制定检索式155条、直接检索专利156636件、高相关专利62件，最终经过侵权比对分析，未发现有侵权风险的专利。在项目执行阶段，为满足美国政府“制造业回归”、“购买美国”、扶持DBE企业（美国小微企业）等政策要求，中车四方股份公司从源头抓起，将60%的美国本地化指标分解至主要系统供应商，确保本地化率符合当地的要求。同时，在美国设立的子公司通过当地投资、技术转移、当地采购、雇用美国当地员工、与当地IBEW（国际电气工人兄弟会）和SMART（国际钣金、航空、铁路和运输工人协会）合作等诸多途径实现本地化生产。在本地化厂房建设阶段，由于公司厂房建筑结构、公用设施配置和环保、安全、消防、节能等建设内容需满足美国当地的法律法规和规范要求，中车四方股份公司组建了涵盖规划、工艺、工程土建、安全环保和铁工设计院的专项团队，与当地开发商建立答疑澄清工作流程，深入沟通设计细节，精心策划施工方案，先后6次派遣专业技术团队前往现场进行施工督导，保证最终交付的厂房满足各项要求。

2016年11月，中车长客股份公司与澳大利亚维多利亚州政府签订了墨尔本地铁项目合同，该项目是中车在国际市场上首次尝试并参与竞标的PPP公私合营模式项目。考虑到新市场、新项目、新模式，中车长客股份公司在投标阶段就加大信息调研投入，引入全球知名的专业外部资源，加大市场信息搜集力度，与相关政府机构及行业协会、供应商等进行对接，有效识别潜在法律和项目执行风险，提前识别并制定应对措施，确保项目团队充分理解当地相关政策和行业惯例，熟悉当地相关政策及产业配套和供应链发展情况，确定与关键分包商的合作。

在全球化时代，企业的员工来自多元化的文化背景，如何管理多元文化背景的员工队伍，是企业管理者面临的一个严峻挑战，也是中车国际化经营和本地化运营过程中无法避免的问题。文化价值的差异容易引发各种各样的文化冲突，部分海外基地当地员工的思维方式和时间观念与中国国内有较大差异，如欧洲国家普遍十分注重个人隐私；再如，个别国家特别注重宗教信仰，他们甚至会在会场中途离席祷告。这些都给现场交流和管理带来诸多不同于国内的难题。

中车充分认清和顺应国际合作的发展趋势，始终尊重和正视东道国的习俗和文化，坚持“入乡随俗”，加强不同文化之间的沟通和人文交流，强化国际传播和跨文化融合，构建开放合作、多元包容的和谐文化，推进全方位融合共享，避免和消除文化冲突，以此推动中车国际化事业向前发展。如在中东、东南亚项目中，中车主动与雇用的当地有信仰的员工进行沟通，尊重其宗教习俗，为他们创造条件，提供祷告场所，双方关系日益融洽，大大增进了中车与当地民众的感情。

中车永济电机公司在印度合资公司的建设过程中，从公司筹备投产到日常工作接触，非常注重主动学习了解当地文化。在印度公司，重要节日或重要项目关键节点，会遵照当地习俗按照规范流程举行仪式，以文化尊重助力品牌认可。

世界上任何一个行业的引领者，无一不在发展的进程中将国际化经营作为重要战略加以实施，国际化也是中车实现高质量发展的必由之路。

绿色低碳经济撬开了轨道交通运输蕴藏的巨大市场空间，国际化发展开启了中国装备制造业“走出去”的重要机遇期。中车制定了“打造受人尊敬的国际化公司”的发展目标，加速推动产品、服务、资本等全要素的国际化，坚定不移地走国际化经营之路。“受人尊敬的国际化公司”应具备全球化的使命，致力于全球轨道交通的发展，拥有领先的技术、稳定的质量并提供卓越的服务，赢得市场客户和同业竞争者的尊敬；拥有全球范围内的产品开发、设计制造（含供应链）、售后服务等资源配置能力；积极履行海外社会责任，建立起世界范围的品牌领导力等。中车依托高质量的产品和服务，树立高端装备品牌形象，不断打造中国装备的“金名片”，朝着“受人尊敬的国际化公司”迈进。中车为白俄罗斯提供的高寒机车，成为中白两国经济领域深度合作的重要成果，受到两国领导人的高度肯定。中车为巴西提供的地铁车辆，不仅成为巴西世界杯一道充分体现中国元素亮丽的风景线，而且深深融入当地人的日常生活之中。中车在马来西亚投资建设的东盟制造中心，成为中马产能合作的典范，成为中国和东盟地区经贸合作的亮点。

中车通过提供优质、安全、绿色环保的公共交通产品，解决城市交通拥堵问题，方便民众出行，为当地创造良好的社会价值。获取项目订单后，积极与当地供应商开展合作，或者投资建厂，聘用当地员工，为当地创造社会价值和经济价值。如中车永济电机公司在印度的子公司本地员工占比达93%以上；中车株机公司在马来西亚设立运营的三家子公司，雇用了超过85%的当地员工；中车浦镇公司的新加坡翻新项目中有80%的工人来自新加坡当地。在项目执行过程中，在产品设计、厂房建设等方面充分吸纳项目所在国家的特色文化，搭建好中外文化融合桥梁，促进中外人文交流，为当地创造良好的文化价值。如中车出口缅甸的内燃机车迎合了当地钟爱的复古风；中车出口美国芝加哥的地铁外观设计灵感则来自美国人创造的变形金刚；中车出口阿根廷城际动车组专门设计了停放自行车的区域。

在澳大利亚项目中，中车长江公司为响应“全球粉红丝带乳腺癌防治运动”，支持澳大利亚客户为乳腺癌患者提供关怀与帮助，对其在2018年出口到澳大利亚的130辆铁路货车进行量身设计和定制，将产品涂装为粉红色，被中澳两国媒体亲切地称为“小猪佩奇车”。该批产品与粉红色的机车相连，穿行在澳大利亚皮尔巴拉地区时，恰似一条粉红色丝带，格外引人注目，成功引发国际热议和好评。澳大利亚客户对中车长江公司按期交付 130 辆粉红色矿石敞车表示感谢。为了纪念中车为本次公益活动做出的贡献，特地将澳大利亚新采购的一辆粉红色的矿山重卡命名为 CRRC，此次活动也进一步巩固了双方长期建立的友谊，加强了中车与当地的人文活动往来。中车在澳大利亚共设有 5 个公司、1 个售后服务站，雇用当地员工，创造了大量就业机会和税收，培育了一支产业人才队伍，同时为澳大利亚新建轨道交通整车制造产业，推动其工业布局实现高端化和转型升级，在一定程度上弥补了澳大利亚汽车制造产业消失的遗憾。

中车株机公司海外子公司相继开展系列社会公益活动。如南非子公司组织全体员工到豪登省贝诺尼戴维顿地区 Legae 社区育儿中心，为孤儿和弱势儿童捐赠生活物品、学习文具、笔记本电脑等爱心物资，将“曼德拉日”慈善活动打造成中车在南非的金牌公益品牌。当马来西亚发生水灾时，马来西亚吉隆坡中车维保公司发动员工第一时间捐款，成为在当地赈灾的第一家中资企业。土耳其子公司株机 –MNG 公司则将慈善物资通过联合国儿童基金会转交到叙利亚难民儿童手中。

中车十分注意担当好四个角色，即做好文化“传译者”，理解尊重当地文化，增强不同文化之间的融合；在员工培育上助力其成长成才，担当人才“孵化站”，在缺乏职业培训学校的国家，选择与所需人才相近专业、相近工种的学生和工人，输送到国内职业学院接受技能培训；在产业布局上追求繁荣共享，肩负产业“推进器”重任，培育当地具有一定设计、制造实力的公司，通过技术转移和合作等方式，将其打造成满足国际采购标准要求的合格供应商；在日常生活中履行社会责任，当好社区“好邻居”，把自己当成当地的普通公民，始终与当地人在一起。以澳大利亚市场为例，2016 年 11 月，中车长客股份公司与澳大利亚唐那集团（Downer Group）、普莱纳里集团（Plenary Group）等公司组成的联合体，赢得了价值 20 亿澳元的墨尔本地铁列车订单 HCMT 项目，这不仅是澳大利亚维多利亚州政府历史上最大型的项目，也是中国地铁首次登陆大洋洲。中车长客股份公司不仅要为维多利亚州提供 65 列大容量的地铁，还要以 60%的本地化率为当地创造数百个高技能工作岗位。2017 年，中车还在墨尔本设立了轨道车辆工程研究中心。上述一系列举措赢得了澳大利亚当地民众的赞赏。2018 年 5 月 27 日，在澳大利亚瓦南布尔市旗杆山海事博物馆内举行隆重的仪式，将“中车制造”墨尔本地铁模型正式存入澳大利亚“时间胶囊”，此次入库后再见将是 100 年之后。穿梭于悉尼街头的双层客车，与标志性的悉尼歌剧院交相辉映，成为当地最动人的流动风景线。人文的产品设计和先进的制造工艺水平使其赢得“澳大利亚最佳生产工艺奖”。

在过去六十多年的国际化进程中，面临复杂多变的国际环境，中车紧紧抓住全球轨道交通装备产业大发展的战略机遇，秉承“共赢协同、行稳致远”的国际化发展思路，谋划全球布局，加强市场开拓，积极开展对外合作，参与全球各国基础设施建设，满足多样化市场需求，中车的国际化经营取得了长足进步。随着中国中车全产业链向海外的平移，其设立的本地化生产基地也成了扎根当地、服务社会、解决就业岗位的典范，更是落实“一带一路”倡议的重要支点。

第五章

塑造党建“金名片”的中车

2012年11月，党的十八大报告提出了“全面提高党的建设科学化水平”这一主题，指明了加强和改进党的建设的根本方向。中车毫不动摇地坚持党的领导，以先锋铸魂强党建、高铁筑梦树典范，开启了高质量党建引领高质量发展的新征程。2023年2月26日，习近平总书记在国务院国资委专项工作报告上作出重要批示，要求在新时代新征程，国资央企应坚定不移做强做优做大、坚持党的全面领导、积极服务国家重大战略；提高核心竞争力、增强核心功能、切实发挥科技创新、产业控制、安全支撑作用。2024年6月24日，在全国科技大会、国家科学技术奖励大会和两院院士大会上，习近平总书记指出，“高铁技术树起国际标杆”。这是继习近平总书记指出“时速600公里高速磁浮试验样车成功试跑”“复兴号高速列车迈出从追赶到领跑的关键一步”之后，第三次在全国科技大会、两院院士大会上点赞中车。习近平总书记的一系列重要指示为中车做好各项工作提供了根本遵循，也是中车塑造党建“金名片”的动力源泉。

第一节　高质量党建引领高质量发展

中央企业承担着国家经济社会发展举足轻重的责任。中车作为国务院国资委监管的中央企业，是中国工人运动的重要发源地，是中国轨道交通装备工业的发祥地。百余年来，中车始终秉持“实业兴邦、产业报国”的初心使命，传承红色基因，彰显先锋本色，铸就大国重器。进入新时代，中车以政治建设为统领，以打造党建“金名片”为主线，深入实施新时代高铁先锋工程，深化党建提质增效“七抓”工程，明确重点任务清单，建立工程评估指引，系统提升基层党建工作质量，推动各级党组织围绕中心、服务大局、干事创业，努力提升党的建设质量。

“高铁”是中国制造实力的象征，是中车的代表符号。党和国家对中国高铁寄予厚望，中车要用制造“高铁”的品质和理念抓党建，以高质量党建引领高质量发展。“筑梦”是践行中国梦的具体行动。中车矢志不渝涵养红色品格，弘扬革命精神、发扬光荣传统、保持优良作风，孕育了中国高铁工人精神，让红色基因代代传承，让“复兴号”奔驰在祖国广袤的大地上，以“中国车”助力实现中国梦。

一、打造党建“金名片”

坚持党的领导，加强党的建设，是国有企业的“根”和“魂”，是国有企业的光荣传统和独特优势。中国共产党成立以来，中车积极投身党的事业，锤炼红色品格，传承红色基因，涵养红色文化，始终做到听党话、跟党走，构筑了扎实的党建基础和良好的党建传统。党的十八大以来，中车基于产业特征和企业品质的深度思考，明确了新时代中车党建工作的总要求：务实、高远、引领、典范。这既是中车党的建设向纵深推进的总思路，也是中车以高质量党建引领高质量发展的方法论。

实业报国，表达的是中车人的家国情怀，始终坚守“实业兴邦、产业报国”初心使命，矢志不渝地为民族、为国家、为人类社会发展提供中车智慧，作出中车贡献。实体兴企，表达的是中车打造百年老店、追求基业长青的志向和抱负，聚实业、精主业、守正业，充分体现了中车人坚定不移、坚韧不拔、坚强不屈、坚不可摧的品质和意志。实力雄厚，表达的是中车人追求卓越的执着信念，脚踏实地、心无旁骛，奋发图强、创新做优，务求装备制造硬实力国际认可、理念文化软实力持续输出，特色特点广为认可和传播。中车党建工作倡导和遵循“务实”的理念，把提高企业发展质量和效益作为党建工作的出发点和落脚点，切实做到党建工作服务生产经营不偏离，一切工作都要努力做到从实处想、往实里抓、抓出实效，为企业高质量发展提供坚强的政治保证、思想保证和组织保证。

站位高，强调的是中车始终牢记央企的政治属性。一心向党、一心为国，自觉在思想上政治上行动上坚决服从和服务于经济社会发展的需要。起点高，强调的是中车人既追求产品的高品质，又追求企业的高品质，大而强、富而善、新而美，承担社会责任，赢得广泛尊重，努力成为建设社会主义现代化强国的重要力量，成为国家战略的坚定承载者、推动者和实践者，成为交通强国的主力军，成为世界轨道交通装备的技术实力领军者，成为全球行业规模龙头地位的保持者，成为人类命运共同体的推动者和建设者。标准高，强调的是中车人具有世界眼光、战略思维，勇于向世界一流企业对标、善于向世界一流企业学习、鼓足向世界一流企业挺进的勇气，干在实处、走在前列，做出表率，争当行业先锋、央企典范，让组织放心、员工满意、股民爱戴、受人尊敬。中车党建工作倡导和遵循“高远”的理念，全面贯彻落实新时代党的建设总要求，高起点站位，高标准定位，高质量发展，始终把提升价值创造能力作为党建工作的内在要求，就像把中国高铁打造成“国家名片”一样，将打造党建“金名片”纳入企业战略并进行精心设计规划，深入推进实施。

思想引领，做好党建工作。核心是做人的工作，重点是做人的思想工作。思想引领，强调的是中车人身上那股敢为人先的精神、争先创优的品质，逢山开路、遇水架桥的斗志和毅力。组织引领，做好党建工作，重点是营造环境、构建机制、培育人才。组织引领，强调的是创造良好环境、良好氛围、良好风气、良好生态，为干事创业提供广阔的空间和舞台，为履职尽责提供强有力的支持和保障。产业引领，做好党建工作，根本是要引领和推动发展。产业引领，强调的是中车始终秉承“上为大国重器、下担产业引擎”的使命责任，带动中国装备制造业形成比学赶帮超的良好局面。

中车党建工作倡导和遵循“引领”的理念，准确把握新党章关于国有企业党组织地位和作用的新定位，把方向、管大局、保落实，把工作重心放在“建机制、育环境、强队伍、聚合力、塑文化、促发展”上，着力把党组织的政治优势、组织优势和群众工作优势转化为企业的竞争优势、创新优势和发展优势。

党建典范，强调的是中车时刻对标新时代党的建设总要求，坚持党的全面领导，全面加强党的建设，以打造党建“金名片”为主线，深入推进新时代高铁先锋工程，创造党建特色品牌，塑造央企党建典范。发展典范，强调的是高质量发展，保持发展信心和定力，既树牢“抓好党建是最大政绩”的理念，又树牢“推动发展是第一要务”的理念，推动党建与业务深度融合，做到改革发展和党的建设目标同向、推进同步。改革典范，强调的是向改革要动力、要活力，研究和用好国家的政策红利，通过改革扫除体制机制障碍，激发内生动力，努力创建企业大发展、社会有地位、员工有尊严、外界有影响、担当有作为的世界一流示范企业。中车党建工作倡导和遵循“典范”的理念，把握新时代国有企业高质量发展对党建工作的内在要求，将党建工作纳入企业的发展战略，确立“双打造一培育”发展目标，强化基层党组织的组织优势、动员能力，通过党建工作调动和激发企业的创新活力和创造热情。中车党委严格遵循党建总要求，努力探索提升党建质量的有效路径，着力增强党组织领导力、引领力、组织力、支撑力、保障力和凝聚力，充分发挥党的政治优势、组织优势和群众工作优势。

二、强化政治建设

国有企业是中国共产党执政兴国的重要支柱和依靠力量，加强党的政治建设是夯实党的执政基础的内在需要。

中车坚持和加强党对企业的全面领导，坚持以党的旗帜为旗帜、以党的方向为方向、以党的意志为意志，确保在任何时候都站稳政治立场、保持政治定力、保证正确方向。坚持从党和国家事业发展全局的高度思考问题，切实把思想和行动统一到党中央决策部署上来，确保企业改革发展始终沿着正确方向前进。坚持把党的建设与改革发展同步谋划，提出打造受人尊敬的国际化公司、打造党建“金名片”，培育具有全球竞争力的世界一流企业发展目标。坚持把建立体现党对中央企业全面领导的公司治理结构作为党的政治建设重要内容，将企业党建工作要求纳入公司章程，明确党组织在公司治理结构中的法定地位，充分发挥党委领导作用，也就是把方向、管大局、保落实。坚持完善“双向进入、交叉任职”的领导体制，完成全级次企业党建工作要求进章程工作，修订完善了党委会、董事会、经理层议事规则和“三重一大”决策制度，出台党委常委会议事范围清单，严格落实党委前置研究程序，落实党组织在公司法人治理结构中的法定地位，做到组织落实、干部到位、职责明确、监督严格，为党委发挥“把方向、管大局、保落实”领导作用提供制度机制保证。

中车坚持以习近平新时代中国特色社会主义思想武装头脑、指导实践、推动工作，增强“四个意识”、坚定“四个自信”、做到“两个维护”。按照“学习研讨、贯彻措施、督导推动、跟踪问效”抓深化，推动习近平新时代中国特色社会主义思想在中车得到深入学习、坚决贯彻。2018年9月，习近平总书记视察中车之后，中车研究制定《关于深入贯彻落实习近平总书记重要指示精神推动中国中车实现高质量发展的决定》，明确了 8 个方面 32 条贯彻落实措施，及时将习近平总书记对中车的重要指示精神转化为推动高质量发展的强大动力。

全面提高党的建设质量是党的十九大总结实践经验、顺应新时代党的建设总要求提出的重大课题。中车站在铸造“国家名片”的战略高度认识新时代党的建设责任使命，按照“四同步、四对接”要求，强化顶层设计，将党建工作纳入企业战略，确立了党建“金名片”建设的总目标和路线图。以新时代高铁先锋工程为主要载体，坚持“一企业一特色、一支部一品牌、一党员一面旗”，全面推进党建金名片“九个一”子工程，即明确“一个标准”推动党建基础规范化、搭建“一个平台”推动党建管理信息化、探索“一种模式”推动党建活动项目化、推行“一种方式”推动党建作用可视化、建立“一套机制”推动党建考评系统化、创建“一组载体”推动党务培训阵地化、锻造“一支队伍”推动党务干部专业化、弘扬“一种精神”推动文化理念人格化、塑造“一批品牌”推动党建品牌谱系化。通过打造党建“金名片”，全面提升中车党建的影响力和企业发展的软实力。

三、加强思想建设

意识形态工作是党和国家一项极端重要的工作，关乎国家政治安全和社会稳定，也关乎企业的持续健康发展。

中车坚决贯彻落实意识形态工作责任制，制定实施了《中国中车意识形态工作责任制实施办法》，明确了工作要求和责任内容。建立了定期听取汇报和定期分析意识形态工作机制，强化意识形态风险点梳理排查，通过舆情监测分析，及时发现苗头性、倾向性问题，有针对性地采取对策措施。坚持正确舆论导向，夯实宣传阵地建设，致力打造媒体矩阵，构建传统媒体和新媒体优势互补、融合发展的宣传格局。利用线上与线下媒体、平面媒体与新媒体、国内媒体与国外媒体、官方媒体与自媒体等全媒体传播渠道，深入传播企业在贯彻新发展理念，深化改革、科技创新、推动发展、履行责任等方面的优秀做法和取得的主要业绩，唱响主旋律，集聚正能量，为企业高质量发展营造良好的舆论氛围。

社会主义核心价值观是当代中国精神的集中体现。中车坚持把弘扬和践行社会主义核心价值观作为思想建设的重要内容，深入开展以爱国主义为核心的民族精神和以改革创新为核心的时代精神教育，确立了与社会主义核心价值观相一致的中车特色文化体系。深入挖掘中车红色文化资源，总结提炼出“连接世界，造福人类”的中车使命、“正心正道、善为善成”的中车核心价值观。深入开展“新中车·中车心”“中车心·中车行”“擦亮‘金名片’，做好中车人”“车迷有约，走进中车”等主题宣传教育活动，不断创新道德讲堂、先锋课堂等多样化的活动载体，扎实推进以爱岗敬业、诚实守信为主要内容的职业道德建设。大力倡导“阳光和谐、简单坦诚、开放包容”的组织氛围、“由我来办、马上就办、办就办好”的工作作风。深入开展精神文明创建活动，15 家子公司荣获“全国文明单位”称号，中车总部荣获“首都精神文明单位标兵”称号。

一个国家需要伟大的民族精神，一个企业同样需要有自己独特的企业精神。在中国高铁事业发展的进程中，中车人不仅取得了以高铁动车组为代表的伟大成就，也孕育形成独具特色的中国高铁工人精神。这是中车人的精神密码，激励着中车人用智慧和汗水共筑“高铁梦”。2016 年 4 月 12 日，国务院国资委将中国高铁工人精神作为新时期的“国企精神”代表正式对社会发布。中国高铁工人精神的核心内容是“产业报国、勇于创新，为中国梦提速”；主要包括：“为国家争光，为民族争气，一定要打造出中国品牌”的爱国精神、“不畏艰辛，永不止步，在持续超越中不断进取”的创新精神；“融合全球，超越期待，中国高铁最可靠”的民族自信精神；“把标准刻进骨子里，把规矩化到血液中”的精益精神；“用户第一，把客户需求当作前进动力”的服务精神。爱国精神、创新精神、民族自信精神、精益精神和服务精神，是一个内在统一的有机整体，是中国高铁工人精神的内涵，彰显了中车人的精神追求。在中国高铁工人精神的感召下，中车人用对国家的忠诚奏响了中国高铁快速发展的时代强音。

四、深化组织建设

中车在建立党建工作责任制、开展党建责任制考核、强化党建考核结果运用等方面进行了积极探索。制定实施了《中国中车党建工作责任制实施办法》，从制度上明确了党委主体责任、党委书记第一责任、专职副书记直接责任、党委班子成员“一岗双责”的具体内容，规定了追责问责的情形和程序。配套制定实施了《党建工作责任制考核评价管理办法》，把党中央重大决策、全国国有企业党的建设工作会议重点任务，细化为具体指标和评价要求，把党建工作原则要求转化为可考核、能量化的“刚性标准”。考核结果运用实行奖惩“刚性分布”，获评 A 级为优秀，获评 B 级为良好，获评 C 级为合格，获评 D 级为不合格。严格限制 A、B 级比例，确保考核结果差异化，各等级对应薪资奖惩，强化绩效导向。制定实施了《党委主体责任清单》《领导班子成员“一岗双责”清单》，建立了党建工作联系点包保机制。各级党组织每年要向上级党组织报告年度党建工作，党组织书记每年要向上级党组织进行党建述职，形成责任清晰、分工明确，纵向到底、横向到边的党的建设责任体系。

全面从严治党要落实落地，必须从基本组织、基本队伍、基本制度严起。中车坚持聚焦基层抓党建、抓好党建强基层、建强基层促发展，切实发挥基层党组织的组织优势、组织功能、组织力量，更好地把党员干部组织起来，把优秀人才凝聚起来，把职工群众动员起来。坚持党组织建立“应建尽建”，根据企业产权关系、组织结构、经营模式、用工方式等实际情况，同步建立党的组织，理顺隶属关系，实现党的组织和党的工作全覆盖。坚持党组织换届“应换必换”，认真落实上级党组织的提醒督促责任，严格“三报三批一汇报”程序，科学规范基层党组织任期制度、换届选举制度。积极推动党支部标准化规范化建设，严格落实组织健全、制度完善、运行规范、活动经常、档案齐备、作用突出的“六条标准”，促进党支部基础管理更加规范、活动开展更加有序、作用发挥更加充分。着力加强党组织书记队伍、党务干部队伍和党员队伍建设，持续激发书记队伍的头雁作用、党务干部的表率作用和党员的先锋模范作用。突出管根本管长远，建立一套有效管用的基层党建制度体系，为全面从严治党向基层延伸提供了坚实的制度保障。

中车坚持“精干高效”和“有利于加强党建”的原则，科学设置党建机构、注重配备党务力量，着力建设一支对党忠诚、为党负责、政治过硬、业务精通、纪律严明、作风纯正的高素质党务干部队伍。规范党务工作机构设置和党务干部配备，总部党群工作部门全部独立设置，明确子企业“员工人数在5000人以上或员工人数在3000人以上且主营业务收入在50亿元以上的，党委职能部门原则上独立设置”；按照不少于同级部门平均编制、不低于在岗职工人数1%的比例配备专职党务干部。制定实施了《关于进一步加强党务干部队伍建设的指导意见》，加大培训培养力度，保证专职党务干部每年至少接受一次系统党务培训，兼职党务干部每三年轮训一遍。拓宽职业发展通道，着力打通党务管理人才、经营管理人才、专业技术人才职业发展通道。注重培养选拔政治素质好、熟悉经营管理、作风正派、在职工中有威信的同志做企业党建工作，支持和选育优秀年轻干部从事基层党建工作，把具备潜力的“好苗子”放到党务岗位历练培养。建立党务工作人员和经营管理人员双向交流机制，加大激励保障力度，落实同职级、同待遇政策，让优秀党务干部有荣誉有地位有收益，党务工作

岗位成为培养企业复合型人才的重要平台。

五、狠抓队伍建设

中车认真落实党管干部原则，坚持把党管干部落实到用人导向上，按照“对党忠诚、勇于创新、治企有方、兴企有为、清正廉洁”要求，突出政治标准，建立“政治家＋专门家”标准体系，为子公司高管量身定制具体化的任职资格标准，深入推进竞争性选拔、阶梯式培养、市场化配置和任期制管理。

严格规范领导干部选任程序，探索实施领导干部内部竞争上岗“七步法”，考察环节做实前置、演讲答辩精心设计、考察组独立评分、干部职工深度参与、现场实施信息化评价、竞聘成绩及时公示、政治品行廉洁问题一票否决，确保选人用人精准度、公信度和满意度。建立基础、发展、优秀、卓越“四层级阶梯式”领导力培养机制，强化忠诚意识，拓展世界眼光，提高战略思维，增强创新精神，锻造优秀品行，努力培养具有社会影响力的优秀国有企业家队伍。坚持从调配、激励、继任、退出“四大机制”入手，建立基于职位、市场、能力和业绩的多元化薪酬体系，持续提升企业领导人员市场化配置水平，推动形成集团党委管理干部全覆盖的聘任制、任期制、契约化“两制一契”管理模式。深化干部管理体制变革，一级子企业全面实行了董事长、党委书记“一肩挑”，建立专职外部董事制度，试点推行外部董事派驻、董事会选聘和管理经理层等工作。深化总部人事制度改革，实施总部副处长以上岗位公开选拔、中层干部到龄退居二线制度。

坚持党管人才原则，牢固树立“中车驰骋、人才牵引，创新发展、人才至上，价值分配、人才唯先”的人才观，突出“集聚一流人才、驱动价值创造、引领高质量发展”的工作主线，扎实推进核心人才、国际化人才选拔培养等重点工程。深入实施科学化、数字化、实用化、全球一体化的人力资源管理体系，涵盖战略牵引、能力管理、职位管理、平台支撑、实施管理五大系统，包括51个子项目。全力推进实施国际化人才培养“631”工程，探索建立了4个月国内集训、1个月国外实践锻炼、2周课题研究的“4+1+2”系统培养方式。拓宽员工职业发展通道，建立起“Y形”“H形”等纵横交叉的多元职业发展路径，促进人力资源有效转化为人才资本和智力资本。针对技术、管理、技能三大序列，分别设置人才荣誉等级体系，建立了“两年一选拔、四年一聘期”的核心人才管理机制，培养出一大批包括中国工程院院士在内的高层次人才队伍，200余人荣获詹天佑铁道科技奖和茅以升铁道工程奖。中车获得开展国家职业技能等级认定的资格。

大力培养和选拔优秀年轻人才是实现干部人才更替有序、公司发展后继有人的重要保障。中车着眼于近期需求和长远战略需要，推动实施了青年员工成长成才的10项30条准则，大力发现培养选拔优秀年轻干部和青年人才。坚持目标引领，注重源头选拔，通过组织推荐、群众举荐、“十杰”评选等方式，拓宽发现渠道，确保素质高、能力强、有潜力的年轻人才及时被挖掘出来、选拔上来，形成素质优良、数量充足、结构合理的“人才池”。突出政治训练和实践磨炼，完善通道建设，拓宽交流渠道，积极为青年阶梯成长“铺平路”、快速成才“加满油”、丰富经历“搭起桥”、干事创业“鼓足劲”，加大系统培养的力度。打破常规使用，加强考核管理，严格教育督促，积极为青年的职业发展“敞开门”、业绩评价“定标尺”、建功立业“把住关”，激励青年人才在企业高质量发展进程中充分发挥聪明才智、展现青年风采、彰显青春活力。

培育造就高素质专业化人才队伍，是中国高铁和中国中车发展的重要驱动力量。2007年，原中国南北车集团有技术引进的企业注重学习国际先进技术培训理念和方法，不断完善培训体系建设，全面推行ISO 10015

国际培训标准。2010 年，原中国南车制定下发《中国南车培训管理体系文件（试行）》，初步建立起培训管理体系；原中国北车组织编纂《中国北车职业技能培训规范》，其中，车工、焊工和铣工三个职业的技能规范，由高等教育出版社出版面向全国发行。2011 年，原中国南车突出国际化人才培训，组织中高层管理人员、技术人员和技能人员举办 GE、台塑、韩国三星、新加坡淡马锡、日本精益制造、德国高端装备制造等境外培训项目，拓宽核心人才国际化视野；举办国际营销人才、国际贸易实务、国际项目管理师等培训，提升国际化人才专业技能。同年，原中国北车发挥所属企业 8 个高技能人才培训基地的作用，开展企业高新技术和关键操作技术高技能人才的集中培训工作。在大连和长春分别举办数控和焊接技术应用研修班，实现培训基地与生产现场的“零距离”。新中车重组整合后，为全面落实“走出去、走进去、走上去”的国际化发展战略，构建符合跨国企业发展要求的人力资源管理体系。中车围绕“开发量能、人才育成、体系建设”三大目标，着力加强经营管理人才、工程技术人才、技能操作人才、党群管理人才以及国际化人才队伍建设，系统构建“中车大学（中车党校）、企业培训基地、外部合作资源”三大平台，并逐步形成以中车大学为基础，以宁波诺丁汉大学、西交利物浦大学、北京语言大学、中南大学和诺丁汉大学、利物浦大学等国内外大学为支撑，以德国博戈、英国丹尼克斯、美国春田与芝加哥工厂等为实战基地，一整套融理论教学、案例分享、课题研讨和实战演练等为一体的国际化人才培训开发体系，为驱动中车驰骋全球提供智力引擎和人才保障。

中车大力营造尊重技能人才的良好氛围，着力健全劳动和技能竞赛体系，实行劳动和技能竞赛活动与职工创新创效、人才发展有机对接，与生产经营深度融合，有力助推了人才成长。每年，中车以智能制造、精益管理等高新技术和高技能人才为主，组织举办集团级各类培训班四十期左右，对一千多人进行集中培训。先后组织多名高技能人才参加人社部和国资委举办赴德国、美国、瑞典等国家境外培训班。各子公司针对不同层级、不同岗位的技术工人特点，制定各级技术工人培训计划。对新录用和转岗人员，采取自主学习、企业自培等形式进行岗前培训；对技能岗位在岗人员，采取脱产培训、业务研修、岗位练兵等形式进行技能水平、岗位能力提升培训；对具有高超技艺和精湛技能的高技能人才，采取联合办学、委托培养等形式，开展关键技术工艺、技能研修和技术传承等活动，有力提升了公司技术工人的职业素质。

为深入学习贯彻党的二十大精神，落实中共中央办公厅、国务院办公厅《关于深化现代职业教育体系建设改革的意见》。2023 年 7 月，中车牵头成立首个国家级行业共同体——国家轨道交通装备行业产教融合共同体，由中车集团及 58 家产业链企业、9 所普通高校、38 所职业院校，共 106 家理事单位组成。共同体成立以来，中车牵头各理事单位，围绕行业新知识、新技术、新工艺、新材料、新设备、新标准，以组织化的形式推动企业开放资源，校企合作编撰教材 147 本，覆盖动车组检修、信号控制等 12 个专业领域。以高技能人才集群培养计划为抓手，重点组建 9 个校企联合团队，高质量完成《高速动车组变流技术》等 11 门一流核心课程开发。以中央企业“焕新行动”和“启航行动”任务为发力点，围绕轨道交通领域关键核心技术，联合开展 53 项国家和地方重大科技项目研发。

中车积极发挥产业优势，为共同体内职业院校提供平台与资源，推进企业大国工匠、技能大师、技术技能人才进校园，技术培训、技术课程进课堂，推动职业学校优秀师资力量、专业技术技能人才进企业，实现优秀人才互动，人才资源共享，人才高地共建。中车深入落实中组部、教育部、国资委等 9 部委组织开展的工程硕博士联合培养改革专项工作要求，组织有关企业与 13 所一流高校在 5 个领域开展工程硕博士联合培养，精准配置重点工程项目（课题），致力解决工程技术人才培养与生产实践脱节等突出问题，努力培养大批卓越工程师；与同济大学、北京交通大学、大连交通大学等共同体内高校，围绕工业工程、法律合规等专业举办课程班，组织开展核心技能人才等专题培训，取得良好成效。

六、完善作风建设

中车始终坚持把纪律挺在前面，把监督挺在前面，紧盯“责任清单”、强化“责任绩效”、突出“责任追究”、激励“责任担当”，一体推进“不敢腐、不能腐、不想腐”，坚决把党风廉政建设和反腐败斗争进行到底。

着力构建“不敢腐”的震慑机制。规范问题线索处置，对信访举报、上级交办、监督检查发现、审计巡视移送等案件线索，实行集中管理、动态更新、定期研判；深入开展独家采购和代理采购清理监督，加强物资采购招标管理、“两金压降”、亏损企业治理、“压减工作”、资产清查、开工不足的工序外包、扶贫资金使用情况等专项监督；加大执纪审查力度，惩治职工群众身边腐败和作风问题，构建风清气正、崇廉尚实、干事创业、遵纪守法的政治生态；深入开展案件审理工作，有效运用“四种形态”，推进追责问责常态化、警示教育常态化。着力构建“不能腐”的防范机制。认真落实“三重一大”决策制度，建立健全权力运行制约机制；加强监督协同，强化信息共享，建立健全权力运行的监督机制；发挥查办案件的治本功能，深入排查廉洁风险点，建立健全廉洁风险防控机制；严格落实“三个区分开来”，建立健全容错纠错机制，最大限度调动干事创业的积极性、主动性、创造性。着力构建“不想腐”的自律机制。开展百名纪检干部讲纪律，纪委书记廉洁短信“点对点”提醒等活动，加强纪律规矩教育，教育引导党员干部把他律转化为内在追求，把纪律规矩转化为行动自觉，形成遵从党章、遵守党纪的良好习惯。坚持“两次三级”案件通报制度，形成和强化叠加冲击教育效应。严格执行新形势下党内政治生活若干准则，增强党内政治生活的政治性、时代性、原则性、战斗性。严格落实工作中重大问题和个人有关事项报告等制度，对无正当理由不按时报告、不如实报告或隐瞒不报的严肃处理、通报曝光。

中车对党风廉政建设和反腐败工作加强统一领导，落实党委主体责任和纪委监督责任。推进纪检监察体制改革，使纪检工作双重领导体制具体化、程序化、制度化。党委主要负责同志带头做到“两亲自、五靠前”，即对党风廉政建设工作安排、重要举报案件处置、巡视工作推进、反腐败形势研判等亲自过问、亲自安排。坚持纪律教育靠前、部署工作靠前、问题线索调查把关靠前、谈话提醒靠前、研究处理违纪干部靠前。加强上级纪委对下级纪委的领导，深入推进“转职能、转方式、转作风”，聚焦主业主责，严格执行监督执纪工作规则，严格监督执纪工作纪律。向非制造业企业派驻纪检组，推动全面从严治党向基层延伸。落实“两个为主”要求，执纪审查以上级纪委领导为主，纪委工作考核以上级纪委为主。强化正风肃纪，发布中车公务活动“禁酒令”，坚决纠正“四风”问题，严肃查处违反中央八项规定精神问题，建设忠诚干净担当的党员干部队伍和纪检干部队伍。落实党风廉政建设联席会议制度，建立了党委统一领导、全面覆盖、权威高效的监督体系，统筹监督资源，形成监督合力。

中车认真贯彻巡视工作方针和巡视工作条例，聚焦党的领导和全面从严治党，围绕实现国有资产保值增值，深化政治巡视，坚持发现问题、形成震慑不动摇，建立了巡视巡察上下联动的监督网。严格落实发现问题是巡视工作的生命线这个根本要求，紧紧抓住企业经营决策、选人用人、产权交易、资金运作、物资购销、工程项目等重点部位和关键环节，深入开展巡视巡察，推动企业不断强化内控机制。探索形成常规、专项、专题、机动式、回头看等多种方式、多种组合、灵活运用的巡视监督模式，既发挥常规巡视接触面广、了解情况全面深入的优势，又发挥专项巡视、专题巡视“短平快”、专业性强的优势，机动灵活、精准打击。建立巡视整改信息化管控机制，健全整改督查制度，强化监督检查，压实整改责任，建立销号台账，实现闭环管理，扎实做好巡视“后半篇文章”。

七、创新统战工作

统一战线是党的事业取得胜利的重要法宝。国有企业统战工作是党的统战工作在国有企业的充分体现，是国有企业党建工作的重要组成部分，是加强党对国有企业领导的重要抓手。中车党委以习近平新时代中国特色社会主义思想为指导，深入学习贯彻习近平总书记在中央统战工作会议上的重要讲话精神和党的二十大精神，以打造党外代表人士建言献策工作平台为主要抓手，持续推进统战“群星”工程，发挥统战人士的智慧力量，在科技自立自强道路上激活统战工作新动能，为做好新时代企业统战工作提供了宝贵经验。

中车作为一家科技创新型企业，党外高级知识分子人才荟萃、智力密集，统战资源非常丰富。截至 2024 年 4 月，中国中车有各类统战成员 24523 人。其中，党外知识分子占大多数，有 16631 人，经过认定的无党派人士 835 人。各类民主党派成员 279 人，分布在八个民主党派中。在党外代表人士中，有 23 人担任省（区、市）级以上人大代表、政协委员。

2018 年以来，中车党委以习近平总书记三次视察中国中车的重要指示精神为根本遵循，深入贯彻落实《中国共产党统一战线工作条例》，对标对表党外知识分子工作和党外代表人士队伍建设要求，一步一个脚印，推动统战工作深入开展。

在完善工作机制上，将统战工作纳入党建重点任务统筹推进。按照中车集团党委统一部署，各级党委统战工作做到“五个一”，即各级党委每年至少召开一次统战工作座谈会，听取党外知识分子代表、民主党派员工代表对公司重点工作推进的意见和建议；各级党委会每年至少一次专题研究统战工作；各级党委领导班子成员每年至少举行一次“联谊交友”结对子活动，通过联谊座谈、课题调研、谈心交流等方式，积极了解和回应党外知识分子的关切；各级党委每年至少举行一次“爱企业、献良策、做贡献”活动，鼓励党外代表人士，积极开展调查研究、建言献策；各级党委每年至少开展一次统战工作数据统计，建立统战成员台账，摸清统战工作底数。

在统战阵地建设上，为党外代表人士提供完备的建言献策工作平台。中车党委以习近平总书记指出的“把各方面知识分子凝聚起来，聚天下英才而用之”[①] 为根本遵循，策划实施统战“群星”工程，先后创建了冯江华工作室、张志和工作室、曾艳梅工作室和虞大联工作室等 4 个以党外代表人士命名的建言献策工作平台，形成了“四季花开”的统战工作新格局。4 家统战工作室均配备了专用会议室作为阵地，同时配足活动经费，切实增强了统战成员的归属感。山西省委统战部将中车大同公司张志和工作室列为联系点，并每年给予 20 万元经费支持。几年来，各工作室产生了一批高质量的建言献策成果，有力推动了企业统战工作创新发展，助推了企业做强做优做大。

在赋能企业高质量发展上，引导党外知识分子积极开展科研攻关。中车党委结合统战成员多集中在技术创新领域这一特点，创造性依托企业广阔的事业平台，积极组织党外知识分子开展科研攻关，不断加强前瞻性、基础性、关键共性技术的研究和储备，引导党外知识分子参与到重大技术、管理等项目中，专项投入资金建设统战阵地。其中，冯江华

① 习近平：《论坚持人民当家作主》，中央文献出版社 2021 年版，第 173 页。

工作室《关于加快功率半导体器件产业园建设的调研报告》入选国资委统战人士优秀调研报告。张志和工作室积极向山西省科技厅等部门争取“氢能源”机车改造项目，并得到资金支持。曾艳梅工作室先后承担或参加了国家级、省部级、市级、中车级和公司级课题100余项，发表论文90余篇，出版专著3部，授权发明专利230余项，获国家级、省部级、市级等科技奖60余项。虞大联工作室以“掌握高速磁浮关键核心技术、抢占行业技术制高点”为核心目标，聚焦高速磁浮基础研究、产品研发、技术优化、试验验证等主要任务开展工作；围绕新材料、磁浮技术、数字化、新能源、供应链管理等向各级人大、政府、政协、民盟建言献策，其中，《关于加强对预付款会员制企业监督的建议》提案被民盟山东省委采纳，《建议支持闭环式清洁能源交通线路系统发展》提案被青岛市政协采纳。

在促进个人成长上，为党外代表人士建功立业搭桥铺路。中车党委高度重视党外知识分子梯队建设，积极做好人才的储备和选拔任用工作，注重选拔党外知识分子在重点科研项目和管理岗位中担任骨干，畅通统战人士成才通道。目前已有两名党外知识分子走上了一级子公司班子成员岗位，成为公司经营管理的行家里手。中车党委也高度重视党外知识分子的社会发展，积极推动广大党外知识分子参政议政，产生了一大批党外国家、省、市人大代表、政协委员，有的还在民主党派中担任重要职务。中车株洲所冯江华工作室带头人冯江华当选第十四届全国政协委员。

统战“群星”工程的实施，将中车统战工作、统战人士、统战智慧和企业生产经营有机结合起来，充分调动了统战人士的积极性，促进一批高新技术成果和高质量的建言献策成果高效产出，为轨道交通事业创新发展注入新动能，为国企统战工作探索出一条新路。

八、汇聚群团力量

坚持全心全意依靠工人阶级的方针，是坚持党对国有企业领导的内在要求。中车按照在政治上保证、制度上落实、素质上提高、权益上维护的要求，加强新时期产业工人队伍建设。建立了以职工代表大会为基本形式的民主管理制度，深入推进厂务公开，探索完善职代会提案、职代会民主评议、职工代表联系群众等民主管理制度，不断从广度和深度拓展职工民主管理的实现形式。依法组织职工实行民主选举、民主决策、民主管理、民主监督，落实职工群众知情权、参与权、表达权、监督权。严格执行职代会各项规定，做到企业重大决策必须听取职工意见，涉及职工切身利益的重大问题必须经过职代会审议，切实提高职代会的质量，落实职代会职权。充分尊重和保证职工参与企业民主管理的权利和途径，有力地促进了决策的民主化、科学化。

中车党委将群团工作纳入党建工作总体布局，根据形势和任务发展变化，加强和改进群团工作，着力发挥员工主力军、青年生力军作用。指导和帮助工会、共青团搞好自身建设，通过搞好思想建设、组织建设、队伍建设、作风建设等，带出了新活力、新动力和凝聚力。引导群团组织持续开展品牌创建活动，深耕群众性经济技术创新活动和全员全过程创效活动，深入开展“擦亮‘金名片’、建设新小家”“擦亮‘金名片’、青春勇担当”等活动，塑造群团工作品牌。中车成立以来，有一大批先进集体、先进青年集体以及先进个人受到省部级以上表彰奖励。截至 2024 年末，有 10 名员工光荣当选中国工会十七大代表、10 名员工当选中国工会十八大代表、4 名员工光荣当选中国妇女十二大代表、3 名员工当选中国妇女十三大代表、3 名青年员工光荣当选共青团十八大代表、5 名青年员工当选共青团十九大代表，展现了中车员工良好的精神风貌和奋斗姿态。

中车把建设服务型群团组织作为工作目标和主要任务。引导群团组织围绕生产经营和队伍建设搞好服务，广泛开展劳动竞赛、岗位建功等活动，激发职工群众的积极性、主动性、创造性。开展经常性的调查摸底活动，建立困难职工档案和帮扶救困机制，持续深化“六送三关注”，及时解决职工群众在工作生活中遇到的实际困难。建立职工群众诉求办理机制，开展人文关怀和心理疏导，组织职工群众为企业改革发展建言献策。持续深化金蓝领和劳模创新工作室建设，累计建立各类工作室 507 个，其中全国示范性劳模创新工作室 11 个、国家技能大师工作室 39 个、火车头劳模和工匠人才创新工作室 16 个、省市级劳模和技能人才创新工作室 272 个。这一举措充分发挥了技能大师、高铁工匠等高技能人才在攻坚克难、优化生产、技艺传承、技术创新等方面的示范带动作用。截至 2024 年末，中车拥有大国工匠 7 人、中华技能大奖获得者 10 人、全国技术能手 146 人、享受国务院政府特殊津贴技能专家 111 人。更有 22 名高技能人才获评近两届全国劳动模范，8 名高技能人才当选党的十八大、党的十九大、党的二十大代表。

第二节 做强做优做大 争当国资央企典范

中国特色现代国有企业制度，“特”就特在把党的领导融入公司治理的各环节，把企业党组织内嵌到公司的治理结构之中，明确和落实党组织在公司法人治理结构中的法定地位。国有企业不仅是自主经营的保值增值市场主体，同时也是坚决贯彻执行党中央决策部署、贯彻新发展理念、进一步全面深化改革的重要力量，承担着重要政治责任和社会责任。中车党委始终把坚持党的领导、加强党的建设贯穿企业改革发展的全过程，将党建工作优势转化为企业发展优势，扛起了产业报国之旗，引领了创新发展之路，强健了品质央企之魄，聚合了高质量发展之力，助推了民族复兴之梦。

一、扛起产业报国之旗

中车党委坚定不移推动党的政治路线在企业的贯彻执行，紧密围绕“大国重器、产业引擎”的战略定位，固根铸魂、把舵扬帆，把方向、管大局、保落实，努力做强做优做大、建设世界一流示范企业。

坚持党的领导、加强党的建设，是国有企业的光荣传统和独特优势。光荣传统不能丢，丢了就丢了魂；红色基因不能变，变了就变了质。无论是在战火纷飞的革命战争年代，还是在中国特色社会主义新时代，具有百年发展史的中车，积淀了丰富的红色资源，拥有鲜明的红色品格。如在中国的民族工业萌芽时期孕育的“詹天佑精神”，在党领导人民进行革命、建设、改革中形成的“二七精神”“火车头精神”，以及在全面建设社会主义现代化国家新征程中形成的“中国高铁工人精神”，都传承着中国产业工人百年奋斗、自强不息的血脉。中车牢牢把握住这一核心要义，持续传承壮大中车特有的红色基因，引导党员干部和广大员工认真践行共产党人的价值追求，使红色基因成为企业不断改革发展壮大的原动力。

从1881年的胥各庄修车厂，到如今全球领先的轨道交通装备供应商，中车的发展史就是一部波澜壮阔的民族工业奋斗史，也是我们党领导工人运动、开展革命斗争、夺取革命胜利、创造辉煌业绩的奋斗史。在中国共产党的坚强领导下，中车人矢志不渝，砥砺奋进，以振兴中国机车车辆工业为宗旨，坚守“实业兴邦、产业报国”初心使命，不断谱写中国轨道交通装备创新发展的新篇章。中车领导和团结广大员工共同努力，成功开辟了中国高铁发展的新纪元，铸就了中国高铁亮丽的“国家名片”，创造了“中国智造”的加速度，奏响了自主发展的最强音，在国际舞台上彰显了中国制造的非凡魅力。

回顾中车的发展历程，在企业脱钩分立、主辅分离、改制上市、重组整合等改革发展的重要关头，中车党委都始终坚持把加强党的领导与完善公司治理有机统一，在把关定向、动员组织、引领发展等方面发挥了重要作用。紧紧围绕新时代党的建设总要求，深刻把握党的组织路线的科学内涵，坚持以政治建设为统领，增强“四个意识”、坚定“四个自信”、做到“两个维护”，主动服务国家战略需求，积极探索改革发展新路子。中车的改革发展之路充分证明，只有坚持党的领导，加强党的建设，发挥党组织的政治优势，才能保证党和国家的方针政策在企业的贯彻执行，才能保证企业始终沿着正确的方向科学发展。

二、引领创新发展之路

中车党委牢固树立“抓党建就是抓发展，抓发展必须抓党建”的理念，研究和决定事关企业生存与发展的重大问题，强化党的建设对经营发展的引领和保障作用，推进党建与生产经营深度融合，以新方法开创国企党建新局面，促进企业改革深化，提升创新驱动能力，推动“双打造一培育”发展目标，为实现中车梦提供了坚强保证。

面对企业发展各个时期的任务和要求，中车党委积极探索加强和改进党建工作的途径与方法，以改革创新精神全面提高党的建设科学化水平，推动党的建设全面过硬、全面加强。在改革发展的新阶段，以习近平新时代中国特色社会主义思想为指导，以党的政治建设为统领，以提升组织力为重点，以加强“三基”建设为基础，着力强化目标引领，坚持问题导向，注重典型引路，彰显价值创造，推动党建基础规范化、党建管理信息化、党建活动项目化、党建作用可视化、党建考评系统化、党务培训常态化、党务干部专业化、文化理念人格化、党建品牌谱系化，以党建工作带动群团工作，形成了党建工作品牌不断涌现的生动局面。

中车党委认真贯彻落实党中央关于处理好党组织和其他治理主体的关系的要求，明确权责边界，以构建多元治理主体之间的分类分层授权机制为目标，从工作内容和工作流程两个方面着手，重塑治理新机制，进一步厘清党委会与董事会、经营层等多元治理主体之间的权责界面，构建现代国有企业决策授权体系。通过把管党治党的责任体系和现代企业制度的市场化运作机制有机结合起来，切实做到加强党的领导和完善公司治理相统一，将党组织内嵌到公司治理结构之中，在确保党对企业全面领导的同时，使企业深化改革的脚步更加铿锵有力，争当央企改革发展的典范。

中车党委在科技创新领域进一步增强了创新引领认识、自主创新认识、主导赛场建设认识、抢抓科技变革机遇认识、创新与产业结合认识、营造良好用人环境认识这“六个认识”。在具体实践中，通过“一套体系、两个层次、三级平台”的实施框架和专业化分工布局，建立了“开放、协同、一体化、国际布局”的科技创新体系，具备了面向全技术链的技术开发能力、面向全产品链的产品开发能力和面向全生命周期的科技支撑能力。中车的科技创新不仅加快了企业做强做优做大的步伐，也推动了轨道交通装备行业的发展，实现了产业报国、造福社会的使命和责任。

三、强健品质央企之魄

中车党委从讲政治的高度深刻把握各个发展时期（特别是新时代）中央企业的战略定位和目标追求，坚持用制造“高铁”的品质抓党建、强党建，以高质量党建引领和保障高质量发展。

中车的基层党组织认真贯彻落实发展党员工作总要求，严格党员标准，严把发展党员政治关，着力提高新党员质量，优化党员队伍结构，把企业各方面优秀人才吸收到党内，确保党员队伍质量实现稳中有升。同时，党员队伍的分布和结构得到持续优化，35 岁以下青年已成为中车新发展党员的主体。广大党员在本职岗位上尽责担当、攻坚克难，在企业生产经营、科技创新、管理提升及重点工作推进等重大任务中挑大梁当先锋，一个政治过硬、业务精湛、作风优良的崭新局面正在各级党组织和党员队伍中加速形成。

中车党委将干部工作的重点放在构建“选育管用”体制机制上，始终坚持把党管干部原则贯穿干部选拔使用管理监督的全过程，切实发挥党委对选人用人的领导和把关作用。突出抓好“选育管用”体制机制，引导各级领导干部严格要求自己，牢记自己的第一职责是为党工作，把爱党、忧党、兴党、护党落实到各项工作中。特别是面对日趋激烈的国内外市场竞争，面对化解产能过剩、推动产业升级、实施业务整合与重组等艰巨任务，各级领导班子和领导干部迎难而上、开拓进取，自觉加快知识更新，加强实践锻炼，带领广大干部员工不断开创企业改革发展的新局面。

中车党委坚持党管人才原则，形成特有的“四个一”人力资源工作模式，即建立一整套系统科学、相对先进的人才管理体系，制定一系列战略导向、创新驱动的人才工作举措，建设一支强学力行、专业高效的人才工作者队伍，培育一种以创新尽责、卓越正直为核心的中车人力资源品牌文化。中车已建立起了一支庞大的科技领军、管理专家、技能大师人才队伍，包括中国工程院院士、百千万人才工程国家级人选、国务院政府特殊津贴专家、大国工匠等。中车长客股份公司高级技师罗昭强获国家科技进步奖，开创了中车技能人才获此奖项的先河。实践证明，对科技人才、管理人才和技能人才 3 支队伍的精心培养和建设，为企业高质量发展提供了强力支撑，为创建世界一流示范企业奠定了坚实的人才基础。

四、聚合高质量发展之力

党建对企业之所以重要，在于它将信仰、正能量、价值观注入企业的肌理，使企业执着坚守并不断丰富自己的初心使命。党建工作不仅为企业发展带来政治引领和先进文化，也为企业管理和可持续发展凝聚了强大正能量。

中车党委牢牢牵住国企党建这个“牛鼻子”，把准企业发展的方向，坚持市场导向和战略统领，更好地追求企业发展的质量和效益，着力推动规划落实，加快多元发展，大力拓展海外市场，积极布局企业重组和资源整合，有效发挥国企党组织领导作用。中车主动贯彻落实新发展理念，积极推进供给侧结构性改革，引入“互联网 +”、大数据等先进管理理念，使企业业务结构持续优化，运营效率持续提升，经营业绩实现了连年攀升。在两年公布一次的世界轨道交通装备企业排行榜上，中车销售收入在 2016 年、2018 年连续两次位居全球第一。

中车党委坚持正确的政治方向和舆论导向，强化意识形态工作，注重加强宣传思想、企业文化和精神文明建设。遵循顶层设计、深化教育引导、强化氛围营造、优化文化培育、固化长效机制，将社会主义核心价值观融入企业文化建设，孕育形成了“中国高铁工人精神”这一当代国企精神。“一生只做创新这件事”的院士刘友梅、“摘下机芯技术皇冠”的院士丁荣军、“中国高铁工人标杆”的张雪松、“一枪定义世界速度”的李万君、“毫厘之间见匠心”的宁允展、“床前孝子炉边铁汉”毛正石、“激光舞者”南利军、“电焊花木兰”易冉、中国标动研发团队等一大批践行中国高铁工人精神的先进典型和代表人物，成为中车人行动的榜样，彰显了中车文化的力量，赢得了社会广泛赞誉。

中车党委坚持把员工视为企业最宝贵的资源和发展企业的根本力量，致力于为员工营造良好的工作环境和氛围，有效发挥群团组织作用，拓宽员工参与民主管理的渠道，创新企务公开形式，支持员工参与公司管理。不断完善人才培养选拔使用办法，构建多方向、多层次的员工职业发展平台。积极开展工作软硬件环境研究和改进，着力解决员工最关心、最直接、最现实的利益问题，缓解员工心理压力，为员工创造快乐工作的条件，通过提升个人价值、享受发展成果，让员工更有获得感、幸福感、安全感。通过企业的持续发展，经营效益的稳步提升，确保员工收入不断增长。

中车党委认真贯彻落实党要管党、全面从严治党的重大决策部署，始终坚定必胜信念，保持政治定力，引导广大党员干部增强许党许国、报党报国的担当，发扬敢于斗争、善于斗争的精神，党风廉政建设和反腐败工作取得积极成效。各级党组织全面履行管党治党主体责任，坚持把政治建设摆在首位，坚定不移做到“两个维护”，坚决整治形式主义、官僚主义，严于监督、严格执纪、严肃问责，以改革创新精神推进新时代党风廉政建设。通过驰而不息抓作风、高压震慑反腐败，中车党风廉政建设和反腐败工作取得新的成效，一个风清气正、干事创业的浓厚氛围全面形成，为实现高质量发展提供了坚强的纪律保障。

五、助推民族复兴之梦

实现高质量发展，归根结底要靠坚持党的领导、加强党的建设。中车党委牢牢把握这个“根”和“魂”，按照党中央、国务院重大决策部署，加快培育具有全球竞争力的世界一流企业，以实际行动为实现中华民族伟大复兴的中国梦提速。

中车党委坚持新发展理念，着力推动企业经营由量的增长转入质的提升新阶段，努力实现转型发展、创新发展、协同发展和共享发展，呈现稳中提质、稳中趋优的良好发展态势。凭借轨道交通装备领域的技术积累，延伸拓展了高分子复合材料、风电装备、光伏发电、新能源汽车、环保产业、船舶与海工装备、工程机械、智能装备、信息及软件产业等“九大新产业”。此外，中车牢牢把握市场化改革方向，“1+20”改革顶层设计搭建完成，深改工作由顶层设计转向纵深推进机车修造业务重组、货车业务整合、在京制造业非首都功能疏解、总部职能优化等重要改革措施不断落地，“处僵治困”“双压减”等供给侧结构性改革持续深入混改、国企改革“双百行动”深入实施，为企业改革发展释放出新活力。

中车承担着中国高端装备走向世界的重大使命，努力实现由“本土企业”向“全球公司”转型。面对复杂多变的国际环境，坚守做强实体经济的初心不变，立足高端装备制造优势，落实创新驱动发展战略，在建设世界科技强国中发挥示范带动作用。

中车积极履行社会责任，积极研究探索履行社会责任的有效方式，用更多受人尊敬的行动赢得全世界的赞誉。中车聚焦绿色发展，依托轨道交通装备核心优势，不断做强做优风电产业，推广光伏技术，力推可再生能源规模化发展，提供更优质的能源选择方案。积极融入美丽家园建设，农村分散式生活污水治理、固体垃圾处理等环保产业获得市场认可，助力生态环境改善。大力推进绿色制造，将节能、低碳、可持续发展理念落实到产品设计的每个环节、生产制造的每道工序中。聚力打造智慧物流产业，开展共享包装服务，助力世界经贸往来和互联互通。积极投身精准扶贫，实施“天鹅计划”，与甘肃天水、广西百色贫困地区乡村振兴战略对接，用企业优势帮助基层乡镇补短板，在坚决打赢脱贫攻坚战中展示“中车作为”。

第三节　开创高质量党建工作新局面

习近平总书记指出：“坚持党对国有企业的领导是重大政治原则，必须一以贯之；建立现代企业制度是国有企业改革的方向，也必须一以贯之。"[1]中车坚决落实新时代党的建设总要求，推进实施新时代高铁先锋工程，全面提升党建工作质量，使党建工作成为企业改革发展的"红色引擎"，为实现"双打造一培育"目标提供坚强保证，为中央企业的党建工作和党的建设事业贡献中车智慧。

坚持党的领导、加强党的建设，是国有企业的光荣传统和独特优势。长期以来，中车党委牢记国有企业定位，牢固树立"抓好党建是最大政绩"理念，坚决贯彻落实党中央决策部署，全面提高党的建设质量，使党建工作更好地为企业发展服务，为时代需要服务，为中国革命、建设和改革开放服务，为实现中华民族伟大复兴的中国梦服务。可以说，中车的发展史，就是一部坚持党的领导、加强党的建设的光辉历史。实践证明，中央企业只有毫不动摇坚持党的领导，加强党的建设，才能进一步巩固党的执政基础，确保国有资产掌握在党和人民手中。

在前进道路上，中车围绕新时代党的建设总要求，牢固树立"抓好党建就是最大政绩"理念，从巩固党的执政地位的大局来认识新时代中央企业党的建设工作，把管党治党责任扛在肩上、放在心上、抓在手上，把"不动摇""不偏离""不能变""不能松"的总要求贯穿到企业改革发展和党的建设全过程。进一步发挥党委领导作用，坚持"务实、高远、引领、典范"方法论，大力实施新时代高铁先锋工程，打造党建"金名片"，使党建工作成为像高铁一样具有影响力的中车符号，成为中车新时代新发展的独特优势，为提升中央企业党建质量探索中车模式、凝练中车经验。

长期以来，中车党委积极响应党的号召，认真落实两个"一以贯之"，坚持把党的建设与企业改革发展同步谋划、同步推进，加强党的建设与完善公司治理同步开展，将党建工作有效融入生产经营的各个环节，在建设

① 《习近平谈治国理政》第二卷，外文出版社 2017 年版，第 176 页。

世界一流装备制造企业伟大进程中展现新的作为。实践证明，只有发展才能不断壮大国有经济，实现国有资产保值增值；只有发展，才能不断适应经济全球化的新形势；也只有发展，才能更好地维护员工群众的切身利益，不断提高员工的幸福感和获得感。

在前进道路上，中车党委将继续把加快企业发展作为第一要务，提高政治站位，勇于担当作为，站在统筹推进“五位一体”总体布局、协调推进“四个全面”战略布局的全局高度，谋划企业发展。用“大党建”思维，推动党的建设与改革发展、党建工作与生产经营的深度融合，在谋划企业发展战略时，同时抓好党的建设；在统筹推进党的建设时，把落实新发展理念、打好三大攻坚战、推动创新驱动发展、深化供给侧结构性改革等作为重点，用企业改革发展的具体成效检验党建工作成果，为创建世界一流示范企业提供坚强保证。

加快企业发展、加强党的建设，离不开一批优秀领导班子和干部队伍，离不开一支数量充足、结构合理、作风优良的人才队伍。长期以来，中车党委坚持党对干部人事工作的领导权和对重要干部的管理权，把抓班子带队伍作为“龙头工程”加以落实。紧抓领导干部这个“关键少数”，把好选拔、培育、管理、使用等环节，推动领导班子和领导人员队伍建设迈出坚实步伐。大力实施人才强企战略，不断深化干部人事制度改革，建立机制，搭建平台，培育和锻造了一批又一批英模人物和时代先锋，使其成为中车发展的主体力量，成为制造强国的脊梁。实践证明，干部队伍和人才队伍是企业发展的重要资源，只有坚持党管干部和党管人才原则，致力于配强领导班子，抓住“关键少数”，带好一流团队，才能最大限度地调动和激发各方积极性和创造性，汇聚起改革发展的强大力量。

前进道路上，中车党委坚持党管干部原则，突出政治标准和专业能力，加大领导干部队伍建设力度，构建以德为先、任人唯贤、人事相宜的选拔任用体系，管思想、管工作、管作风、管纪律的从严管理体系，崇尚实干、带动担当、加油鼓劲的正向激励体系，着力打造高素质专业化领导班子和领导人员队伍。坚持党管人才原则，聚焦“大视野、强聚合、超价值”三个维度，大力培育具有全球眼光、市场开发意识、管理创新能力和社会责任感的职业经理人和国际化人才；培养世界级的科技领军人才和院士后备人才，培养专业知识扎实、善于运用新理念、新思路、新方法并具有行业引领力的管理专家和学科带头人；培养技艺精湛、掌握绝技绝活的“大国工匠”。畅通技能人才成长通道，让优秀人才的创造活力竞相释放，为高质量发展提供坚强的人才保证和智力支持。

党的基层组织是党的全部工作和战斗力的基础，基层党建是党的建设伟大工程的基础工程。长期以来，中车各级党组织发扬“支部建在连上”的光荣传统，聚焦基层抓党建、抓好党建强基层、建强基层保发展，推动全面从严治党向基层延伸。坚持强弱项、补短板、抓重点、树典型，突出基本组织、基本队伍、基本制度，对党组织机构设置、境外单位党组织设立、党务工作人员配备、党建工作经费保障等作出系统性安排。进一步明确落实责任，规范管理，严格考评，把管党治党责任层层传导到每个班子成员、每个党支部、每个党小组和每名党员。实践证明，只有坚持抓基层打基础的鲜明导向，压实责任，创新工作，基层党组织活力才能得到不断释放，党建工作的价值创造能力才能得到有效提升。

在前进道路上，中车党委以提升组织力为重点，全面建强基层党支部，确保思想政治工作落到支部、从严教育管理党员落到支部、群众工作落到支部，使基层党支部真正成为团结群众的核心、教育党员的学校、攻坚克难的堡垒。持续加强基层党组织书记队伍、党务干部队伍和党员队伍“三支队伍”建设，聚焦企业改革发展和生产经营中心任务，进一步激发基层党组织书记头雁作用、党务干部表率作用和党员骨干作用，不断提升党的基层组织创造力、凝聚力和战斗力。把基本制度建设作为推动基层党建常态长效的着力点，用制度规范组织，用制度约束党员，不断提升基层党建标准化、规范化和科学化水平。持续用好党建责任制考核、基层党建联系点、基层示范党支部等抓手，以点带面全面提升基层党建质量。

红色基因和精神血脉代代相传，形成企业的内生动力。长期以来，中车之所以能经受各种严峻考验，取得优异发展业绩，主要源于立足现实、志存高远的初心使命和发展愿景；源于担当尽责、永远奋斗的价值追求和良好作风；源于坚持用企业文化凝聚共识，激发活力；源于大力实施品牌战略，形成强大的品牌影响力和文化动员力，凝结成员工、用户、股东、社会与企业牢固的精神纽带。实践证明，鲜明的红色基因是引领企业发展的灵魂所依，先进的企业文化是赢得未来的关键所在。

在前进道路上，中车党委以提升软实力作为着力点，深入推进企业文化体系的构建和落地深植，提升“中国中车（CRRC）”品牌价值，致力于塑造国内“创新引领者”、国际“创新推动者”的品牌形象，将“中国中车”品牌打造成享誉全球的品牌。继续传承和发扬中车的红色基因和优良传统，把党的理想信念宗旨、社会主义核心价值观、中央企业责任担当与企业文化核心理念系统相融合，营造积极向上、奋发有为的成才环境，营造互相尊重、健康和谐的文化氛围，提高员工的成就感、价值感、归属感和满意度。广泛实施民生工程，关注员工身心健康，关爱帮扶困难员工，确保员工收入不断增长，满足员工群众对未来美好生活的向往，让全体员工共享企业发展成果。

第六章

文化繁荣发展的中车

文化兴则国运兴，文化强则民族强。在中华文明传承中，从1881年唐山成立中国最早的铁路机车车辆工厂，到如今成为民族工业的“国家名片”，中车生生不息的背后，是深沉而持久、历久而弥新的文化力量。中车文化植根于百年机车车辆工业的历史积淀，中车文化培根于改革开放四十多年的征程之中。四十多年来，中国轨道交通装备制造业达到了前所未有的高度，中车文化已然郁郁葱葱。跨越三个世纪，中国中车的初心未曾改变，且更加坚定执着。百年中车文化在“植根、培根”之后，再度融合、新生，并服务中车做强国战略的担当者、国企改革的先行者、行业发展的引领者、造福人类的贡献者，驱动中车为实现中华民族伟大复兴的中国梦贡献力量。中车文化扎根于新时代中车人“双打造一培育”的奋进征程：打造受人尊敬的国际化公司，打造中车党建“金名片”，培育具有全球竞争力的世界一流企业。

第一节 中车文化源远流长

党的十八大以来，中国特色社会主义进入新时代。新时代的中车，在习近平新时代中国特色社会主义思想的指引下，增强“四个意识”、坚定“四个自信”、做到“两个维护”，正在以“双打造一培育”的奋斗目标，即“打造受人尊敬的国际化公司、打造中车党建‘金名片’，培育具有全球竞争力的世界一流企业”，大力培育和践行社会主义核心价值观，传承弘扬、守正创新百年中车文化，以文化自信统领企业文化建设，正心正道、善为善成，勇担交通强国、制造强国、科技强国、质量强国的使命和责任，始终为国家经济命脉提供装备保障。

中华文明有着五千多年的悠久历史，是中华民族自强不息、发展壮大的强大精神力量，是中国工业发展无比深厚的底蕴，是中车无比强大的前进定力。自 19 世纪中国历史上首家铁路工业企业在唐山建成以来，中国轨道交通装备行业吸吮着中华民族积累的文化养分，砥砺前行，在创新中成长，在发展中壮大，参与和见证着中国大工业、大交通、大发展的伟大复兴，每一个发展时期都烙上了鲜明的中华文化烙印。这烙印深深嵌入中国轨道交通装备制造业艰苦创业、自强不息的发展历程中，融入中国轨道交通装备从业者顽强拼搏、自力更生的灿烂历史，形成中车文化源远流长的文化基因。

中车文化的特征是：家国情怀、重诺守信、守正创新、艰苦创业、使命必达、以人为本、开放多元、知行合一。

中车一百四十多年的创业发展史，贯穿于中国革命、建设、改革的全过程，并与时代同行，走向“强起来”的新征程。在中国工人运动史、中国共产党的革命斗争史上，留下了铁路工业企业青年英勇抗争的红色足迹。汉口江岸铁路工厂（现“中车长江公司”）的林祥谦，领导了京汉铁路工人大罢工，牺牲时年仅 31 岁；京奉铁路唐山制造厂（现“中车唐山公司”）的邓培，领导建立唐山第一个团组织、第一个工人工会组织、第一个党组织；浦镇机车车辆厂（现“中车浦镇公司”）的王荷波，青年时期便投身于中国工人运动；满铁沙河口铁道工场（现“中车大连公司”）的傅景阳是大连地区第一个共产党员。此外，史文彬、孙津川……都是青年时期投身革命事业，成为中国工人运动的代表。以他们为代表的中车人政治坚定、对党忠诚，饱含着为国家独立、民族解放不懈奋斗的爱国主义精神，奠定了铁路工业企业红色基因。以爱国主义为核心的民族精神和对党的忠诚就是中车文化特有的红色基因。

社会主义先进文化是当代中国的新文化，它贯穿于中车从小到大、从弱到强铸就大国重器的成长之路，已逐渐成为一代又一代中车人的文化自觉。中华人民共和国成立后，轨道交通装备制造业由修到造、由仿到创，进行内燃化、电气化改造，研制生产不同类型、不同用途的机车、客车和货车，机车车辆实现了更新换代，形成中国铁路产品系列。面向现代化、面向世界、面向未来的文化基因孕育了中车人担当民族工业发展引擎的筑梦之心。从常速到高速，中车坚持自主创新、开放创新和协同创新相结合，用了 10 年时间完成时速 200 公里、350 公里、380 公里动车组的“三级跳”，一举跨过发达国家高铁 30 多年的发展历程，实现了从“跟随者”到“引领者”的华丽转身。以改革创新为核心的时代精神就是中车的社会主义先进文化基因。

从 1804 年世界上第一台蒸汽机车诞生到 1949 年，中国可统计的机车有 4069 台，分别出自 9 个国家的 30 多个工厂，机车型号多达 198 种，被称为“万国机车博物馆”。中华人民共和国成立后，中国开始了自行研制生产机车产品的历程，1952 年第一代蒸汽机车问世，1958 年第一台自主研制的内燃机车诞生，1969 年电力机车开始批量生产，历经多次产品升级换代。21 世纪，中国铁路迎来了高铁时代。至此，中国铁路机车车辆工业实现了从无到有、由弱到强，从依赖国外技术的被动落后到自主创新全球一流的蜕变。这既是一条艰苦创业之路，也是一条以专业敬业和改革创新精神支撑的中国轨道交通装备产业发展之路。每一个历史阶段，每一次发展变迁，中车人既是见证者，更是参与者。中车人以特有的品质和精神风貌，刻苦钻研，勇于创新，拼搏奉献，积极投身于企业改革发展和各项建设任务，传承了中车文化的专业创业基因和改革创新基因。

中车文化深邃悠远，在漫长的发展长河中，逐渐呈现出以统一的使命愿景价值观为引领，主干突出、百花齐放、枝繁叶茂的丰富表现形式。这些表现形式在文化的多样性中不断积淀，逐渐形成"集众智之长"的融合姿态、"和而不同"的兼容并蓄、"远人不服，则修文德以来之"的宽大胸怀，并共同铸就了中车人的文化品格。中车旗下有 16 家子公司的历史达到百年以上，有着深厚的文化底蕴，具有朝气蓬勃的内生动力和精神力量。中车唐山公司始建于 1881 年，是中国最早成立的铁路机车车辆工厂。中车北京二七机车公司、中车北京二七车辆公司始建于 1897 年，中车戚墅堰公司、中车太原公司、中车哈尔滨公司始建于 1898 年，中车大连公司始建于 1899 年，中车青岛四方股份公司、中车四方有限公司始建于 1900 年，中车长江公司始建于 1901 年，中车石家庄公司始建于 1905 年，中车南口公司始建于 1906 年，中车浦镇公司始建于 1908 年，中车天津机辆装备公司始建于 1909 年，中车山东公司始建于 1910 年，中车大连所始建于 1922 年。这些跨越两个世纪或三个世纪发展历程的百年企业，既为中车文化的博大深邃积累了丰厚的财富，也展现出自身特有的个性文化。责任、诚信、创新、超越是中车共性文化和子公司个性文化最突出的基因标记。"追求卓越、诚信四方"，这是中车四方股份公司和中车四方有限公司的企业精神。中车长客股份公司丰富、立体的经营理念，包含诚敬报国、客户至上、崇尚奋斗、兼容并蓄、勇于担当、自信自强；自主创新、深度掌握、正向设计、根在长客；科学、严谨、精准、法治。中车株机公司以"推崇诚信敬业、褒奖忠于职守、激励钻研创新、倡导团队合作"为价值取向。"勇于突破、敢为人先的首创精神；舍我其谁、不负期待的担当精神；攻坚克难、拼搏进取的奋斗精神；胸怀大局、产业报国的使命精神"是大连公司"机车摇篮"的企业特质。中车戚墅堰公司孕育了新时期的"280

创业精神”。中车长江公司形成了“创新、创业、专业、奉献”的长江精神和“企业关爱员工、员工忠诚企业、员工与企业共成长”的长江情怀。还有中车大同公司的“新时期前进精神”，中车株洲所的“成事文化”，中车西安公司“真诚、精进、求实”的企业精神，中车永济电机公司“打造新动力，塑造新品质，创造新价值”的行动理念，中车株洲电机公司“明德成器，利物益世”的企业精神，中车大连所“诚信、创新、卓越”的企业精神和“劳动光荣、奋斗为本、精益求精”的奋斗精神。这些企业精神都是中车波澜壮阔的文化海洋中的朵朵浪花，每一家企业在多年的发展传承中，既忠诚于“同一个中车”的文化归属，又持续推进自身个性文化的传承创新，共同体现出中车文化的丰富表现形式。

作为中国铁路一面旗帜的“毛泽东号”机车，从蒸汽机车到内燃机车、再到电力机车，经历了五次换型，均采用中车大连公司制造的最新产

图 26：2014 年 12 月 26 日，“毛泽东号”机车第五次换型选用中车大连公司研制的中国新一代时速 160 公里的和谐 3D 型大功率交流传动客运电力机车

品。1946年10月，经中共中央东北局批准，将1941年产于中车大连机车、抗日战争中被毁、东北解放后被修复的ㄇㄎ1（米卡衣）304号蒸汽机车，以“毛泽东”的名字命名。1978年3月，第二代“毛泽东号”机车选用“东风”4型0002号内燃机车。1991年8月，第三代“毛泽东号”机车选用“东风”4B型1893号内燃机车。2000年11月，第四代“毛泽东号”机车选用“东风”4D型1893号内燃机车。2010年12月，第五代“毛泽东号”机车选用“和谐”D3B型1893号大功率交流传动货运电力机车。2014年12月，第六代“毛泽东号”机车选用“和谐”D3D型1893号大功率交流传动客运电力机车。这既是中国机车发展的见证，也是红色基因在中国中车的传承。

铁路是舶来品，在中国的土地上蹒跚起步。1909年，中国人自筹资金自主设计并施工完成的干线铁路京张铁路全线通车；1952年，中国自主设计的第一台蒸汽机车“八一”号诞生。中国铁路的发展伴随着国际化的合作，因而具有包容开放的国际化文化基因。中车从“引进来”到“走出去”，从输出产品到输出系统解决方案，从“本土企业”到“跨国经营”，终成“国家名片”。1949年以前，中国铁路机车车辆大部分依赖进口。今天，中车的产品和服务覆盖全球100多个国家和地区，国际市场地位持续巩固。中车在全球设立境外子公司和办事机构，遍布全球的轨道交通装备全产业链服务体系正在形成，中国高铁走向世界的梦想正逐步变为现实。作为“走出去”战略的先锋官，中车既展现了中国风采，又惠及了各国人民。

第二节　中车文化内涵深邃

文化作为一个国家的血脉与灵魂，始终承载着国家的希望与未来。中车文化的根脉在国家，中车文化传承根脉最本质和最核心的是产业报国，通过产业报国践行“连接世界，造福人类”的使命。中国传统文化为中车文化提供了土壤，百年中车历经寻梦、筑梦、逐梦、圆梦，正向着“打造受人尊敬的国际化公司、打造党建‘金名片’、培育具有全球竞争力的世界一流企业”的奋斗目标迈进。中车的企业文化传承发展到今天，已经具备了新的内涵，展现出新时代的特征。

概括起来，新时代的中车文化涵盖纵向和横向两个方面。纵向——中车使命、中车愿景、中车之道、中国高铁工人精神、一级子公司个性文化；横向——创新文化、责任文化、领跑文化、精益文化、质量文化、安全文化、环保文化、廉政文化等诸多专业性文化、业务单元文化。其中的逻辑关系必然是：纵向文化孕育横向文化，共性文化统领个性文化，它们共同构成共性统一、个性鲜明、彰显特色、表现丰富、百花齐放的中车文化体系，最核心、最根本的是中车共性文化——中车使命、中车愿景、中车核心价值观、中车组织氛围、中车工作作风、中国高铁工人精神。中车核心价值观、中车组织氛围、中车工作作风统称为中车之道。

“连接世界，造福人类”是中车的使命。企业的使命就是企业存在的目的。崇高而伟大的使命如远行的航标，指引企业不断前进，激励员工向着更高的人生理想迈进。“连接世界，造福人类”使中车矢志成为可持续发展的企业，致力于通过对资源的合理配置和高效利用，为人类提供绿色、智能、人文的产品和服务，进而促进思想沟通、设施联通、贸易畅通、资金融通，以实现推动社会发展、帮助人们获得更好生活的理想，是中车人站在人类社会发展的高度而肩负的伟大使命。

“成为以轨道交通装备为核心，全球领先、跨国经营的一流企业集团”是中车的愿景。中车坚持走多元化发展的道路，大力发展轨道交通装备和以高分子复合材料、工业传动系统、风电装备、新能源汽车、环保水处理装备、海工装备等为重点的新产业板块，以及金融服务、租赁、投融资、物流贸易、职业教育、地产置业等现代服务业务。其中轨道交通装备业务板块资源最集中，技术和人才优势最突出。轨道交通装备是中国高端装备制造领域自主创新程度最高、国际竞争力最强的行业之一。坚持以轨道交通装备为核心是做强做优企业本身，推动中国传统制造业转型升级、由弱变强，增强国家和企业国际影响力的必由之路。

全球领先：中车成立之后，其规模位于全球轨道交通行业前列，产品服务于全球 100 多个国家和地区，多项技术和产品已走在了世界前列。同时，其他产业也在飞速发展，多元化经营的格局已基本形成。在竞争激烈的全球市场中，中车始终追求在技术、产品和服务领域的突破创新，强调做优做强，持续推动轨道交通装备及其他业务全球领先。

跨国经营：中车实行“走出去”战略，积极推进全球化布局，推进各领域业务的国际化，拓展海外市场、扩展全球业务，进行全球化的生产经营活动，成为具有国际化经营能力和水平的全球顶尖大型企业。

世界一流：整合产业优势资源，打造精品产业集群，成为世界一流的企业是中车追求的发展目标。先进的公司治理结构和运营机制是打造一流企业的基础，良好的内部管理是一流企业活力、生命力的重要体现，充足的业务创新能力、产品开发能力、公司盈利能力是一流企业的主要标志，强大的品牌影响力和较高的知名度是一流企业的核心竞争力，高素质的员工队伍和先进的人力资源管理机制是一流企业持续发展的人员保证。中车牢记国家使命，凝聚各方力量，正以不断超越自我、追求卓越的经营理念，积极探索现代化、国际化发展道路，阔步迈向世界前列。

核心价值观、组织氛围和工作作风统称为“中车之道”。中车的核心价值观是正心正道，善为善成。这是中车人做人、做事的基础，是知行合一的和谐统一。中车不仅是一家企业，更是员工成长成才的学校、温暖人心的精神家园。“正心”语出《礼记·大学》“欲修其身者，先正其心；欲正其心者，先诚其意”，是儒家倡导的一种道德修养境界；“正道”语出《管子·立政》“正道捐弃，而邪事日长”，指正确的道理、准则。“正心正道”要求中车人树立远大目标，坚持正确方向，它是中车“诚信”和“责任”价值观与产业报国理想的集中体现，也是新时代企业和员工的担当。“正心正道”要求中车人做人、做事都要“正”，要求企业及员工都要恪守诚信、勇担责任、遵纪守法、互利共赢的准则。“善为”指善于、勇于作为；“善成”语出《史记·乐毅列传》，原句为“善始者不必善终，善作者不必善成”，指善于把事情办好。“善为善成”是善于做事并力求做到最好，它是中车矢志创新、追求卓越的集中体现，也是中车人敢想事、敢做事、善成事、能成事的生动写照。“善为善成”要求中车人始终坚持学习和修炼，不断提升自我，要求企业及员工坚持实干、敢于创新、注重实效、精益求精。

中车的组织氛围是阳光和谐、简单坦诚、开放包容。“阳光和谐”指要让员工光明磊落地做人，要打造开放透明的体制机制，促进企业和员工的和谐发展。“简单坦诚”指要倡导简单的人际关系，要让彼此之间坦诚相待，促进团队凝聚力的形成和发挥。“开放包容”指要树立共生、共享、共赢的意识，要用宽广的胸怀来容纳新的事物，促进企业和员工不断进步。

中车的工作作风是：由我来办、马上就办、办就办好。“由我来办”强调敢于担当的责任意识，即从我做起，主动担当，诚心诚意办事，不推诿、不扯皮。“马上就办”强调只争朝夕的效率意识，即从现在做起，及时高效，不拖拉不延误。“办就办好”强调符合规范的标准意识，即精益求精，不敷衍、不找借口，脚踏实地，尽心尽力做好事情。

“产业报国，勇于创新，为中国梦提速”即为中国高铁工人精神。这一精神的丰富内涵包括：“为国家争光，为民族争气，一定要打造出中国品牌”的爱国精神、“永远在起点，永远在路上，在持续超越中前行”的创新精神、“融合全球，超越期待，中国高铁最可靠”的民族自信精神、“把标准刻进骨子里，把规则融进血液中”的精益精神、“用户第一，把客户需要当作前进动力”的服务精神。

第三节　中车文化一体融合

在新时代“双打造一培育”战略目标的指引下，百年中车正蓬勃向前，中车文化持续迸发出强大的延续力、同化力、融合力、凝聚力。汇聚了百年中车文化精髓的“中车之道”又绽放出源源不断的创新活力、内生动力、发展合力，为中车承担起交通强国、制造强国使命提供软实力支撑。中车之道是百年中车文化的精髓，融承聚行、知行合一则是百年中车文化生生不息的特有路径。

中华优秀传统文化自古就倡导“海纳百川，有容乃大”，最大特点就在于其兼容性和融合性，能包容和自己相同或不同的文化，以此促进和推动自身发展。中车文化源于中华优秀传统文化，伴随着 1881 年中车第一家企业的诞生而发端，与生俱来地具有了中华优秀传统文化“融”的特质。2015 年，由原中国南车和原中国北车重组整合成立中国中车，在 15 年“老中车”和 15 年“南北车”的基础上，“融”的理念——同一个中车，“融”的行动——文化融合 1+1=1、价值创造 1+1>2 更是摆上了最重要的位置，在传承、创新中形成以“中车之道”为核心的企业文化体系。

文化融合是在文化交流过程中以民族传统文化为基础，根据需要吸收、消化外来文化，促进自身发展的过程。中车文化融合的过程是一个循序渐进的过程。

2015 年 6 月 17 日，中车召开了总部员工大会。这次会议对中车文化融合和文化建设提出了总体要求。会议指出，要加快思想融合和文化融合，形成合力，牢固树立“同一个中车”和“中车人”的意识。要积极倡导“由我来办、马上就办、办就办好”的工作作风。

2015年7月1日，启动“新中车·中车心”主题宣教活动，在18万中车人中迅速掀起了凝聚、形成、树立“同一个中车”意识的热潮。“同一个中车、同一个梦想”“新中车、中车心，为理想聚合、为梦想出发，为中国梦提速”等理念成为中车起步之时的文化理念。

2016年2月3日，《中国中车企业文化建设指导意见》和《中国中车品牌建设指导意见》印发实施，正式发布了中车使命、中车愿景、中车之道。

2016年4月12日，“中国高铁工人精神”作为新时期国企精神的代表之一正式发布。2016年5月23日，《关于学习和弘扬中国高铁工人精神的决定》印发实施。中国高铁工人精神成为中车特色文化的重要组成部分。

2016年11月30日，《中国中车“十三五”企业文化建设规划》发布，中车文化建设的方向、目标和路径得以进一步明确。

百年中车，文化建设无止境，这是一个持续继承与创新的过程。中车的文化是基于共同的历史、共同的责任、共同的未来而提炼形成。正是基于共同的历史责任和未来，中车才可以在成立仅八个月零两天后就迅速发布了被全体中车人认同并引领中车人走向未来的核心企业文化理念。

企业文化和品牌是为企业发展战略服务的，不同阶段的发展战略就要有针对性的企业文化建设策略，这样才能推动企业的发展行稳致远。对重组企业而言，在思想观念和文化理念上要解决“我们是谁、为了谁、怎么做”的问题。2017年以来，中车集团领导对文化融合提出了新的要求，推动中车文化建设进入新阶段。

在 2017 年 1 月的中车工作会议上，中车集团领导指出：要推进文化体系建设，加速企业文化融合。要以文化融合为切入点，融情、融心、融力，变“物理融合”为“化学融合”，实现思想融合、价值观融合、制度融合、行为融合。

2017 年 8 月，在中车经营管理座谈会上，中车集团领导指出：企业重组成功与否，首先取决于企业文化融合的程度。要真正达到文化融合 1+1=1、价值创造 1+1>2 的重组效应。

2018 年 1 月，中车工作会议上，中车集团领导表示：全力打造中车命运共同体，要有全局为重的理念、协同发展的胸怀，做到情感与心灵的互联互通、思想和行为的同频共振。中车集团领导指出，打造中车命运共同体是中车发展之基、力量之源。聚思想合力，推进企业文化建设，促进全体员工将“同一个中车”理念内化于心、外化于行、知行合一，真正变“物理融合”为“化学融合”。各级领导要带头践行中车命运共同体理念。

2019 年 1 月，中车工作会议上，中车集团领导指出：企业实力是由硬实力和软实力两方面构成的。硬实力不行，可能一战即败；软实力不行，可能不战自败。要结合时代特征和发展要求，不断赋予企业文化新的内涵，始终做到与时俱进、永葆活力。要加强品牌文化传播，将品牌建设融入企业的研发、制造、营销、服务等环节，增强中车企业文化的向心力、感召力和凝聚力。

从中车文化的源头到新时代中车文化融合的新内涵、新要求、新阶段可以看出，共同的根脉和历史、共同的使命和责任、共同的梦想和未来是中车文化融合的独特优势。原中国南车、原中国北车的中车文化融合，以“牢固树立和践行同一个理念”为目标，以打造“正心正道、善为善成”的核心价值观为首要任务，为中车实现各个阶段的奋斗目标提供了源源不断的内生动力。

中车文化融合分为重组整合体、命运共同体、融合一体三个阶段稳步实施，其终极目标是真正实现融合一体。中车文化融合已经度过了重组整合体阶段，这一阶段从中车 2015 年 6 月 1 日成立至中车文化体系发布之时，主要以“新中车 · 中车心”主题宣教活动为主线，为中车形成机构合、人员合、业务合的有机整体统一思想凝聚力量，打造金灿灿的“国家名片”。

打造命运共同体向融合一体过渡的文化融合新阶段，在充分释放“国家名片”效应、高铁示范效应、中车品牌效应的基础上，朝着建设世界一流示范企业的目标奋进。这一阶段核心任务是践行“中车之道”。“正心正道、善为善成”的中车核心价值观是 18 万中车人价值认同上的最大公约数，成为中车文化的精髓、文化软实力的核心，是中车永续经营的安身立命之本。

实现融合一体，牢固树立同一个中车理念，其作用在于坚定文化自信，以文化人、以文育人、以文培元，为培育具有全球竞争力的世界一流企业融汇更基本、更深沉、更持久的力量。“正心正道、善为善成”本质在于价值观、真理与价值的统一，在推动企业发展进步的同时，促进人的全面发展。

融合一体、同一个中车，必须融心融情、知行合一。融心融情就是以深厚的家国情怀，融合、融汇中车打造世界一流示范企业之心、员工对美好生活的向往之心，将其转化为实实在在的行动，报效祖国、连接世界、造福人类。知是行之始、行是知之终，融心融情在于实践。实践是认识的来源、认识的发展动力、认识的目的，中车融心融情是实践、认识、再实践、再认识的循环往复的过程，做到知行合一，有效地作用于中车发展实践。

中车的融心融情开始于 2015 年 6 月 1 日为理想聚合、为梦想出发的新中车成立之日，发起于共同激发 18 万员工新认识新动力的“新中车·中车心”主题活动，深化于 2016 年 2 月中车共性文化——中车使命、愿景、中车之道——的确立与推进，升华于 2016 年 5 月挖掘提炼、发布推广中国高铁工人精神。其旺盛的生命力在于共性文化引领发展、特色文化绽放光芒、个性文化丰富厚重的中车文化体系全面覆盖持久践行。

企业的一切活动都是核心价值观使然，最终沉淀下来的是存在于意识之中的文化自信、文化自觉、文化力量，是中车成为受人尊敬的国际化公司中最深厚、最持久、最受人推崇的部分。

当企业在不同发展阶段面临新形势新任务新难题而推行新举措时，中车通过思想大讨论等一系列自上而下和自下而上的活动，在解放思想中统一思想、凝聚共识、协同行动、有所作为。中车成立以来，站在党和国家赋予的使命高度上，立足于不同阶段的发展目标，一共经历了三次思想讨论、思想解放、思想统一的历程。一是中车成立之初，为完成党和国家赋予的重组整合的阶段性使命，发起拥护改革、支持改革、参与改革、打造“金名片”的思想大解放、大统一活动，这一阶段努力将中车打造成“国家名片”。二是中车践行党中央作出的全面深化国有企业改革要求和坚持党的领导、加强党的建设，开展的推进“1+20”改革的思想解放和思想统一行动。这一阶段，以“复兴号”为代表的高速列车问世、中车高铁示范效应向纵深推进，打造受人尊敬的国际化公司战略目标相应提出。三是新时代中车践行交通强国、制造强国战略，擘画“双打造一培育”宏伟蓝图，开展了新一轮推动高质量发展、加强党的全面领导的思想统一行动，朝着建设世界一流示范企业目标迈进。

中车“双打造一培育”的战略目标以“连接世界，造福人类”为使命，落脚点在人。中车核心价值观“正心正道、善为善成”，由人心“始”到行为“终”，从新中车、中车心到中车人、中车行，关键是培育什么样的中车人、依靠什么样的中车人。打造受人尊敬的国际化公司，就是要建设大而强、富而善、新而美的中车，要以满足中车人对美好生活的向往为目标，培养新时代中车职业经理人、技术人才、管理人才、技能人才、国际化人才五支队伍，做到发展为了员工、发展依靠员工、发展成果与员工共享。中国高铁工人群英谱群星闪烁，他们中有中国工程院院士刘友梅、丁荣军，有来自一线的全国劳动模范李万君、易冉、薛金良等。到2024年底，中车有中国工程院院士2名、国家级科技专家三十余名、享受国务院政府特殊津贴的专家三百八十余名；另外，10人获得有“工人院士”美称的“中华技能大奖”，146人成为“全国技术能手”。

中车文化源于中华优秀传统文化，融合国外文化，具有开放、包容、多元的国际化基因。中车在百年发展历程中从未间断国际合作，从中西合作到融合全球，再到今天的融通全球，推进互惠共赢。中车海外企业不仅有效运营，还真正融入当地社会，积极承担社会责任，成为当地受人尊敬的企业。中车为白俄罗斯提供的“高寒机车”，成为两国经济领域深度合作的重要成果。中车为巴西提供的地铁车辆，不仅成为巴西足球世界杯比赛期间夺目的中国元素，而且深深融入当地人的日常生活之中。中车在马来西亚投资建设的东盟制造中心成为中马产能合作的典范，成为中国和东盟地区经贸合作的亮点，成为落实“走出去”战略的重要支点。中车进军南非市场，机车被命名为“曼德拉号”。美国波士顿项目使中国高端装备企业首次进入美国跨国投资、经营，在全球产生强劲的品牌辐射效应。

2018年，中国公布了首批中国工业遗产名录，中车独占六席，分别为唐胥铁路修理厂（现“中车唐山公司”）、满铁沙河口铁道工场（现“中车大连公司”）、二七机车厂（现“中车二七机车公司”）、浦镇机厂（现“中车浦镇公司”）、津浦铁路局济南机器厂（现“中车山东公司”）、株洲总机厂（现“中车株机公司”）。这些曾经创造无数辉煌的工厂，在迈向伟大复兴的征程中熠熠生辉。

在美国，同样有着中车历史责任感的真实写照。这里，不仅有大家耳熟能详的在中车美国春田基地，中车保护一座百年老房子的故事；还有在美国波士顿，中车保护一座百年大桥（朗费洛大桥）的故事。这座桥有着 113 年的历史，桥的一端连接着著名的麻省理工学院和哈佛大学，另一端连接着世界顶级医院——马萨诸塞州总医院。朗费洛大桥也被称为“红线桥”，因为美国的第一条地铁——红线地铁正好从桥上经过。红线地铁使用的新车就是中车制造的。按照合同要求，红线地铁的设计空载重量为 36 吨，但是中车的设计师勘测时发现，这座桥的承载能力恰巧是 36 吨，正好是空载的重量。这种情况下，通常的做法是提醒顾客重建架构桥梁。但是为了保护百年大桥，中车主动提出更改设计方案，运用八十余项减重举措，最终将车重控制在 33 吨。中车的主动担当展现了其在行业中所处的领先地位，也为来自世界各地的游客们保护了“原汁原味”的美国大桥。

第四节　中车文化创新发展

党的十八大以来，党中央高度重视中华优秀传统文化的传承发展。构建中华优秀传统文化传承体系是国家“十三五”时期文化建设的重要任务，中共中央办公厅、国务院办公厅印发了《关于实施中华优秀传统文化传承发展工程的意见》，把文化的传承发展作为国家战略。中车始终从传承根脉、产业报国的深度看待中车文化，从承载梦想、“国家名片”的高度继承中车文化，从承担责任、造福人类的角度创新发展中车文化，使之成为实现“双打造一培育”奋斗目标和建设世界一流示范企业的根本性力量。

中车文化以产业报国为中心，驱动中车以“大国重器，产业引擎”为己任，持续释放“国家名片”效应、高铁示范效应、中车品牌效应；以文化基因为依托全面践行“正心正道、善为善成”的核心价值观，使中车基业长青；以人的全面发展为纽带，承载起18万员工对美好生活的向往，搭建了实现人生价值的平台；以知行合一为目标，锻造了以中国工程院院士领衔的创新团队，全国劳模、技能大师领衔的制造团队，以及“辛苦我一人、幸福千万家”的广大管理及服务团队；以文化传播为平台，培育家国情怀、中车情怀。

践行中车之道是百年中车文化基因的传承之道，中车文化是实实在在与中车改革发展的实践融为一体的精神承载。中车文化的根脉在国家，中车文化传承最本质和最核心的是产业报国，通过产业报国践行“连接世界，造福人类”的崇高使命。因此，“产业报国，勇于创新，为中国梦提速”的中国高铁工人精神可以说是“正心正道、善为善成”的中车核心价值观的具体体现。“正心正道”就要“产业报国”“勇于创新”，体现的是“善为”，是一种具体的实现路径；“为中国梦提速”则是目标，就是要“善成”。

践行中车之道，促进了中车的快速发展。经过中车人一代一代接续奋斗，通过创新驱动、自主创新、技术引领，中国轨道交通装备产业实现现代化，实现了从“跟随者”到“引领者”的华丽转身。特别是改革开放40多年来，中车始终传承轨道交通装备的百年积淀，以坚持党的领导加强党的建设、服从于服务于国家战略大局为主线，汇聚发展合力，集中力量办大事、攻重点、克难点，实现了由小到大、由弱到强的重大转变。中车的固定资产总额增长32倍，工业总产值增长84倍，利税总额增长30倍，跻身《财富》世界“500强”和中国“100强”，谱写了产业报国的辉煌篇章。

作为党的十八大以来首家重组整合设立的中央企业，新中车重组整合以来，以“连接世界，造福人类”为使命，主动对接、服务国家战略，积极投身国民经济主战场，坚持深融合、促改革、谋发展、强党建一体推进，正在勇攀高端、智能、绿色、服务的产业发展高峰，致力于打造受人尊敬的国际化公司和中车党建“金名片”，培育具有全球竞争力的世界一流企业。新征程、新蓝图、新使命，按照党中央、国务院和国资委党委的部署要求，2019 年 5 月，中车在重组整合即将 4 周年之际，印发了《中国中车创建世界一流企业实施方案》，正式开启了产业报国新征程。对照创建世界一流示范企业“三个领军”“三个领先”“三个典范”的要求，提出到 2021 年将中车打造成布局机构合理、公司治理规范、掌握核心技术、品牌行业领先、综合经济技术指标达到全球行业先进水平的轨道交通装备企业；利用十年左右的时间，把中车打造成经济效益好、市场份额高、创新能力强、行业影响大、公司治理优、品牌形象佳，在高端装备领域具有全球竞争力的世界一流企业和国有资本投资公司。创建世界一流示范企业，必将为中车文化赋予新的内涵和使命，使中车文化绽放更加耀眼的光芒。

承载梦想，“国家名片”。文化承载着国家发展的血脉，构筑国家精神的基石，是衡量一个国家软实力和综合国力的重要指标。中车文化伴随着中车的发展而演进，经过提炼、积淀而形成特有的文化基因。中车的发展史就是中国铁路装备工业的成长史，以 1881 年唐山胥各庄修车厂建成为标志，中国铁路工业开启了新纪元，踏上了中车追梦之路。今天，中车研制的“高铁”已经成为一张“国家名片”。2024 年 9 月 10 日，中车二七文化科技（北京）有限公司正式揭牌成立，成为中车围绕轨道交通产业链上下游，培育和发展文化领域新质生产力，促进创新技术、先进制造业和文化科技产业融合的重要一步。

中车寻梦、筑梦、逐梦、圆梦的追梦之路，是中国铁路装备制造业的发展之路。今天，中车已经建成了能与世界领先水平比肩的轨道交通装备产品技术平台和制造基地；中车生产的以高速动车组、大功率机车为代表的系列产品，达到世界先进水平。“复兴号”中国标准动车组在京沪高铁实现时速350公里运营，中国成为世界上高铁商业运营速度最快的国家。伟大时代孕育伟大精神，伟大精神牵引伟大梦想。10年时间，中车由“追赶者”变为“领跑者”，创造了举世瞩目的成绩，成为一张流光溢彩的“国家名片”。作为打造这张名片的大国工匠，中车人始终践行中车核心价值观，始终践行“严细精实、勇于担当、创新进取、团结奋斗”的价值理念。中车人孜孜以求，不畏艰辛，数十年如一日，靠着传承和钻研，凭着专注和坚守，打造国之重器，为国“撑台”。中车文化就是在承载中车梦想中发扬光大，同时在打造“国家名片”过程中提供着内生动力和软实力支撑。

“连接世界，造福人类”的中车使命，“正心正道、善为善成”的中车核心价值观，都以责任和担当为内核。中车承担责任，勇于担当，争做“五个一流”，即坚持党的领导不动摇，努力建设党建典范的一流企业，做对党忠诚的排头兵；坚持发展企业不放松，努力建设国之重器的一流企业，做强国战略的担当者；坚持深化改革不停滞，努力建设充满活力的一流企业，做国企改革的先行者；坚持技术创新不停步，努力建设行业领先的一流企业，做行业发展的引领者；坚持履行责任不懈怠，努力建设敢于负责的一流企业，做造福人类的贡献者。实业之路漫长而艰辛，中车不仅追求产品的高品质，同时也追求企业的高品质。未来的中车将是大而强、富而善、新而美的，能经得起历史检验的，能承担更多社会责任的，具有全球竞争力的世界一流企业。

第五节　中车文化正心正道

中车的成立是落实制造强国战略、集中优势资源加快中国轨道交通高端装备“走出去”的重要事件。中车人深刻地认识到，将南车、北车合并为中车是中国轨道交通装备业提高产业集中度、增强核心竞争力、打造世界一流跨国企业的里程碑，将有利于国资增值、国际竞争和国力增强。以此为共同愿景，以“正心正道，善为善成”为价值秉持，按照“两套人马、一个团队、统分结合、高效务实”的原则，中车设置了相应的组织架构，明晰了发展定位和业务模式，按照“业务合、机构合、人员合”的要求，迅速完成人员、业务等方面的融合，实现平稳过渡。以正心、行正道，用善为、谋善成，成为中车的鲜明特征。

为了高效推进重组整合工作，中车在重组整合初期就确立了“两结合与两坚持”的原则。“两结合”就是重组整合必须与落实国家战略相结合、必须与国资国企改革相结合，做到“仰望星空”；“两坚持”就是重组整合必须坚持对等合并、着眼未来、共谋发展，必须坚持精心谋划、稳妥推进、规范操作，做到“脚踏实地”。秉持这一原则，中车迅速组建了联合工作机构，形成专业、协同的工作机制，按照“一个团队、一套方案、一个声音、一致行动”的团队要求开展工作，为重组整合之路提供了有力保障。

敢为人先、大胆尝试，开拓全新的发展之局。南北车重组整合最大的特点是两个经营状况良好、实力业绩相当的 A+H 股上市公司进行重组合并。按照国际惯例，这种情况通常采用对等合并，而我国《公司法》虽明确了“新设合并”方式，但在上市监管制度体系中却仅有“吸收合并”的操作细则，尤其是两个 A+H 股上市公司间的合并更是尚无先例，这给两方重组合并增加了政策、法规方面的不确定性。为寻找符合实际的重组路径，通过海量的案例查询、深入咨询、经验梳理等工作，在现行法律和政策框架下创造性提出了“对等合并”方式，也就是实际操作采用“新设合并”方式，政策通道上则采用“吸收合并”方式，最终不仅为重组整合扫清了政策障碍，也为实力相当企业间的重组合并提供了示范。

中车秉承“以正心、行正道，用善为、谋善成”的发展理念，站在了新的起跑线上，承载着中国轨道交通装备走向世界梦想的“巨型航母”扬帆起航。作为深化国企改革的先行者、探路者和实践者，中车的成立为中央企业重组整合探索出了一套可复制、可推广的模式。

站在全新的起点上，首要的是明确奋斗的道路。经过长期的调研分析和研究论证，中车形成深化改革“1+20”文件体系架构的顶层设计，明确了核心业务、支柱业务、支撑业务、平台业务、培育业务“五大方向”，组织搭建轨道交通、产业投资、类金融业务、地产置业、职业教育资产管理六大业务平台，初步形成以轨道交通装备为核心、多元发展、跨国经营的集团发展模式，确定了“一调整、三优化、一加强”五大攻坚任务。

为深入打造企业发展的“内核芯”，中车统筹推进实施“三大工程”。一是体系创新工程。中车承担国家科技体制改革先行先试的任务，与青岛市共建国家高速列车技术创新中心，承担国家先进轨道交通重点专项任务。建构了以企业为主体、“政、产、学、研、用”深度融合的技术创新体系，打造了由中国工程院院士领衔、“中车科学家”和首席专家担纲的高层次人才队伍。二是能力创新工程。中车努力破解制约创新发展的体制机制障碍，营造有效激发创新要素活力的创新生态环境，不断刷新专利数量、质量方面的成绩，充分彰显企业的科技创新能力。三是研发创新工程。正是在三大工程的支撑下，企业成功研制出以“和谐号”“复兴号”动车组为代表的先进轨道交通装备全系列谱系化产品，多种产品出口至上百个国家和地区，实现了技术创新从“跟随跑”到“并肩跑”并逐步迈向“引领跑”的稳健跨越。

在经济全球化的浪潮之下，拥有整合和集聚全球资源的能力，才能拥有核心竞争力。在东盟、土耳其、印度等国家和地区，中国中车制造基地拔地而起，带动了当地就业和产业链的完善；中车为巴西、阿根廷、沙特等国家和地区提供极具人文关怀的定制化产品与专属式服务；在澳大利亚，中车以 PPP 模式中标墨尔本高运量地铁车项目并设立亚太总部和分研发中心；中车成功实施德国 BOGES 公司、英国 SMD 公司、意大利 BLUE 公司等海外并购整合……在国际化经营的征程上，中车加快推进产品、技术、服务、资本、管理“五要素合一”的经营模式。通过走进、站稳、安营、融入、共享“五步阶梯”策略和本土化制造、本土化采购、本土化用工、本土化服务、本土化管理的“五本模式”，扮演好“文化的传译者、人才的孵化器、产业的推进器、社区的好邻居”四种角色，推进设施联通、贸易畅通和民心相通，为当地创造就业机会和贡献税收，改善当地交通，带动产业发展，提供“中国智慧”和“中国方案”，持续实现从“走出去”到“走进去”的转变，赢得了所在国的尊敬。

中车研制的“复兴号”动车组被誉为新时代的“国家名片”，成为代表中国速度、中国制造、中国智造的重要标志。这一标志性产品也体现了中车的“不变”与“变”，它充分彰显了中车坚持产业报国信仰、聚焦轨道交通装备核心、追赶世界一流的恒久信念，也生动凝结了中车唯创新者进的智慧，是中车人追赶超越、不懈追求的最新成果。作为高铁装备制造领域的后起之秀，中车行业技术引领者、推动者的形象和地位日益受到业内外认可。

2004 年，国务院确定了“引进先进技术、联合设计生产打造中国品牌”的铁路装备现代化总体方针，开启了中国铁路装备事业发展的新纪元。按照“引进、消化吸收再创新”的思路，引进技术是起点，关键在于自主创新。为了避免陷入“引进—落后—再引进—再落后”的怪圈，中车提出“先僵化，再固化，后优化”的指导思路，首先要完完整整地理解消化引入的技术，不折不扣地执行标准要求，其次要在“知其然更知其所以然”的基础上进行改进和优化，实现再创新，最后在此基础上把再创新成果转化为完全适应国内车辆指导研发制造的标准要求，实现先进技术从“为我所用”到“唯我适用”。

在技术引进之初，中车就确定了“两条腿走路”的战略——“一条腿”消化吸收引进的技术，“一条腿”布置自主研发新的车型。在消化吸收引进技术方面，确定了“1：3”的策略，即每花1块钱引进技术，就要配套3块钱用来消化吸收该项技术；在技术自主创新方面，在技术引进的基础上进行自主创新，先后自主开发了时速380公里的CRH380系列动车组、时速400公里高速综合检测列车、“复兴号”系列动车组等产品。这一过程让中车人认识到，只有始终坚守自主创新意识，始终坚持“以我为主”的战略定力，才能实现真正的创新自信，实现最终的赶超引领。

制造高速动车组是一项庞大的系统工程，必须坚持开放协同，集中力量、合力攻坚才能达成目标。作为自主创新的典范，CRH380系列动车组项目正是以企业为主体开展协同创新的集中呈现。注重子企业协同，在不同企业间实现资源共享，研发周期缩短40%。中车注重产学研协同，联合25所国内一流重点高校、11家一流科研院所、51家国家级研究实验室、68位院士、200多名研究员、500余位教授、上万名工程技术人员，同时邀请国外知名科研院所、技术技能专家开展广泛合作，组成“联合舰队”，开展联合攻关，实现技术创新资源最大化为我所用，注重产业链协同。动车组涉及包含不同制式的世界领先技术，涉及多个国家、多个厂商。在合作共赢的前提下，中车构建中国轨道交通装备优势产业链，重大部件如车体、转向架、牵引制动系统等由中车内部企业制造，同时培育出一支国产化供应商队伍，实现了产品制造水平大幅提升。

2010年，CRH380高速动车组问世。试验结果表明，动车组的运营速度、安全性、舒适性和节能环保等指标满足设定的顶层技术指标要求，达到世界领先水平。其中CRH380BL型动车组在京沪高速铁路先导段运行试验中，成功创造了每小时487.3公里的世界铁路运行试验最高速。

CRH380BG 型动车组攻克六大关键抗高寒技术难题，成为世界首列在零下 40℃环境中以时速 300 公里等级运营的动车组。凝聚共识想大事，集中力量办大事，集聚资源成大事，聚合成为高速动车组自主创新的重要保障。

关键核心技术是买不来、讨不来、要不来的，只有持续不断地创新，才能掌握主动权，立于不败之地。2014 年，在中国铁路总公司的牵头组织下，中车首次以中国标准为主导，按照正向设计思路，以自主化、简统化、互联互通、技术先进为目标，开启了时速 350 公里中国标准动车组的研发工作。整整 5 年时间，历经 503 项仿真计算，5278 项地面试验，2362 项线路试验，2017 年，“复兴号”动车组震撼问世。2017 年 9 月 21 日，“复兴号”动车组在京沪高铁以时速 350 公里运营，中国成为世界上高铁商业运营速度最高的国家。经专利审查，中国标准动车组具有完全自主知识产权。“复兴号”动车组研制采用的 134 项重要标准中，有 101 项是中国人自己的标准，形成中国标准体系。“复兴号”动车组的研制成功，代表着中车在构筑国际核心竞争力的道路上迈进了一大步。

中车文化之行，就是中车持续打造的行为文化（BI 建设），重品行、讲知行、强执行，使行为文化建设成果最终体现在中车发展、中车品质、中车责任、中车品牌、中车人上，释放出高铁示范效应、“国家名片”效应、中车品牌效应。建设一流企业，要掌握一流的技术、制造一流的产品，也必须要有一流的管理。高质量的管理行为才能实现企业高品质的发展。多年来，中车着眼发展短板，以“品质、效率、动能”为主题，在管理提升方面积极探索，选准突破口，全力推进企业管理转型升级、实现成效跃升。

智能制造成为加快供给侧结构性改革带动制造业转型升级的新引擎，而信息化是企业技术创新、管理提升的重要手段。以此为秉持，中车努力实现数字化设计、数字化管理、数字化商务，全力打造“数字中车”“智能中车”。在主要企业，中车建立了集中统一的 SAP–ERP 系统运营平台，综合集成应用 CAPP、PDM，实现数据与过程的集成管理，支持产品开发协同与全生命周期管理，打通了设计、工艺、生产、物流、质量、设备、人力资源、财务、售后服务等企业管理主要业务流程，实现了物流、资金流、信息流的高度集成和统一，取得了重大成果。

精益思想是当今国际盛行的一种管理模式，体现的是完整、系统、永无止境的管理理念。自 2008 年起，以制造理念和制造方式的变革为先导，中车将精益理念与方法从制造环节向技术和管理环节全方位延伸，在设计工作中实现设计流程和设计状态的精准控制和优化，实现设计、工艺采购、生产、管理等系统在设计阶段的资源和经验共享，构建起以“6621 运营管理平台”为特征的精益管理体系。

轨道交通装备是中车的立企之本，轨道交通装备的质量就是安全、就是旅客的生命，在高铁技术再创新的同时，中车注重学习和借鉴国际先进的质量管理理念，坚持采用国际先进的管理标准和管理方法，不断完善质量管理体系。高铁作为“国家名片”，其核心基因就是高端高质。锻造高铁这张名片，依靠的是创新精神与工匠精神的合力。坚持自主创新，中车攻克了系列新材料、新工艺、新技术难题，如高速动车组铝合金型材、IGBT 器件等。中车坚持匠心营造，把每道工序、每个零件都打造成精品。

中车的发展得益于不断追求企业战略与人才发展的有机统一。中车以“拥有一流技术、生产一流产品、培养一流员工、实现国际一流”为目标，实施接轨国际的人才战略，持续构建和优化人力资源管理体系，锤炼了拥有过硬素质和本领的经营管理、专业技术、操作技能三支人才队伍。十年磨剑的市场拓路人员，用“掘地三尺”的劲头儿来“啃硬骨头”的产品研发人员，坚持“一点也不能差、差一点也不行”千方百计学技能的一线工匠们等，正是作为新时代知识化、专业化的产业工人队伍代表的他们，将轨道交通装备制造不断推向一个又一个高峰。

高端轨道交通装备项目的特殊性决定了企业必须将高品质、高标准、高要求作为底线。随着各类高端轨道交通装备项目工程的深入推进，以行为重塑为中心，一场与之相匹配的软实力再造工程同步展开。

在高铁事业起步之初，中车针对计划经济体制下形成的传统思维定式，扎实开展员工行为文化建设，新中车成立后又踏上了 BI 建设 2020 之路，启动领导团队与员工队伍“转观念”“塑行为”工程。“脱胎换骨高层论坛”“全员素质提升”“落实质量责任，培育精细品质”“提升职业素养，实现脱胎换骨”“向不良习惯说不”等系列活动，促进了中车人在思维方式和行为方式上，实现与国际先进制造文化接轨。

依托高速动车组项目实施，“差一点也不行”“必须符合标准要求”的身边人、身边事，在员工的互相分享中越来越多。从“引为笑谈”到“深感佩服”再到“极力推崇”，在国际先进制造理念的触动下，陈旧的惯性思维、缺乏科学性的工作方法被员工主动摒弃，符合时代要求、更科学先进的理念思维、方法和习惯逐渐融入员工思想。经过多年实践，“僵化、固化、习惯化”的管理理念已经深入人心，真正做到了技术标准、工艺标准、管理标准、操作标准百分之百覆盖整个产品体系，实现了员工百分之百按标准操作执行的有效管理，形成靠制度规范行为，人人按标准办事的文化氛围。

“一口清，一手精，实名制”是高速动车组制造严谨精细、“标准为王”的最佳体现。“一口清”就是要求员工在对本岗位工作标准、工作流程强化记忆的基础上，面对检查人员在 6 米之外，保持端正站姿，达到声音洪亮、不假思索、脱口而出、熟练背诵标准。“一手精”就是积极开展员工学技练功活动，不断提升员工操作技能，引导员工在熟知岗位工作标准的基础上，在工作中严格执行各项标准，不断提升工作质量，工艺部门不定期进行严格的检验与考核。“熟练记忆标准”和“严格执行标准”，成为上岗的“双考验”硬指标。几年来，接受“双考验”的员工超过 4 万人次，一次通过率提升至 99.99%。把标准刻进骨子里，化到血液中，才能形成标准行为。“实名制”就是员工每完成一道工序必须贴上自己的名字，出现问题立刻就能追溯到人，有力解决了传统企业存在的“有监督执行、无监督懈怠”的问题，将检查的重点从最终的产品向整个制造大工程的各环节全面覆盖。

一列时速 350 公里高速动车组有 10 万多个线路节点，每个节点从制作到完成都要进行 5 次检查，每列车要经过 50 多万次的检查把关；铝合金车体焊接加工难度大、标准高，要求极为苛刻，高铁工人喊出了“十万个紧固件无松动，万根接线无差错，千米焊缝无缺陷”的豪言壮语。定下规范的标准，引进先进的管理方式，无数“岗位标兵”涌现出来。随着项目的深入推进，“万人参与，万众创效，千岗竞赛”等活动在高铁工人队伍中掀起了新一轮热潮，激励全体中车人参与到为轨道交通装备制造业创新创效的伟大实践中来，生发出了源源不断的磅礴力量。

“上为大国重器，下担产业引擎”，切实承担起这一光荣而艰巨的使命，是 18 万中车人的众心所向。在国家轨道交通装备曲折而蓬勃的发展历史中，一代一代中车人以敢挑重任的勇毅、只争朝夕的拼搏、脚踏实地的实干、精益求精的奋进，生发出强大的战斗力、执行力、创造力。“由我来办、马上就办、办就办好”成为中车人言行举止、干事创业的鲜明注脚。功成不必在我，功成必定有我。承担 CRH380A 动车组项目攻坚的是一支平均年龄不到 35 岁的研发团队。这群年轻人“抛家舍业”、不计回报、不计个人得失，靠着责任、激情和攥紧拳头的“狠劲”，整整攻关 18 个月，取得了理想成绩。他们完成业内规模最大、历时最长的科学研究试验，成功攻克了高速条件下动车组系统集成、头型、铝合金车体、高速转向架、减震降噪、牵引制动等关键技术。荣誉丰碑的背后镌刻着无数高铁人“接得了挑战、耐得住寂寞、经得起挫折”精神品质。

“高速列车不仅是设计出来的，更是试验出来的”。这是中车人的共识。由于行业的特殊性，常年奔波在人烟稀少、环境恶劣的深山、戈壁、高原，是中车研发试验人员工作的常态。装着洗漱用品、换洗衣物的背包是他们办公室的标配。“马上出发”“在路上”成为通信工具里出现最频繁的词汇。在“复兴号”动车组进行的2300多项线路试验中，中车四方股份公司副总工程师陶桂东带领团队始终在路上。每天凌晨4点开始整备，白天跟车试验10多个小时，晚上要马不停蹄地整理当天的试验数据，制定第二天的试验方案。整个试验里程达到61万公里，相当于绕着地球赤道跑了15圈，耗时整整18个月。“正是团队的艰苦试验，才解决了不计其数的难题，实现了整车性能的验证和优化。”关键时刻冲得上去、顶得上去、豁得出去成为他们的真实写照。

每件平凡的事不仅要做好，更要做到极致。秉承这一信念和作风，中车人在国家轨道交通装备的路上披荆斩棘、孜孜以求。“中国电力机车之父”刘友梅院士，让中国电力牵引技术装备实现了由普载到重载、常速到高速、交直传动到交流传动、进口到出口的四次历史性跨越，已经年逾八旬的他仍活跃在科研创新一线，他自豪地说：“我这一生只求做好一件事，那就是创新。”高铁焊接大师李万君面对高速动车组焊接瓶颈，自创20余项转向架焊接操作法，摸索出来的“环口焊接七步操作法”，可将600毫米周长的环口焊接一气呵成，不留任何瑕疵，可匹敌最精密的焊接机械手。钳工大师郭锐通过潜心研究、试验验证的往复循环，攻破装配核心工艺，编制出技术含量极高的转向架装配作业要领书，成为指导现场作业的标准性文件。拥有火眼金睛的大国工匠毛正石，面对1400多℃的铁水，仅凭眼力就能控制10℃以内的温差。被称为高铁工人标杆的张雪松数百次修复数控设备各类疑难故障，完成20多项大型工装设备技术改造，弥补了多项进口设备缺陷，将工作做到极致，每道工序、每件产品、每个项目都要做到完美，这种价值追求蔚然成风。中车人将顾全大局、团结协作、苦干实干、开拓进取、责任担当等要素融入团队建设，持续培育与“双打造一培育”战略目标相适应的团队战斗作风，将“由我来办、马上就办、办就办好”转变为无时不在、无处不有的无形航标。

站在“十四五”承上启下的关键节点，作为全球规模领先的轨道交通装备制造商，为持续提升品牌国际影响力、统一全球品牌形象，中车在BI建设2020的基础上，深入开展BI登高工程，发布《中国中车“正道品行”行为识别系统》。围绕合规、服务、商务、质量安全、精益管理5个方面，深入推进合规文化建设，促进全员践行诚信合规理念；持续优化服务工作流程，通过搭建数字化运维系统，提升企业内外服务工作的响应度和满意度；明确商务人员行为标准，制定商务行为规范，统一商务人员行为标准和业务流程，不断提升商务人员业务水平和职业素养；提升全员质量安全意识，引导全体员工学安全、懂质量，引导员工树牢质量安全红线；完善精益管理体系建设，深化精益载体建设，规范员工精益行为，提升精益管理水平。通过持续推进BI登高工程，将“BI建设”嵌入企业运营各个环节，将中车文化精神传承与品牌意识融入经营发展的每个步骤、每个环节，让每个中车人成为文化与品牌知行合一的践行者，使企业文化融合经营发展成果落地深植，用文化建设新成果推动开创高质量发展新局面。

第六节　中车文化“六位一体”

企业形象是企业核心竞争力的重要组成部分，而高质量的企业文化建设又是塑造高品质企业形象的有力抓手。中车根据新时代新形势新要求，立足自身实际，坚持守正创新，以企业厚重的历史文化积淀和红色基因为基础，借助高铁“国家名片”的品牌优势，从文化塑造、文化融合、文化管理等维度切入，秉承“讲政治不肤浅，传理念不死板，展文化不生硬，溯源流可传承”的文化传承和品牌传播理念，充分发挥中车各级组织的向心力、协同力和创造力。全力推进实施以司节、司书、司歌、司赋、司史、司馆为主要构成元素的“六位一体”文化传承工程，用文化软实力诠释中车的价值理念、家国情怀以及使命担当。

中车作为国资央企的一员，塑造好、展示好良好企业形象是光荣使命，也是应尽职责。特别是在新时代新形势新要求下，在全力建设世界一流企业的具体实践中，如何充分发挥国有企业的“根”“魂”优势，有效利用所属行业特性和企业发展特点、坚持守正创新和系统观念，以加强企业个性文化建设为载体，进一步展示良好企业形象，彰显科技产品硬实力、企业文化软实力、社会责任暖实力是当前一项重要课题。

党的十八大以来，以习近平同志为核心的党中央高度重视文化建设，明确提出“扎实推进社会主义文化强国建设”的战略目标。习近平总书记强调“文化是一个国家、一个民族的灵魂。文化兴国运兴，文化强民族强。没有高度的文化自信，没有文化的繁荣兴盛，就没有中华民族伟大复兴”。文化之于国家、民族如此，对于企业同样是高质量发展的重要保证。

中车下属企业数量众多、分布范围广、地区差异大，各子企业发展不平衡。中车旗下有 16 家子公司的历史达到 100 年以上，孕育了深厚的文化底蕴，具有勃勃生机的内生动力和精神力量。这些跨越三个世纪发展历程的百年企业，既为中车文化的博大深邃积累了丰厚的财富，也展现出自身特有的个性文化。随着近年来中车不断拓展新业态，全力构建“产品 +”市场模式，进一步拓展市场空间，稳步发展风电装备、新能源客车、新材料等战略性新兴业务，随之兴起了大批新设企业。新老企业的文化有机融合，是一个持续继承与创新的过程，需要不断加强文化建设，构建被所有中车人认同，愿意共同遵循的核心企业文化理念。

纵观世界一流企业，无不形成了一流的企业文化导向。合并重组后的中车，在企业文化的构建与业务融合方面尚有不足，存在文化与业务分离，精神引领与行为文化脱节的问题。因此，迫切需要以文化为引领，用文化为业务注入灵魂，将企业文化真正融入技术、管理、运营等领域的深处，真正发挥文化的统合、凝聚、引导能力，借助文化的无形力量突破发展的有形瓶颈。通过持续有力地推进企业文化建设，实现企业文化与企业发展战略的和谐统一，为中车践行交通强国、制造强国、科技强国、质量强国战略提供强力支撑。

中车的历史最早可以追溯到1881年，清政府官督商办的开平煤矿在唐山全面投产，买办唐廷枢为解决运煤效率问题，修筑了唐胥铁路，并在铁路一端设立胥各庄修车厂（中车唐山公司前身），中车诞生。同一历史时期，中国各地都有在外国资本、官办资本和民族资本等多元背景下修建的铁路机车车辆工厂，这也是中国铁路工业和轨道交通装备行业的起源。自此，中车开始了长达140多年的发展历史，也在历史中形成了企业的独特文化。特别是在中国共产党成立以后，与党、与国家和民族同呼吸共命运的百年征程中，革命、建设、改革、复兴一路走来，中车从“万国机车”到“国家名片”，积累了厚重的历史积淀，厚植了根深蒂固的红色基因，凝练了以“产业报国，勇于创新，为中国梦提速”为内涵的中国高铁工人精神，明晰了“连接世界，造福人类”的企业使命，形成了“正心正道，善为善成”的核心价值观，营造了“阳光和谐、简单坦诚、开放包容”的组织氛围，锤炼了“由我来办、马上就办、办就办好”的工作作风，为文化建设的守正创新奠定了坚实的根基。

中车拥有“国家名片”品牌优势。2015 年 7 月 17 日，习近平总书记在视察中车长客股份公司时指出，高铁动车是中国的一张亮丽的名片，体现了中国的装备制造业水平，也是“走出去”和“一带一路”建设的“抢手货”。希望继续领先领跑，带动整个装备制造业形成“比学赶帮超”的局面。自此，“国家名片”便成为中车独有形象和品牌符号。在习近平总书记重要指示精神的指导下，中车坚持党建工作创新，通过阶梯式·主题年·创一流党建引领保障机制建设，全力打造与“国家名片”形象匹配的党建“金名片”，以高质量党建引领高质量创新和高质量发展。2017 年 6 月 25 日，具有完全自主知识产权、达到世界先进水平的中国标准动车组研制成功，命名为“复兴号”。2017 年 9 月 21 日，“复兴号”动车组在京沪高铁以时速 350 公里运营，标志着中国成为世界上高铁商业运营速度最高的国家。近年来，中车先后成功研制出京张高铁智能动车组、京雄高铁智能动车组、时速 600 公里高速磁浮试验样车、时速 400 公里跨国互联互通高速动车组、时速 350 公里高速货运动车组等“大国重器”。高铁赢得了习近平总书记的盛赞，他指出：“复兴号奔驰在祖国广袤的大地上”“我国自主创新的一个成功范例就是高铁”，“国家名片”的品牌形象更加深入人心。2021 年中车登顶《财富》最受赞赏中国公司榜首，2022 年中车再次荣膺国内机械设备制造行业品牌价值第一名。这些都为进一步提升企业形象积累了先发优势。

中车拥有文化品牌传播载体创新的丰富经验。新时代以来，特别是新中车成立以来，中车以习近平总书记视察中车重要指示精神为指引，以“同一个中车”为核心，坚持党建引领，持续推动党建“金名片”建设，将党建优势转化为文化品牌发展优势，深度挖掘中车红色文化资源，将共性文化理念延展到专项文化，形成横向到边、纵向到底的企业文化体系；从文化塑造、文化管理、文化融合等方面入手，全力推进企业文化建设专项工程，促进企业文化与业务深度融合；全方位打造企业文化建设平台，源源不断释放企业文化促进企业改革发展的内生动力。特别在文化品牌传播载体方面进行了深入实践，注重紧跟移动互联网和信息技术发展趋势，充分发挥媒体融合传播优势，围绕企业改革发展实际不断创新、广泛发声，促进公司新闻传播总量、品牌声量大幅增长，“国家名片”品牌文化形象深入人心，受到各界广泛认可和高度评价。在此过程中，中车及所属子企业共同构建的全媒体传播矩阵逐渐成型。近年来，中车上下有效整合各类新闻媒体资源，充分发挥传统媒体、网络媒体各自特点及优势，进行系统策划，放大互补效应，逐步打造集报纸、广播、网站、微信公众号、微博、短视频，多层次、全角度的传播矩阵，构建多维度立体化文化品牌传播体系，为全方位宣传展示企业文化和品牌形象积累了丰富的经验。

中车以司节、司书、司歌、司赋、司史、司馆为主要构成元素，构建了具有中车特色的“六位一体”文化传承体系，以此为路径，大力推进实施“六位一体”文化传承工程，以文塑形、以文传声、以文铸魂、以文载道、以文化人，从而极大丰富了“正道中车”的企业文化内涵、持续提升中车企业形象和品牌价值，不断增强建设世界一流中车的软实力。

9 月 28 日是中车司节。2015 年 9 月 28 日，原中国南车和原中国北车正式合并为中国中车。从此，9 月 28 日成了中国中车文化的重要符号——“中车日”。原南北车集团合并重组为中车，是党中央、国务院作出的重大部署，也拉开了新一轮国资国企改革的序幕。为进一步增强广大员工对中车文化的认知和认同，提高企业凝聚力和影响力，有力传播企业形象，中车党委组织开展“中车日”评选活动。经集团及各子公司投票评选，最终在 6 月 1 日（中国中车股份有限公司正式注册成立）、6 月 8 日（中国中车股份有限公司在上交所和联交所鸣锣上市）、9 月 28 日（南北车全面重组整合、中国中车集团公司正式注册成立）、6 月 25 日（中国标准动车组被命名为“复兴号”）四个日期中，选定9月28日为“中车日”，也就是司节。司节通过对新中车成立这个历史时刻的定格和铭记，引导广大中车人记住中车过往的辉煌，也记住新中车成立后在发展中取得的成就。同时，公元前551年的9月28日正是中国伟大的儒家始祖、至圣先师——孔子诞辰日，中车“连接世界，造福人类”的使命也与孔子《礼运·大同篇》中“大道之行、天下为公”的思想一脉相承。此外，9月28日恰逢国庆日临近，因此将开展升旗仪式等相关庆祝活动作为“中车日”规定动作，打造中车品牌之标，掀起全员庆祝司节热潮，提振全体中车员工奋进新征程、建功新时代的精气神。

《中车成长之道》和《红色中车》是中车司书。《中车成长之道》以横向的视角，对中车的成长逻辑进行概括，从改革创新、科技创新、管理创新、文化建设、品牌建设、人才建设、国际发展、社会责任、党的领导等九个方面总结提炼出：改革创新是中车成长之本、科技创新是中车成长之源、管理创新是中车成长之基、文化建设是中车成长之根、品牌建设是中车成长之形、人才建设是中车成长之力、国际发展是中车成长之向、社会责任是中车成长之基、党的领导是中车成长之魂。《红色中车》以纵向的视角，生动描绘老一辈中车人在党的领导下开展工人运动、探索救国救民之路的革命故事，深度解码了中车这张“国家名片”的红色基因，全方位展现中车人毫不动摇地坚持党的领导、推进中国铁路装备建设的历程，以此揭示了红色基因对中车乃至整个中国工业文化发展的巨大推动作用。中车党委将这两本书列为学习中车知识的必修教材，积极引导广大员工学好、用好《中车成长之道》《红色中车》，以此为明灯指引奋进新征程的道路，为传承红色基因、强化责任担当凝聚奋进的力量。

《与你同行》是中车司歌。为体现文化引领的中车品格，让社会公众了解中车连接世界的志向和造福人类的格局，中车邀请著名词作家李川、闫建和著名曲作家印青共同创作中车司歌。歌曲以饱满的情感、优美的歌词、和谐的声律，哲学三问的叙事，全景式展示中车作为民族工业明珠、央企国企典范、国际一流企业的格局。歌名《与你同行》与中车品牌口号“连接世界，与你同行”同源，与中车使命“连接世界，造福人类”呼应。歌曲分三段，主要内容为：歌颂中车厚重的历史根脉和文化底蕴以及新中车的蓬勃活力；展现中车产业报国的情怀和勇于创新的企业精神以及以“复兴号”为代表的辉煌业绩；突出中车胸怀世界，造福人类，传播中华文明的雄心壮志，立志成为受人尊敬的国际化公司和具有全球竞争力的世界一流企业的不懈追求。司歌旋律昂扬奋进，如同汽笛长鸣穿越百年时空，既体现中车的历史传承和文化内涵，又挖掘中车的民族情怀和产业抱负；既弘扬中车的使命价值和产业精神，更彰显中车国际视野，胸怀全球造福人类的壮志追求。2023 年 12 月 29 日，2023“梦想连接世界——世

图 27：2023“梦想连接世界——世界品牌路跨年演讲”开场节目——120 名中车一线员工带来的中车司歌演唱

界品牌路跨年演讲”盛会在北京“水立方”举办。中国中车党委书记、董事长孙永才等 9 家中国品牌出海企业的“引领者”受邀作跨年演讲。120 名中车一线员工带来的中车之歌表演唱，作为跨年演讲的开场节目，多元、立体、全方位地向现场及线上观众，展现中车品牌的升级之路、深厚内涵和闪耀亮点，唱响中国品牌出海主旋律。

为了更好地展现中车文化的精髓和内涵，在收官“十三五”和开局“十四五”的特殊时刻，中车创作了《中车赋》。中车党委以“邀请专家、内外兼顾、确保品位”为主思路，用韵文和散文的综合体形式，通过简短凝练的 397 个字，全面宏观地浓缩中车 140 年的历史。在这部史诗化的传记里，不仅能挖掘梳理企业历史文化精神，更能进一步增强企业文化的凝聚力和感召力，彰显企业文化底蕴。《中车赋》通过“洋务肇始，唐胥滥觞”，回顾洋务运动的开端、唐胥铁路的起源；通过“睡狮苏醒”“雄鸡唱白”，看到中国工人运动的“壮怀激烈”、修复机车迎接解放的“高歌引吭”；通过“车轮滚滚”“汽笛声声”，追忆老一代的“韶山东风”、新一代的“复兴和谐”，践行奔赴在祖国广袤大地上的庄严承诺。司赋饱含文采、韵律，兼具诗歌和散文的诗意，渗透着中车传统文化的精髓，承载中车过往百年历史文化，充分彰显中车人的活力和内涵，激发广大员工百折不挠的斗志，成为凝聚全球 18 万中车人合力的精神力量。

为了全面记录中车 140 多年企业奋斗足迹，中车从史学高度梳理历史发展脉络，编写《中车简史》。从 1881 年破土萌芽、艰难成长，到扎根沃土、枝繁叶茂，历经百卌沧桑，中车始终与国家民族工业相生相伴，始终为国家经济命脉提供着装备保障。《中车简史》围绕企业发展主线，由集团领导和工作小组、权威合作机构和史学专家共同组成项目团队。史学专家团队执笔，中车专家深度参与，采用项目制管理方式进行创作。通过走访公司老领导、老员工，广泛征集个人收藏珍贵图片及文字材料，对搜集的各项材料进行核实、考证、整理、汇总，确保史料真实、准确、全面、完整。对有重大影响、贡献突出或有代表性的在世人物，采用以事记人或人物简介的方式进行记述。总体框架上，叙事和阐述相结合，深度解读历史事件背后的来龙去脉和历史逻辑。主体内容上限起于 1881 年 9 月，下限至 2024 年 12 月，时间跨度为 143 年。全面记录企业 143 年的奋斗足迹，以便进一步指导中车经营发展的实践，也进一步提升中车影响力和知名度。

中国高铁记忆中心是中车司馆。中车对标国内外优秀企业，将红色文化与企业文化深度融合，展现国家名片形象。中国高铁记忆中心以十性（红色传承性、工业历史性、文化性、体验性、科创性、虚拟性、实景性、品牌性、休闲性、领跑性）为设计指导思想，以七板块（红色基因、轨道世界、火车探秘、走进火车、未来已来、连接世界、火车乐园）为整体框架，通过“展三史”“触现实”“创价值”三个阶段看中车的过去、现在和未来，打造一流的世界轨道交通工业展览馆，全力传承好、利用好中车红色资源，展示与传播中车文化，聚集与吸引区域文化。中车以中车二七文化科技（北京）有限公司为运营规划主体，利用现代科技手段及创意思维，将文化元素与裸眼 8K 交互、虚拟现实等现代科学技术有机融

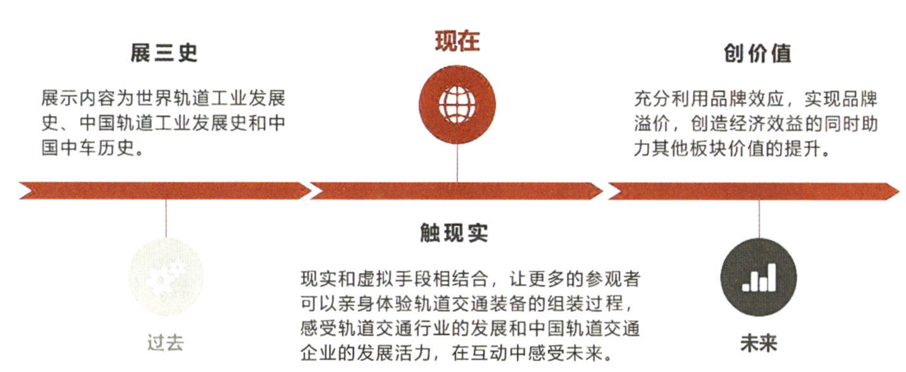

图 28：从“三阶段”看中车过去、现在和未来

合，通过多媒体呈现，极大丰富展陈形式，优化观展体验，彰显品牌形象与文化软实力。中车以司馆作为企业文化的载体和对外形象展示的窗口，大力传播机车工业文化，全面弘扬红色基因，生动呈现党建工作特色，充分彰显中国轨道交通领跑世界的气魄，激励新时代中车人不忘初心、牢记使命，共同推动中车这艘民族工业巨轮在新的伟大征程中续写新的辉煌篇章。

中车通过实施“六位一体”文化传承工程，系统性、全局性、整体性地将中车历史文化的底蕴和内涵进行了丰富和升华。用文化的力量，进一步促进了全体中车人对文化价值的理解和认同，进一步展示了中车员工积极向上、团结和谐的良好形象，展示了中车在国内社会和海外市场上优质的央企形象，擦亮了高铁“国家名片”的品牌形象，从而显著提升了中车的核心竞争力，为建设世界一流企业奠定了坚实基础。

通过实施推进“六位一体”文化传承工程，探索出一条以文化凝聚共识、以文化统一思想、以文化规范行为的员工形象塑造体系。以司节、司书、司歌、司赋、司史、司馆的全方位、全领域的影响，使“同一个中车”理念更加深入人心，“正心正道、善为善成”价值观更加广泛传播，红色中车、百年中车的精神影响更加深远，有效适应了移动互联网和新媒体时代不同员工群体思想观念、价值取向日趋多元的特点，有力引导着 18 万中车员工使命统一、愿景统一、目标统一，最终达到思想上认同、情感上追随、行为上遵从，展现出团结向上的统一形象，为建成受人尊敬世界一流中车，凝聚起“追梦路上、与你同行”的奋进力量。

通过实施推进“六位一体”文化传承工程，探索出一条以文化倡导创新、以文化宣传创新、以文化滋养创新的企业形象塑造体系。围绕司节、司书、司歌、司赋、司史、司馆等元素，在活动形式的创新上、传播途径的拓宽上、宣传载体的丰富上，不断引入和应用一系列新理念、新思路、新方法、新技术，并以显著成效彰显了文化创新的价值所在，给企业全面创新提供了重要启示、营造了浓厚氛围、厚植了肥沃土壤、培养了大量人才，有力推动了企业体制机制创新、科技创新、改革创新和管理创新，为中车一直以来敢于创新、善于创新的企业形象添加最佳注脚，展现百年中车历久弥新的生命力和创造力。

通过实施推进“六位一体”文化传承工程，探索出一条以文化彰显科技产品硬实力、企业文化软实力、社会责任暖实力的文化建设之路。中车以司节、司书、司歌、司赋、司史、司馆为载体，进一步放大了高铁“国家名片”的品牌效应；彰显了中车以文化传承和形象塑造，最大程度展示中华文明精神标识和文化精髓的决心和意志；为构建中国话语和中国叙事体系贡献了中车智慧和中车方案；为中车未来结合企业海外战略，以中车文化传承为窗口，进一步加强国际传播能力建设，讲好中国故事、传播好中国声音，展现可信、可爱、可敬的中国形象，推动中华文化更好走向世界提供了经验。

第七章

擦亮国家名片的中车

2024年5月11日，由新华社、中国品牌建设促进会、中国资产评估协会等单位联合发布的“2024中国品牌价值评价信息”，中车以1601.21亿元的品牌价值，名列机械设备制造领域第一名。这项公益性的举措旨在建立中国特色的品牌价值评价机制、打造中国品牌正能量、推动中国品牌走向世界。中车作为全球规模最大的轨道交通装备制造企业，乘着共建“一带一路”的东风，实现产品服务全球116个国家和地区。中车始终秉持科技创新、技术共享、温暖人心的理念，努力助推这张“国家名片”走向世界。当然，品牌不是孤立的概念，它背后凝结着的是产品的创新，是企业的品质，是庄严的承诺，是沉甸甸的责任，是技术的高度，是智慧的风度，更是人心的温度。中车始终秉承着初心和使命，让中国速度连接世界，让中国品牌造福人类。

第一节　中车品牌的形成

改革开放以来，随着全球化进程的加快，中国企业逐渐跨越山海走上世界舞台，中国产品也开始了与国外同行同台竞技。中国企业管理者也开始认识到品牌对产品竞争力的加持效应，开始了对品牌打造和维护的实践，逐渐摸索出具有中国特色的品牌发展之路。中车上下开始认识到，品牌是企业乃至国家竞争力的综合体现，世界一流品牌总是占领着全球制高点，掌握着行业话语权。在当今国际经济、政治、社会环境下，培育中国世界一流品牌，推动中国制造向中国创造转变、中国速度向中国质量转变、中国产品向中国品牌转变，实现“品牌强国梦”显得尤为重要。

党的十八大以来，习近平总书记三次视察中车，并多次点赞中车产品和科技创新，指出“高铁动车是中国一张亮丽的名片”“我国自主创新的一个成功范例就是高铁”“雅万高铁是中印尼共建‘一带一路’合作的‘金字招牌’”。在习近平总书记盛赞的背后，是18万中车人为打造“中车品牌”付出的大量辛勤和汗水。回顾140多年的发展，中车这一品牌的培育和形成，始终围绕着不忘初心、牢记使命的时代要求来进行。中车人坚持以德为本、以德为先，熔铸品牌核心价值，创新品牌建设方法，丰富品牌建设实践，规划品牌发展愿景，形成具有鲜明个性的“中车品牌之道”，推动企业向着打造世界一流示范企业品牌的目标奋进。

中车成为一张亮丽的“国家名片”，离不开长久以来坚持“正心正道、善为善成”的企业核心价值观，不断凝练品牌内核、彰显品牌价值、塑造品牌形象、追求品牌理想的探索和实践。在这一探索实践过程中，中车逐步形成以“CRRC”为核心的品牌之道。

一、“CRRC”品牌的产生

品牌即品德，既承担着国家人民赋予的责任和使命，也担负着员工和社会大众的期待。中车以德为本，逐渐形成了中车品牌的核心价值“CRRC”。

中车品牌核心价值为“CRRC”，即客户导向的（Customer-oriented）、负责任的（Responsible）、可靠的（Reliable）、创造的（Creative）。这四个词的英文首字母缩写为CRRC，恰好也是中国中车的英文品牌名称的缩写，表明中车对用户永远的承诺，是品牌建设需要紧紧围绕的核心。“客户导向的”，强调以客户需求为导向，与客户一起解决问题、创造价值。“负责任的”，强调中车勇于担当，以真诚和专业的态度践行对国家、社会、客户、员工等各方的各项承诺。“可靠的”，强调产品可靠、技术可靠、解决方案可靠、服务可靠、承诺可靠。“创造的”，强调中车致力于为客户创造最具价值的产品与服务，创造是发展的动力之源，是中车人从无到有、克服一切困难的开创性力量。

以品牌核心价值为本源，中车品牌定位为“高端装备为核心的全价值创造者”，其核心内涵包括两个方面。“高端装备”，即以高端装备制造作为主营业务，成为高端装备制造的全球领先品牌。围绕这一定位，中车不仅深耕轨道交通装备，还展示出在铁路装备、城市基础设施建设、通用机电、新能源、环保、现代服务等多个业务领域提供系统解决方案的能力，形成了品牌差异化战略。中车积极推进“筑基、架柱、竖墙、叠梁、添瓦”五大工程，形成“轨道交通核心业务”“新材料、新能源、环境等支柱业务”“牵引、引领技术和核心技术支撑业务”“产融结合和不动产经营平台业务”“培育平台业务”等五大业务板块。“全价值链”，中车努力做综合价值创造者，不断为用户、为股东、为合作者、为社会持续创造价值；同时，聚焦全部产业链，创造价值、提升价值。中车品牌定位是依据中车立志成为轨道交通高端装备制造领域的引领者以及成为世界一流企业的奋斗目标而确立的，“连接世界，造福人类”的使命体现了与企业发展战略的高度一致。

中车品牌战略体系总体概括为“一战略、四体系”，即品牌战略、品牌价值体系、品牌形象体系、品牌传播体系、品牌管理体系。根据品牌战略，制定一系列规章制度并付诸实施，这共同构成了品牌建设体系。

中车品牌建设从“无为而治”到体系化建设，依据企业发展战略，形成递进式的品牌发展目标。初始阶段，建设“国内知名、全球具有较高知名度品牌”。在长期积淀的基础上，通过轨道交通装备、新产业等为主的经营格局，引领企业迈进世界 500 强，品牌价值达到国内领先水平。发展阶段，建设“国内一流、国际行业领先品牌”。品牌战略体系持续完善，全集团的品牌意识不断强化，品牌国际知名度和影响力显著提升，在国际国内市场不断积累品牌资产。壮大时期，建设“全球行业知名品牌”。持续进行品牌建设，不断提升品牌管理水平，建立一套世界一流的品牌战略体系，建设一支具有国际水准的品牌管理队伍，将“中国中车”品牌打造成享誉全球的品牌，品牌国际化程度和品牌价值大大提高，在全球品牌价值排行榜中的排名进一步提升。未来，建设“全球行业领导品牌”将是中车一以贯之的美好愿景。通过在客户心中强化中车品牌“高端、高质、高效”的品牌特征，促进品牌价值稳步提升，成为受人尊敬的国际化公司。

中车作为中国轨道交通装备领域唯一一家产业化集团，中车品牌已成为中车综合实力、创新实力的重要象征和企业高质量发展的重要标识。通过多年的建设，“中国中车”已经成为国内强势品牌、全球行业知名品牌。

二、“万千百十”法则的确立

中车之所以把“CRRC”作为品牌的内核并明确品牌定位、递进目标和战略体系，源于企业的初心和使命，其主要源泉可以概括为“万千百十”几个方面。

源于构建人类命运共同体的万丈豪情。世界大同是中华民族自古以来的理想，和平与发展是人类社会共同的追求，构建人类命运共同体是新时代对世界发展贡献的中国智慧和中国方案。中车通过提供“客户导向的、负责任的、可靠的、创造的”产品和服务、技术和方案、企业运营管理模式等，充分体现“CRRC”的品牌价值，向全世界提供构建人类命运共同体的企业方法论。

源于“连接世界，造福人类”的千里之任。“连接世界，造福人类”是中车的使命，是企业孜孜追求的价值情怀。作为轨道交通装备提供者，中车以轨道交通高端装备为纽带，为用户提供先进的技术、优质的产品、周到的服务；中车让全球公众享受到绿色、安全、便捷、智能、舒适的出行，让世界各国的各方获得利益；中车承担企业社会责任、增进民生福祉、促进生态文明、增强社会和谐稳定，以“CRRC”的品牌价值体现“连接世界，造福人类”的使命，成就中车品牌担当。

源于实现高质量发展的百倍信心。企业高质量发展，要体现在产品和服务的高质量、技术水平和创新能力的高质量、企业结构和运营管控的高质量、经营机制和活力激发的高质量、发展效率和效益的高质量等各个方面。中车以“CRRC”品牌核心价值为引领，开发一流的技术、实施优秀的管理、实现良好的效益，推动企业产品技术由中低端向中高端提升，经营领域由产品经营向资本经营转变，经营机制由传统工业企业向现代企业转型，资源配置由国内向全球拓展，充分展示高端、高质、高效的企业形象，筑牢高质量发展的品牌基础。

源于提供全方位服务的十全十美理想。十全十美、臻于至境的服务是提升企业竞争力的重要手段。明确“高端装备为核心的全价值创造者”品牌定位，践行“CRRC”的品牌核心价值观，可以推动中车由“单一的产品服务”，向“全面解决方案提供”，再向“全价值链创造”持续迈进；可以推动中车由及时、可靠、专业的“任务型服务”，向主动、规范、系统的“一站式”服务，再向深度融合客户、满足客户个性化需求、为客户创造价值、为自身赢取利润的“价值型服务”持续转变；可以推动中车由获得客户认可，到让客户满意，再到获得美誉的持续提升，以品牌力量来提升企业的服务力。

三、矢志不渝的品牌价值追求

中车经过多年探索，逐步形成一套支撑品牌建设、实现品牌价值的基本法则。

中车品牌建立需要有大格局大胸怀。大格局成就品牌境界的高度，让中车人从构建人类命运共同体的高度建设品牌，通过“全球化思路、本土化运作”，为全球贡献中车智慧、中车方案，打造世界一流企业品牌；大格局成就品牌眼界的宽度，让中车人从推进“中国产品向中国品牌转变”的角度建设品牌，使之成为国家供给侧结构性改革、经济转型升级的重要抓手；大格局成就品牌胸怀的广度，让中车人视“连接世界，造福人类”为己任，做高端装备为核心的全价值创造者，与各利益相关者一起创造、分享品牌价值；大格局成就品牌思想的深度，让中车人从企业战略高度实施品牌战略，把品牌价值的实现融入企业经营发展全部流程、全部环节，全面提升公司发展能力和发展水平，增强品牌实力；大格局成就品牌执行的力度，让中车人全面规划、设计、执行品牌建设体系，实现品牌建设目标。

中车坚持品牌建设的同一性和统一性，把全体中车人统一的内部行动映照到外部受众，让客户、大众、股东等广大受众感知到“同一个中车”的品牌价值。具体来说，奉行同一的品牌价值，形成统一的品牌意识，全体中车人立足岗位，践行“CRRC”的品牌核心价值；打造统一的品牌形象，运用统一的企业标识、物料载体，推行同一的工作标准、行为规范，形成同一的中国中车品牌形象；开展同一的品牌传播，运用同一的传播策略，坚持同一的传播原则，优化同一的传播内容，完善同一的传播方式，展示整体统一的、个性鲜明的企业形象、员工形象、品牌形象；实施统一的品牌管理，采用“主体统一”的品牌架构，建立统一的组织构架，采用统一的管理模式，全面增强品牌管理能力。

中车用一流的品质创造一流的品牌。品质是品牌最基本、最关键的部分，中车打造世界一流品牌，离不开优质发展、以质取胜，需要培育优秀的员工，打造优质的产品，提供优良的服务，向社会大众呈现“CRRC”品牌核心价值。首先，筑牢产品质量生命线。提供优质产品——采用先进的技术和手段，全面提升产品档次和质量；运用精益管理等先进管理方法，确保产品质量管理精细化；建立持续追求卓越的质量经营和改进体系，提升质量管控水平，强力支撑品牌价值实现。其次，积极响应客户需求和各方期待。提供优质服务——响应客户对产品服务、方案定制、价值创造等方面的需求，提供“保姆式”的服务；加快推进智能制造，运用信息技术开展质量风险分析与控制，促进服务质量提质换挡，形成品牌的竞争优势。抓住根本，培育优质人才——加大培育力度，加强实践锻炼，弘扬新时代“中国高铁工人精神”，建设高素质的科技人才、管理人才和优秀技能人才队伍，全面形成对品牌建设的支撑，打造“CRRC”这一“金字招牌”。

中车坚持提升品牌的美誉度。具体从三个方面来进行：给予美好体验——提供高端、智能、绿色、美丽的产品，给予客户、社会、大众安全、可靠舒适、美好的体验。引发美好感知——推进绿色制造、效益管理、诚信服务、责任担当，拓展绿色产业、创新产业，引发客户、社会、公众对中车品牌“负责任”的形象感知。唤醒美好共鸣——践行创新、协调、绿色、开放、共享的新发展理念，促进经济发展，倡导文化互鉴，共建社会和谐，热心公益事业，全方位唤醒中车与各方的共鸣，提升品牌美誉度，形成“CRRC”品牌的无形资产、有形财富。

四、品牌建设稳步推进

纵观中车品牌建设历程，在“大同优美”法则统领下，中车人厚植行稳，精进致远，探索形成出一套别具个性的品牌建设方法论。

品牌建设是企业内在本质呈现为外部形象的过程，需要融入企业经营发展全系统、全过程、全价值链体系，持续进行。作为中国高端装备制造业的代表，中车品牌培育的主要做法是，全神贯注聚焦于战略引领，潜心笃志致力于自主创新，精益求精致力于品质提升，诚心诚意致力于责任履行。

中车上为大国重器、下担产业引擎，努力做强国战略的担当者。中车坚持以“连接世界，造福人类”为使命，以“正心正道、善为善成”为核心价值观，围绕全球行业引领、国企改革先锋、高端装备典范、成为世界“名片”的目标，认真落实党中央提出的建设科技强国、质量强国、交通强国、数字中国、智慧社会的要求，坚定不移地向打造受人尊敬的国际化公司、培育具有全球竞争力的世界一流企业目标迈进。经过艰苦努力，中车“客户导向的、负责任的、可靠的、创造的”品牌核心价值得到充分体现，中车已经成为一张亮丽的“国家名片”。中车作为全球规模领先、品种齐全、技术一流的轨道交通装备供应商，已跻身《财富》世界 500 强和中国 100 强。中车的产业规模全球领先——稳居全球轨道交通装备行业首位，拥有全球最大的轨道交通装备产品研发制造基地；产业链体系较为完整——具备先进轨道交通装备全系列、谱系化产品设计制造能力，能够适应各类复杂的环境条件，动车组占全世界动车组总保有量的七成以上，速度等级、行车密度、运营能耗、平稳舒适度等各项指标均已进入世界先进行列；技术创新能力可持续——形成了“政产学研用”深度融合，协同化、开放化、一体化、全球化的技术创新体系，承担国家科技体制改革试点任务，牵头组建国家“十三五”第一个国家技术创新中心，牵头实施国家重点研发计划先进轨道交通重点专项任务；资源配置能力强——构建了一体化、协同化、高效化的资源配置机制，有效发挥人才、技术、产品、资本、资产和产业链等各类资源优势，实现资源效应最大化；国际业务体系遍布全球——积极参与全球高端市场竞争，实现了发达国家全覆盖，中车品牌正在赢得全球的尊重和信赖。

中车以产业高端为前提、以产品高质为目标，做大国品牌的实践者。中车人时刻牢记“人民对美好生活的向往，就是我们的奋斗目标”，积极回应人民群众安全出行、便利服务的诉求，提供高品质的交通运输体验，成就品牌美好形象。坚守产品质量生命线——实施“中车Q”质量管理体系，从设计、工艺、生产和新技术、新手段等多方面提高产品质量，研制的产品特别是高速动车组集成了当今世界众多的尖端技术，成为高品质的保证，在运行速度、安全性、舒适度等技术性能指标方面达到世界先进水平。筑牢运营品质强基础——科学构建运营管理平台，瞄准品质、效率和效益三大价值目标，聚焦价值创造核心环节，通过“端到端”的流程再造，建立全产品链、全供应链、全价值链协同的管理体系。夯实服务品质软支撑——推进全寿命周期管理，改善、优化服务流程、服务标准，健全服务大体系，加快新技术、新手段应用，中车产品运行到哪里，中车服务就跟进到哪里，在全球服务的国家和地区建立了标准化售后服务“4S”店，中车的服务人员全年全程做好服务，周到、及时、优质成为中车品牌在全球树立的形象。高品质、高标准、高要求铸就了“中国中车”品牌。以“复兴号”为代表的多品种系列高速动车组在中国已经投入运营10多年，时速达到350公里，在智能化、乘坐舒适度、安全可靠性等方面，达到世界先进水平，安全运行里程、运送旅客人次、累计完成旅客周转量等均居世界首位；城际动车组、城市轨道车辆、机车、客车、货车出品总量持续提升，为社会、为人民群众提供了一流的技术、一流的产品、一流的服务，为中国铁路客运周转量、货运发送量、换算周转量、运输密度等主要运输经济指标做出积极贡献。中车先后获得“全国质量奖”“中国质量奖”，中国高铁成为让世界感叹的“中国新四大发明”之一。

作为轨道交通装备制造的专业化企业，中车始终把科技创新作为塑造品牌的重要支撑，通过加大科技投入，提升设计制造理念，打造世界先进的研发平台，建设标准化的产品平台，加强商业模式创新，把前沿技术和客户诉求紧密关联，用先进的技术服务用户、服务社会，满足全球用户的不同需求，塑造品牌“创新、高端”的形象。

中车坚持做经济发展的“推动者”、服务大众的“优等生”、成就员工发展的“关爱者”、生态保护的“友好者”、公益事业的“热心人”，履行对国家、对人民、对员工、对环境、对社会的责任。

中车持续实现国有资产保值增值，坚决落实国家供给侧结构性改革要求，践行国家重大发展战略；中车先进的机、客、货、动车组不断向国内、海外输送物资，为人们出行提供便利，助力区域资源配置调整，推动各国、各地区经济发展；中车拓展的新能源汽车、磁悬浮列车、超级电容有轨电车、全域水环境治理系统、光伏风力发电设备、共享包装等更多绿色、节能、环保的解决方案，助力生态环境改善；中车持续深化结对帮扶，积极携手各级政府、客户、企业和非营利组织，共同履行社会责任，让世界了解中国，让中国走向世界。

在加强品牌培育、提升品牌价值、夯实品牌内生基础和支撑的同时，中车按照“一战略、四体系”品牌建设总体思路，持续加强对品牌的管理，使品牌建设稳步推进。品牌价值体系的核心为品牌核心价值、品牌传播口号等内容。中车在品牌打造过程中，持续强化价值体系的核心内容，凸显品牌核心价值。以“CRRC”品牌核心价值为导向，推动企业运营管理的系统提升，充分展现品牌内涵。中车结合发展战略、企业文化，提炼新鲜感强、穿透力强的集团品牌口号“连接世界、与你同行”，既向目标受众传达中车为全球提供服务、促进人类共同进步的理想与实践，又展示集团的企业文化核心理念，拉近与受众的距离，唤起情感共鸣，进而增加受众对品牌的认同和依赖，有效提升品牌知名度和美誉度。中车致力于统一内部品牌认知，推动公司内部运营管理的系统提升，进行品牌“内化于心”的系统策划，将品牌理念植入员工心里，体现到行动当中；不断增强全员品牌意识，营造“人人塑造品牌、人人维护品牌、人人传播品牌”的浓厚氛围。中车也不断提升外部受众对品牌价值的认知。将品牌核心价值建设贯穿于设计、制造、营销、服务、传播等与外部受众密切接触的各个环节，使之准确掌握和体现品牌核心价值，让客户、媒体、公众等外部受众真正感知到中车品牌的核心价值，实现从产品经营到品牌经营的转变。

中车重视品牌形象体系建设。品牌形象体系的核心内容为品牌形象描述、品牌形象驱动因素、品牌形象载体。品牌形象体系是品牌深刻内涵的外在表现，体现了品牌的价值意义。

结合品牌定位，中车在国内采用“文化导入”策略，打造“创新引领者”的品牌形象，努力占据行业品牌制高点，提高本土企业在形象策略方面的跟随门槛，掌握竞争主动权；在国外，采用“专业权威”策略，打造“创新推动者”的品牌形象，突出产品、质量、技术、服务、交付等方面的综合竞争优势，为用户创造最大价值。同时，为品牌赋予“值得信赖的中青年专家”的人格，增强中车品牌形象的亲和力，让品牌形象可感、可知、有血有肉。

全方位、多层次选树先进典型，让一个个具体可感、鲜活形象的典型人物说话，推动品牌形象人格化、故事化。在整体层面，塑造以“产业报国、勇于创新、为中国梦提速”为精神内核的“中国高铁工人”群体形象；在个体层面，选树以“一生只做创新这件事”的院士刘友梅、“一枪定义世界速度”的工匠李万君等为代表的典型人物和典型故事，通过多种渠道广泛传播，使中车品牌有细节、有温度，潜移默化、润物无声，产生良好的品牌效应。

以企业形象、产品形象和服务形象共同支撑中车整体品牌形象。积极塑造实力雄厚、历史悠久、勇于担当的企业形象，绿色、创新、可靠、人本的产品形象，专业、高效、规范的服务形象。

以品牌国际化为标准，完善体系，高标准实施Ⅵ应用工作。不断规范和提升包括媒体广告、宣传物料、企业网站、公关活动、产品、吉祥物等在内的品牌形象载体的合理运用，从现代感、整体性和统一性等方面持续优化品牌形象设计，树立国际化的一流品牌形象。

结合中车业务特点，构建“全球思维、内外兼顾、手段多元、内容丰富”的品牌传播体系。结合品牌架构，建立集团、业务、子企业、产品和服务等几个层次的品牌传播策略，分清各自的传播重点。总部侧重于集团企业形象、业务、重大事件等层面的战略性传播，子企业侧重于本企业、业务、产品和服务层面的日常性传播，两者实现有效联动。

针对国内，在巩固轨道交通装备行业品牌优势的基础上，积极开展对各级政府、路外客户、多元化产业客户的品牌传播，逐步加强对社会公众、资本市场的品牌传播。针对国外，重点对所在国轨道交通行业目标客户、政府及各利益相关者进行品牌传播，逐步加强对国际社会公众的社会化媒体传播。

巩固展览展会、媒体、广告等传统传播渠道，拓展人员传播、公关活动、新媒体等品牌传播新渠道。根据具体情况和需要，发起或参与服务型公关、战术型公关、社会型公关活动，设计出针对特定目标群体的有效传播形式。加强微博、微信、客户端、Facebook、Twitter等国内外新媒体平台的运营建设，搭建新媒体矩阵，增进企业与受众之间的互动。形成全方位、多层次、立体化的渠道组合，实现品牌整合传播，达到最优化传播效果。

通过品牌传播内容和方式的创新，让受众能够从品牌中看到中车的理念、内涵、品格、情感和故事细节等元素，让中车品牌传播更有温度。在企业实力、产品、技术、市场、服务等传统传播内容基础上，融入品牌故事、文化故事、社会责任、人才理念等内容，逐步打造包括一线员工、专业人才高级管理人员在内的系列品牌代言人。

加强品牌内部传播，与企业文化建设紧密结合，科学制订品牌培训计划，实现品牌全员培训和专业培训的常态化。通过内部宣传媒介和举办各种品牌活动，传播、渗透品牌理念，促进品牌宣传的内部落地。按照全员对品牌理念“内化于心、外化于行、知行合一”的目标，综合运用文化和管理手段，开展全员品牌行为规范推广工作，让品牌要求真正融入员工的职业行为和日常行为，建立员工与客户之间的品牌联系，逐步形成具有中车识别性的行为方式。重点提升市场营销、售后服务、窗口岗位等品牌关键接触点人员的行为规范。

通过搭建完善的品牌管理平台，建立完善的品牌制度和流程，不断加强对完整品牌体系的内部管理。搭建完善的品牌管理平台。在集团范围内，建立起包括品牌决策层、品牌管理层与品牌执行层在内的三级品牌管理组织。其中集团总部设品牌决策委员会、品牌管理委员会；集团直属子企业设品牌管理委员会、品牌执行委员会；集团二级子企业设品牌执行委员会。系统梳理品牌管理职责并分解至各部门，形成统一规划、分级管理、权责明确、协同推进的工作机制。

中车先后建立品牌准入制度、中车Ⅵ标识管理办法、对外宣传管理制度、品牌危机和风险防控管理办法、对外发言制度、对外信息披露制度、品牌考核评价制度等。同时，依据品牌管理制度，完善相应的管理流程。如建立品牌决策流程，对集团总部、各子公司决策流程进行规范，使之公开透明、有迹可循，体现科学高效；建立品牌准入流程，每两年对使用中

车品牌的企业进行一次审核，由子公司申报，两级品牌执行委员会讨论，以投票方式表决通过。建立品牌传播流程，信息披露、对外新闻发布由集团总裁办和董事长办公室进行最终审核，做到流程清晰、责任明确、途径有效、合乎法律法规。

依据“主体统一”的品牌架构，建立品牌准入管理办法，从战略方向、业务相关性、股权关系、经营规模、盈利能力、产品质量、市场表现等多个方面，制定准入标准，做好“中国中车（CRRC）”集团品牌的准入、复审和退出管理。明确集团品牌和业务品牌、产品品牌的关系，妥善处理好品牌授权、品牌过渡等事项，规避品牌风险。加强品牌资产管理，做好商标和商号在境内外的注册管理、权属管理、使用管理和档案管理，加强品牌管理部门与法律、经营管理、技术研发等各部门之间的内部协同，加强企业与公安、工商、质监、综合执法等外部机构的合作，打击各种侵权行为，保护品牌资产。定期开展品牌价值外部评估，确保品牌资产的保值、增值。

引导集团整体树立品牌危机意识，建立品牌危机管理机制，成立危机管理组织，明确危机管理职责，制定相应的制度和流程，不断提高危机识别、危机分级、危机预警、危机分析和危机处理的能力。

制定品牌建设评价办法，依据品牌管理要求和年度品牌工作计划进行考核，定期公布考核结果，将其纳入企业整体考核体系并设置专项奖进行正向激励。

良好的体系管理有效提升了工作水平。中车先后获得“品牌建设优秀企业”“中央企业品牌传播力十强”等称号。

品牌培育、打造是一个长期的过程，需要久久为功。140多年的历史，中车在每个发展的阶段都为“中国中车”品牌注入了丰富的品牌内涵。近年来，中车更是自觉自醒自立，有序推进品牌培育工作。同时，坚持与时

图 29：2019 年，中车荣膺“中国品牌强国盛典”十大年度榜样品牌榜首的颁奖现场

俱进，提升品牌价值，优化品牌管理，实现品牌创新。

品牌价值不仅体现品牌对用户的永恒承诺，也体现了品牌对国家、社会、人民的担当；品牌建设不仅要不忘初心、牢记使命，也要结合实际、与时俱进，随着时代的发展，不断丰富品牌内涵，提升品牌价值。

中车品牌核心价值是“客户导向的、负责任的、可靠的、创造的”，其价值内涵随着时代的变迁不断得到丰富，体现了更大的品牌担当。在 140 多年发展历程中的大部分时期，中车品牌价值更多地体现为振兴民族工业、促进经济社会发展、满足人民群众更好出行需求等品牌担当；在新的历史时期，随着国家改革开放的伟大实践不断推进，随着经济社会的全面发展，随着“走出去”战略的持续实施，中车品牌价值不断提升，开始更多体现为“满足人民美好出行”的需要、“构建人类命运共同体”的理念、更多展现“四个自信”的具体实践，用达到世界先进水平的中车产品、中车服务、中车标准、中车品牌价值为国家经济社会发展、人民幸福美好生活服务，向全世界展现中国智慧、中国方案。

追求更高品牌目标。中车作为轨道交通高端装备领域的代表，无论是“连接世界，造福人类”的使命，还是“打造受人尊敬的国际化公司”的目标，其品牌形象不断丰满，品牌个性更加鲜明，品牌价值持续提升，特别是其中的品牌文化特征，传递了人文情怀，体现了文化价值，更好地在客户、在民众心灵深处形成潜在的文化认同和情感眷恋。

根据不同市场定位、不同市场环境实行差异化品牌策略，有侧重地选择品牌设计、品牌传播的方法和手段。

在面对单一市场及用户的经营发展阶段，中车品牌的内涵是可靠、绿色、安全，更加突出安全出行、便利服务；而在国际市场，中车则着力塑造创造的、负责任的品牌形象，更多突出中车技术和产品的自主创新性以及技术性能上的安全可靠；更多强调对他国生态环境、经济发展、人口就业、社区和谐的功能和作用。特别是强调对文化的尊重，从另一层面为品牌的形成起到较好的推进作用，同时也使品牌所蕴含的中国文化得到进一步彰显。

“走出去、走上去”是中国企业走向世界的愿望，但不同国家和地区对中国文化、中国品牌的接纳程度存在差异。品牌创新的任务就是针对不同国家和地区的用户，确定品牌传播的侧重点，包括途径、载体、方式，实现品牌传播效果最大化。比如针对发达国家，中车的品牌设计一流，给人的是享受和美感，传播的侧重点是高品质，同时要塑造国家社区和谐的推动者、承载者的形象；针对发展中国家，中车的产品形象是可靠、耐用、安全，传播的侧重点是速度快、乘坐舒适、使用成本低，政府认为划算，百姓觉得舒适。

不断创新品牌传播内容和方式，让受众能够从中车品牌中看到企业的理念、内涵、品格、情感和故事细节等元素，让品牌传播更有温度。比如在成立初期，中车通过一系列品牌故事，展现中车人极高的工作效率和极强的品质意识，突出品牌的内生基础；在高铁时代，中车又通过品牌故事“不倒的硬币”，传播中国高铁产品的平稳性，传递的是中车高铁品牌的技术先进性。在走向海外的过程中，中车在企业实力、产品、技术、市场、服务等传统传播内容基础上，融入更多的品牌故事、文化故事、社会责任、人才理念等内容，如“老外讲中车故事”。选拔和打造一批包括一线员工、专业人才、高级管理人员在内的系列品牌代言人，让中车品牌人格化、品格化。在网络时代，充分利用各种媒体媒介，特别是有效运用互联网、移动互联网等新媒体，广泛传播品牌形象，传递品牌价值。

第二节　中车品牌走出去

品牌国际化是企业在进行国际化经营活动中，推出全球化的品牌并融入全球市场的过程。随着全球经济一体化、基础设施互联互通的不断增强，不仅为中车实现高质量发展提供了有利契机，更为中车融入世界铁路发展带来了良好的机遇。近年来，中车围绕企业国际化战略，按照“培育具有全球竞争力的世界一流企业”的目标，加大品牌国际化力度，为企业营造可持续发展的生态环境，在全球范围内树立了优质、安全、可靠的品牌形象。

一、国际化品牌塑造

首先，从全球范围来确立目标客户群，基于全球竞争分析来确定品牌主导方向，从全球目标受众能够理解的角度提炼品牌的愿景、核心价值差异化的个性等。中车在对品牌进行顶层设计时，充分考虑已经形成的核心理念是否符合国际化的要求、企业的业务走向及其最终能够为客户创造的价值是什么、客户心中的企业品牌和企业期待塑造的品牌是否存在落差、企业未来的发展使命和愿景、核心竞争力、企业的个性和差异化等因素，明确以“高端装备为核心的全价值创造者”为品牌定位，提炼“客户导向的、负责任的、可靠的、创造的”品牌核心价值，不仅体现中车品牌的道德站位、理想情怀，更超越国界，超越产品的物质层面，传递出某种公认的精神和品位，从而把它与目标受众的情感紧紧联系在一起，使其难以被竞争对手模仿和复制。

其次，推动品牌识别国际化。在千万张不同肤色的面孔中，被人一眼认出和记住，这就是识别。中车设计独特的标识、口号、形象包装等品牌识别要素，努力形成差异化的品牌形象并全方位应用于产品、员工、环境、宣传品等，力求得到目标受众的好感和共鸣。以品牌标识为例，中车设计了一个红色繁体字的“車”字，与英文标准字形态呼应，其深刻内涵和外形审美既有中国特色、行业特色，又体现了面向世界的胸襟与志向，符合世界大众视觉审美意趣。

最后，促进品牌体系国际化。实施大品牌体系，通过分析品牌价值的内部驱动因素，将品牌注入设计、制造、营销、服务所构成的企业价值链的各个环节，从而全面提升企业品牌价值的内生基础，让企业做到品牌承诺与品牌内涵的表里如一。

二、国际化品牌策略

面对全球不同的文明背景、经营环境，中车细致分析所在国的政治、经济、社会、文化、法律、人文等各方面信息，充分了解所在国政府、社区、媒体、非政府组织、员工、合作者等的利益诉求，努力按照“一国一策”的原则，对企业生态环境的重要方面进行深入分析，了解各方关切点，从而对那些有影响力、有决策力的要素施加有效影响，为品牌建设打下坚实基础。在此基础上，选择恰当的市场进入顺序模式。

品牌国际化是一个过程，伴随着企业经营的国际化。品牌市场进入的顺序模式不同，难易度不同，效果不同，收益也不同。中车采取兼容并蓄、有所侧重的模式，把发达及中等发达国家市场作为优先进行企业品牌推广的主战场，投入优势资源开展品牌传播，利用在这些国家建立的声誉，辐射到全球市场。最重要的是，要推动生产、营销和管理的本土化。按照“思考全球化、营销本土化”的思路，针对不同国家、不同地区的情况，采取不同的营销策略、商业模式以及不同的品牌传播策略和传播方式组合。中车陆续在马来西亚、南非、土耳其等地实行“本地化用工、本地化采购、本地化服务、本地化制造、本地化管理”的“五本模式”，把自身定位为“文化传译者、产业推进器、人才孵化器、社区好邻居”四种角色，快速提升品牌在目标市场的知名度，有效提升了品牌的国际美誉度和影响力。

三、国际化品牌传播

选好传播路径。中车采取“自内而外”“先行业后社会”的品牌传播主路径。“自内而外”，就是品牌传播始于内部员工，一方面要统一全员的品牌思想，让全体员工知晓和认可品牌理念；另一方面要统一员工的行为规范，使品牌理念内化于心外化于行、知行合一，对外发出品牌的“同一个声音”，每个员工都成为企业的品牌大使。所谓“先行业后社会”，就是品牌传播业内优先，坚持市场导向，在行业中深耕，影响有影响力的人。选准品牌国际化传播的渠道组合。针对 B2B 企业的特点，充分重视设计、制造、营销、服务等品牌接触点重点岗位员工，进行有效的人际传播；细分品牌目标人群，把行业专家资源、国际智库资源也纳入视野范畴，与之建立日常联系；注重整合传播，将媒体软传播、行业展会传播、公关活动传播、专业会议传播、硬广告传播、事件营销、企业家品牌塑造等各种渠道和方式按照轻重缓急搭配，善于借助第三方证言支持品牌建设，善于运用新媒体平台主动发声。

讲好品牌故事。一是讲受众愿意听的故事。从受众的角度出发，讲对方感兴趣的故事、讲对大家有益的故事。故事的价值观契合企业的品牌核心理念，故事的内容力求符合世界共通的情感取向，故事的讲述时机巧妙融入企业各项活动和社会重大事件中，故事的讲述方式注意拥抱互联网思维。中车在实践中形成这样几条讲故事的思路：找感动人心的故事，而非劳模的故事；找融入世界的故事，而不是相互竞争的故事；见人见事见责任，而非只见产品和订单；让“老外”代言当主角，而非事事以我为主。二是建好传播阵地。既要充分利用国内主流媒体的海外分支机构，又要学会跟境外媒体、智库等机构交朋友，还要开设海外自媒体账号，做好阵地建设。要管理好海外自媒体账号，通过一些活动策划，取得良好的品牌传播效果。三是打造好品牌专职兼职队伍。中车已经初步搭建了一支专兼职品牌建设队伍。四是经营好海外智库媒体关系。与境外主流媒体建立日常联系，与境外公关公司、智库等机构加强合作。

四、从“中车看世界”到“世界看中车”

新中国成立以来，已形成了完善的轨道交通工业体系，为中车品牌国际化提供了产业基础。改革开放以来，中车充分利用全球化优势，夯实品牌国际化的技术实力。从第一代动车组按别人的图纸设计，到如今拥有具有完全自主知识产权的标准动车组，实现了质的飞跃。“一带一路”倡议提出以来，中车国际化经营又换挡提速，积极参与全球高端市场竞争，出口市场实现了由亚非拉传统市场向欧美澳高端市场的转变，在模式上实现了从产品出口到产品、技术、服务、资本全方位出口的拓展。

2015 年 6 月，原中国南车与原中国北车重组，合并后的新公司更名为中车。中车成为央企整合的标志性案例，整合的目的就是增强海外市场的竞争力、提升中国在装备制造业中的国际话语权。2015 年，中车通过对16个国家22个海外客户走访调研，发现海外客户认为中车是“中端品牌”，客户心中的企业品牌和企业期待塑造的品牌之间存在落差。中车随即提出“以高端装备为核心的全价值创造者”的品牌定位，推进技术、产品、服务和价值链迈向高端化，让品牌承诺与品牌内涵实现统一。在企业走向国际化的过程中，产品质量、履约能力是竞争制胜的基础。2015年，“中国造”动车组首次在欧洲开跑，时任马其顿总理格鲁埃夫斯基亲自试乘。此前，中车针对马其顿市场三十多年未对铁路系统进行大规模投入的情况，向其提供了采用铰接式转向架适用其蜿蜒曲折的铁路线、采用低地板车身适应既有铁路站台等适合其自身情况的系统解决方案。正是这样量身定制的系统解决方案，赢得了客户的尊敬和信赖。“中国方案”引发回响，让马其顿成了“回头客”，再次向中车订购电力机车等高端轨道交通产品。奥地利、德国、捷克、匈牙利等欧洲国家也纷纷向中车伸出深度合作的“橄榄枝”。

图30：2015年11月15日，中国出口欧洲的首列动车组投入运营，时任马其顿总理格鲁埃夫斯基为列车剪彩并试乘体验

2019年底，中车为墨西哥蒙特雷轻轨项目提供中国智造解决方案。中车仅用短短14个月就完成该项目的履约，为墨西哥民众提供了优质高效的出行服务。这树立起墨西哥客户对中车品牌的信任，甚至主动在其国内为中车进行推介。

2020年6月，墨西哥城市政府公开发布国际招标，拟对墨西哥城地铁一号线进行整体现代化改造，项目采用总包模式，包含轨道、机电系统修复和更换、信号系统升级、运营控制中心重建和采购全新列车等。此项目是墨西哥城轨道交通领域第一个现代化改造项目，在不中断线路运营的情况下，涉及多个系统的升级改造，且并行作业、复杂程度高，对全球很多企业而言都是巨大的挑战。2020年下半年，中车牵头各方，在短短的4个月内制定出了符合业主期待的优秀的中国系统解决方案。

2020年12月18日，由中车旗下中车株机公司、中车香港公司联合体组建的项目公司与墨西哥城地铁局签署了墨西哥城总包项目合同。此项目的签订，标志着中车从传统的海外高端轨道装备制造商向提供系统解决方案商转型，开启了中国轨道交通装备行业海外业务转型升级的新篇章。以墨西哥地铁一号线为代表的海外项目，是中车践行国家“走出去”战略的重要成果，是“一带一路”合作中海外市场业务的新突破。各大海外项目的成功签订和高质量执行，体现了中车全方位、全过程为客户创造价值、提供系统解决方案的能力，为中车进一步拓展海外市场带来深远影响。

五、消除文化差异讲好品牌故事

在“走出去”的过程中，中车尝试聘用当地人担当公关总监或新闻发言人。位于美国马萨诸塞州斯普林菲尔德的中车春田工厂，聘请原马萨诸塞州交通局新闻发言人为公关总监、新闻发言人。同时，积极与智库组织、公关公司合作，如著名汉学家傅高义接受采访时赞扬中车正努力改善波士顿轨道交通系统、美中关系全国委员会会长欧伦斯多次呼吁美国引进中国高铁系统等。

2022 年 9 月，中车首个海外企业社会责任与文化交流中心在奥地利维也纳揭牌。这是中车在深化对欧洲企业文化和社会责任的理解，促进中欧企业合作迈上新台阶。国际化传播的重要特点是传播双方存在文化差异，传递的信息在源文化中编码，却要在目标文化中解码。中车通过深度调研，广泛征集海外传播线索，形成以提升受众接受度、关注度及参与度为目标的传播方案和“外松内紧、谨言慎行”的传播原则，建立了以澳大利亚、美国、新西兰为主，辐射其他英语国家的舆情风险管控体系。

“中国高铁硬币 8 分钟不倒”的故事是中车较为经典的案例。一名瑞典人拍摄了一段视频，画面是他在京沪高铁的窗台上竖起了一枚硬币，硬币一直竖立不倒，直到列车进站。这原本是在一个不起眼的网站上发布的。中车抓取到这个视频后，通过国内外的平台进行二次传播，在 Facebook、Twitter、Youtube 等网站产生非常大的影响，中外主流媒体纷纷跟进，引发“竖硬币”的连锁热潮。“竖硬币”的故事折射出中国高铁超高的稳定性，这一传播案例也成为中车最佳的品质代言。为了最大限度满足海外受众的信息需求，中车在探索过程中不断寻找文化契合点，注重故事化、体验式和文化力的传播。比如，挖掘传播澳大利亚伐木工“变身”火车制造者的故事，以实景融合动画的形式制作推出了澳大利亚社会责任故事片，广受好评。

截至 2024 年底，中车在海外社交媒体的粉丝总量突破 118 万。在 Facebook 平台上，每月平均发 25 条推文，阅读量突破 1 亿次。粉丝不仅来自网络，也来自高校。悉尼大学商学院教授汉斯 · 杭智科（Hans Hendrischke）说：“中国的高铁是世界有名的，我们的学生很感兴趣。”

第三节　品牌价值持续提升

品牌价值是企业综合实力的表现，是企业高质量发展的重要象征，是世界一流企业的显著标识。多年的厚植精进、艰苦努力，中车品牌战略的先导作用逐步发挥，品牌建设的成效持续显现，品牌价值进一步提升；企业综合实力、创新能力、市场竞争力、全球影响力显著增强；“国家名片”日益亮丽，“复兴号”成为中国速度、中国制造、中国质量、中国品牌的先进典范之一。

一、品牌建设持续向好

中车的品牌建设走过了一段不断探索、不断实践、不断奋进的历程，呈现出四个方面的特点。

一是品牌意识从“无为而治”向奋发有为转变。中车发展底蕴深厚，但是和其他装备制造企业一样，品牌建设经历了从无到有、从弱到强、从单项推进到系统建设的转变。在20世纪末之前的“启蒙时期”，立足于企业相对完善的产业体系、一定水平的技术能力，中车品牌意识逐步增强，开始用CI导入的方式提高企业品牌知名度，但与全球知名轨道交通装备企业相比差距甚大，还没有充分认识品牌价值对资产规模和盈利能力的提升作用，还没有高度重视品牌声誉和品牌无形资产的积累，品牌建设还停留在建立企业外在形象识别的粗浅层次。在此后近10年的品牌“发展时期”，随着国际知名品牌的全面进入、市场竞争环境的全新变化，中车品牌意识进一步增强。特别是在铁路引进、消化吸收再创新过程中，在与世界知名企业的亲密接触中，中车充分感受到了来自世界知名品牌的巨大压力，开始砥砺奋进，主动作为，从企业战略角度认识品牌、谋划品牌建设，先后搭建起品牌建设的“一战略四体系”架构，推进品牌建设融入企业全流程管理，逐步走上系统化、规范化的“大品牌”建设之路。

从中国高铁横空出世到当前的品牌“壮大时期”，中车进一步把品牌作为企业重要的战略资源和企业发展的关键驱动力量，更加注重发挥品牌战略的先导作用，提升企业品质、推动改革创新、担当使命责任，中车成为世界行业焦点，中国高铁成为“国家名片”。

二是品牌修为从外形塑造向“内外兼修”推演。品牌作为一个概念，是一个舶来品。中车对品牌的认识经历了一个由浅入深的过程。从起初最直观、最简单的企业LOGO设计，到后来的Ⅵ、BI、MI渐次推进，品牌建设持续向最核心的内部驱动因素深入，并随之形成日益提升的品牌价值。在Ⅵ推进过程中，既持续优化视觉识别体系，使之最佳体现中车品牌鲜明特色，又注重统一品牌的执行，形成“同一个中车”的识别形象。在BI推进过程中，制定员工日常行为规范，推进规范执行落地。突出品牌关键接触点岗位，加大企业领导者、营销、售后等岗位行为规范执行力度，努力使品牌价值理念内化于心、外化于行。特别是在MI推进过程中，按照中车“CRRC”——“客户导向的、负责任的、可靠的、创造的”品牌核心价值指引，凝神静气修炼企业品质、英勇无畏加大改革力度、聚精会神引领技术创新、精益求精推动企业管理、充满情怀承担社会责任，品牌内生驱动因素得到不断优化，品牌价值效应得到持续释放。

中车实现了由小到大、由弱到强的重大转变，发展成为全球规模领先、品种齐全、技术一流的轨道交通装备供应商。中车勇于变革、与时俱进，从计划经济到市场经济风雨洗礼，从南北车分立到中车组建，不断为国有企业改革探索新模式、新路径，实现了企业由生产型向经营型、由产品经营向资本经营、由传统的铁路工业企业向A+H上市公司的重大转变。中车始终坚持创新引领，从“绿皮车”到“复兴号”，从“引进来”到“走出去”，从追赶到领跑，从中国制造到中国创造，构建了具有世界先进水平的轨道交通装备技术体系、制造体系和标准体系，实现了从“赶上时代”到“引领时代”的伟大跨越，谱写了中国轨道交通装备行业创新发展的辉煌篇章。中车始终把人民对美好生活的向往作为奋斗目标，不断研制各种类型、各个等级、各种用途的轨道交通产品，满足国家经济发展、人民改善生活的需求，特别是中国高铁的研制、开通、运营，更是满足了人们对交通运输安全出行、舒适出行、便利服务的高端诉求。

三是品牌眼光从“中国中车”向“中车中国”跨越。中车发端于民族工业振兴的渴求，成长于国民经济发展的责任，壮大于改革开放的蓬勃推进，百年发展历史铸就了中车“中国本土”的品牌形象。结合企业国际化进程，中车把目光投向世界，从“连接世界”的视角看待中车，从“造福人类”的义理来塑造中车品牌，矢志不渝打造“国家名片”。中车从品牌愿景、核心价值等品牌内核的锤炼，到企业形象、员工形象的塑造；从把品牌价值注入企业链环节，到增强竞争实力，夯实品牌内生基础，中车无不站在全球发展、人类幸福的角度，致力于让品牌承诺与品牌内涵表里如一，推动中车品牌走向世界、享誉世界。品牌眼光从“中国中车”向“中车中国”的跨越，引领中车融入全球发展，实施“走出去”战略，探索出“五本模式”，中车服务于全球100多个国家和地区，努力实现中国品牌“连接世界，造福人类”的企业之品、企业之德。

四是品牌理想从“最受赞赏”向“受人尊敬”迈进。从“中车看世界”到“世界看中车”，得益于国家的发展，得益于铁路行业的发展，得益于改革开放40多年的伟大成就，得益于几代中车人的接力奋斗。中车披荆斩棘，砥砺奋进，取得辉煌业绩，写下轨道交通装备发展浓墨重彩的一笔，中车这一品牌开始引人瞩目。伟大成就更加催人奋进，中车把“打造受人尊敬的国际化公司”作为更高的品牌理想来实践和追求。中车秉承“责任”理念，承担起对国家、对社会、对公众、对股东、对员工不可推卸的责任。中车坚持拥抱“天下”，矢志不移地用自己的产品服务社会，体现出其对国际、国内的经济、社会、文化价值，做一个“大而强，富而善，新而美”的国际化公司的决心。

二、品牌效应举世瞩目

中车以家国情怀的站位、造福人类的气度，展现出其品牌卓尔不凡的气质，产生持久的良好效应。

中车担当起“国家名片”的形象先锋，努力打造一批高水平的世界一流公司、培育一批世界知名的自主品牌。品牌作为企业内在价值的外化表现，集中体现了企业的竞争能力和国家综合实力。中车广泛开展国际合作，与竞争对手共享，将竞争对手转变为合作伙伴；与客户共享，为他们创造最大价值；与当地政府和民众共享，为他们创造就业和税收；与国外大学和科研机构共享，与其共同创造轨道交通装备行业新高度。中车地铁进入了美国波士顿、芝加哥、洛杉矶、费城 4 大城市。示范项目蒙内铁路开通运营以来，为当地创造了将近 5 万个工作岗位，有力拉动当地经济社会发展。中车履行企业社会责任，开展爱心公益活动，实施了一大批品牌项目和民心工程，成为国家形象的亮丽名片。中车研制的机车被多个国家印制在邮票上，马来西亚人力资源部还颁发给中车“全马企业人力资源管理卓越奖”“优秀雇主奖”。以“复兴号”为代表的中国高铁装备，驰骋在超过世界高铁总里程三分之二的近 5 万公里高铁线上，交通便利惠及全国几百个地级市，令世界刮目相看。

推动中国制造向中国创造转变、中国速度向中国质量转变、中国产品向中国品牌转变。培育一批世界级装备制造业品牌，打造更多消费者记得住、叫得响、信得过的“金字招牌”，将中国建成世界上重要的装备制造和供应基地，是实现“品牌强国梦”的重要手段。一直以来，中车以产业高端为前提、以产品高质为目标，做大国品牌的实践者，为全社会、全世界提供高端装备、高端服务。中车努力做先进技术、先进产品的创造者，所提供的产品技术领先，速度等级、在线数量、行车密度、运营能耗、平衡舒适等指标都达到世界先进水平。

中车努力做全寿命周期的智慧化整体解决方案的提供者，致力于智能设计、智能制造、智能产品、智能运维、智能检修。“复兴号”高铁就是中国铁路的一个典型的创新代表，实现了全程的自我管理和全生命周期的管理，以及整个运营过程的远程控制。2019 年底投入使用的京张高铁列车是完全智能智慧的列车，在人文设计、自动管理方面都有很深刻的变化。地铁方面，中车制造的无人驾驶地铁不仅满足了国内的需要，还出口到一些亚洲国家。中车努力做未来技术、未来产品的引领者。短短 10 年，中国已经成为世界第一高铁大国。时速 250 公里、300 公里、350 公里动车组相继问世；特制了高寒、高原、防风沙耐高寒、混合动力等适应各种运营环境的动车组；时速 600 公里的高速磁浮试验样车已经成功试跑；中车正在研制时速 400 公里可变轨距高速列车，如果有了这种跨境高铁，不同轨距跨境通道可以快速切换。

一流的企业要有一流的品牌。近些年来，中车对照“世界一流”标准，向着“双打造一培育”奋斗目标前进，在追求企业“大而强、富而善、新而美”的品牌理想道路上走出坚实的脚步，品牌价值持续提升，被国资委选为创建世界一流示范企业之一。在企业实力方面，中车不仅具有全球领先的产业规模、形成全球最大的轨道交通装备产品研发制造基地，稳居全球轨道交通装备行业第一位，还具有较为完整的产业链体系。在服务社会方面，中车的发展记录了中国人出行方式的巨大变化。特别是中国高铁的发展，极大地改变着中国的社会生态。人与人拉近了，城市与城市拉近了，经济的交融、信息的传播、资源的共享成为现实，“同城”效应不断显现。在造福员工方面，实现了员工生活由温饱到小康的重大转变。例如，到 2024 年中车员工年均可支配收入同比 1979 年增长达 100 倍以上，员工生活水平显著提高，生产生活条件明显改善。在企业可持续发展方面，中车有坚实的技术创新能力，创新机制、创新体系、创新人才都居世界前列。在国际化方面，形成遍布全球的国际业务体系，年出口签约额从不到 30 万美元增长到最高 80 多亿美元，实现了发达国家全覆盖。中车品牌正在赢得全球的尊重和信赖。

第四节 以“五化”理念办展会

塑造和展示优秀的企业文化是一项系统性工作，有很多的方法和途径。作为一家典型的 B2B 企业，中车每年都会参加国内外数百个展会，其中既包括被誉为轨道交通界奥林匹克的德国柏林轨道交通展览会（InnoTrans），也包括党和国家领导人出席的中国品牌日活动。这些展会既有来自全世界数以万计的行业专家和普通民众，也吸引了国内外重要主流媒体的广泛关注，是传播企业品牌形象的最好舞台。中车基于十几年的国内外展会参展经验教训，2019 年底创新提出建立展会制度化、流程规范化、内容模块化、交流全景化、传播国际化“五化”展会体系。经过几年的实践提升，取得了非常好的展示效果。一方面可以通过高端品牌形象提升文化软实力，另一方面优秀的企业文化也会为品牌形象增光添彩。

一、利用展会开展品牌传播

中车在深入分析参展现状和问题短板的基础上，按照“展会服务品牌、品牌服务战略”的方向，尝试提出了“五化”展会新思维，将“五化”展会打造成了一套具有前瞻的理念、科学的体系和突出实践价值的参展理论，对国内外大型企业参加展会具有很强的参考借鉴意义。

“五化”展会是一种不断更新和创新的思维，是从顶层设计入手构建的展会管理组织模式。展览制度化是“五化”展会中最基础的“一化”，是其他四化的依循准则、方向指引和业务指导。展览制度化，即B2B企业从顶层设计的角度出发，设计一套完整的制度体系来支撑企业展览体系，指导企业的展览活动，从而将展会活动打造成一个规范有序、具有持久生命力的品牌传播和推广平台。

流程规范化与展览制度化相辅相成，是驱动展会规范化管理的原动力。展会流程规范化是指通过加强顶层设计和制定业务标准，对展会各项管理业务的范围、内容、程序和处理方法作出规定，从而将展前筹备管理、展中实施推动、展后总结评估的各环节进行标准化、规范化，并有效串联为一个整体。在此基础上，建立谋划决策体系、推动实施体系和反馈提升机制，对整个展会进行闭环管理，绘制出权责明确、节点清晰的展会工作“作战图”。

内容模块化的创新之处，在于将原本只聚焦于展台搭建、展位设计的“模块化”运用，拓展到参展组织工作的全过程与方方面面。例如，技术模块重点聚焦参展企业的技术特长与科技优势；市场模块聚焦于目标市场需求，助力于市场培育、市场渗透与市场拓展；展台模块聚焦于企业展台形象，服务于企业形象塑造；宣传模块聚焦于展前、展中、展后的各项宣传工作。通过这些模块的运转，将展会效应在更大范围内进行扩散与传播。

交流全景化是中车“五化”展会理念中价值提升的一环，核心理念是基于观众的特征与偏好，在与观众的每一个触点上开展有效的交流与互动。全场景布局是基础，“全景化”也相当于是“全场景”；全主体互动是核心，展会交流的核心就是主体之间“面对面互动”的人际传播；全内容表达是关键，利用展会这一综合性平台，与观众进行“全内容”交流；全触点体验是抓手，包括视觉、触觉、听觉、嗅觉、味觉以及心理上所接触的每一个点，都可以称作触点；全效果评估是提升，效果评估不仅是对每次参展工作的总结回顾，更为后续展会工作的开展提供有力的数据及案例支撑。

传播国际化，是指在参加国际展会前后，通过对目标人群或受众进行精准识别，利用本土化精准表达，采用多渠道精准发声，以此展开针对性的国际传播活动，使展会成为传播的爆发点。与一般的传播国际化不同，中车强调传播国际化的“精准化”，并以此更好地达到市场培育及推广、品牌形象提升、企业文化宣传目的。中车认为展会不仅仅是利益相关者进行直接交流互动的平台，更是参展企业进行产品宣传和品牌推广的绝佳场所，传播国际化有助于讲好品牌故事，增强文化、技术自信。

二、展会助推企业软实力提升

2022年初，在筹备参展2022年德国柏林国际轨道交通技术展览会时，中车创造性提出将企业文化作为展会的重要内容，以“五化”展会品牌传播体系助推企业文化软实力提升。几年来，经过众多国内外重要展会的实战演练，目前已经逐步探索出了清晰的发展路径。

中车在按照“内容模块化”理念，将展会内容细分为技术模块、市场模块、展台模块和宣传模块，明确提出要将企业文化传播作为展会的必选内容，并融入到展台模块的展台方案和展台活动中，内嵌到展会的制度流程中。在具体策划实施时，考虑到文化传播必须“接地气、不生硬”，又进一步明确了企业文化主题展示、大国工匠现场展演、文创产品主题发布、文化作品交互演示等四种文化传播形式，提高了展示方案的传播生动性。例如，在2023年上海品牌日活动中，由中车员工组成的管弦乐队现场演奏了《中车之歌》，以沙画形式展示了《中车赋》，举办了“我心中的高铁”摄影展览，还带来了冬奥会 CR400BF 型高铁列车变形金刚等文创产品。参展观众在领略中车高端装备制造“硬实力”的同时，也零距离、沉浸式感受到了中车文化的独特“软实力”，中车文化的有效传播成功让大国重器“活”了起来，让国家名片“火”了起来。

经过多年的持续文化建设，“同一个中车”理念已经深入人心。但为了确保在对外传播时始终体现“同一个中车”形象，中车按照“流程规范化”理念，在展前筹备管理、展中实施推动、展后总结评估中嵌入了文化符合性审查。经过充分调研和实践探索，中车将文化符合性审查的核心内容确定为参展方案中涉及企业文化的展品、表述、行为和活动，主要审核其是否符合中车核心文化理念和中车行为文化规范。进行文化符合性审查，一方面可以避免子企业单方面宣传自己的亚文化和经营理念；另一方面也能避免展会现场活动和人员出现不符合中车文化理念和行为文化的情况。

高端、高质是高铁“国家名片”和中车品牌的核心要素，创新是中车品牌核心竞争优势。正是在“产业报国，勇于创新，为中国梦提速”的中国高铁工人精神引领下，中车人坚持科技创新和匠心营造，把每道工序、每个零件都干成精品，才让中国高铁快速发展，在速度等级、在线数量、行车密度、运行能力、平稳舒适性和安全可靠性等方面跃居世界前列。在展会中，中车注重挖掘和展示高铁“国家名片”技术产品服务背后生动的人和事，并将他们带到展会现场，通过他们的“现身说法”来体现中车的文化理念。例如，中车在展会现场展示的大国工匠“隔纸钻气球”和“蒙眼配钥匙”绝技绝活，让现场观众纷纷拍手叫绝、跃跃欲试，也让中车“10万个紧固件无松动，万根接线无差错，千米焊缝无缺陷”的高端品质变得更加生动。中国高铁工人风采在吸引每位往来观众亲身感受中车这家“百年老店”的文化根脉和“工匠精神”传承的同时，也在向客户传递着企业的品质和责任。

从以前的“乒乓外交”到今天的“高铁外交”，高铁已经不再是单纯满足国民日常出行的交通工具，更是一个国际化、现代化的外交符号。在企业国际化的进程中，面对不同国家、不同地域、不同民族、不同文化风俗等各类问题，中车开放包容的企业文化为企业的国际化运营发挥了良好的桥梁和纽带作用。2022年9月19日，在世界音乐之都维也纳，一曲现场演奏版的《中车之歌》拉开了中车首个海外企业社会责任与文化交流中心揭牌仪式的序幕。来宾还现场观看了英文版《中车赋》，感受了中车深厚的文化积淀。2023年3月3日，中车在巴西里约热内卢市举行中巴智慧城市科技文化交流活动，中车美洲科技文化交流中心正式揭牌成立，巴西青年现场书写“CRRC连接世界与你同行”，展示了中巴跨文化融合下，中车服务世界人民的美好愿景。通过“交流全景化”，中车用文化的力量拉近了不同肤色、不同种族人民之间心与心的距离。

2023年年初，中车以“一带一路”倡议提出十周年为契机，沿着中国火车“走进去”的足迹，在10多个国家组织开展了“坐着火车看世界”系列主题活动，以增加中国轨道交通品牌的国际知名度。在沙特，中车沙特麦加项目保障团队恪尽职守、不辱使命，在高温环境下持续奋战168小时不下线，确保沙特麦加朝觐地铁线在朝觐期间7天无间断运营；在印尼，雅万高铁让印尼人民共享高铁美好体验；在老挝，中老铁路让“友谊之路”变成“繁荣之路”；在肯尼亚，蒙内铁路书写中非合作典范……在国际化传播中，中车真正做到了与故事讲述地具体情况相结合，把中车故事讲出了原汁原味的“本土风味”，一个个共商共建共享写就的动人故事有效提升了中车的品牌形象。

三、展会体系打造成效明显

2022年9月，在2022年德国柏林国际轨道交通技术展览会上，中车得到广泛关注的除了以时速600公里高速磁浮列车为代表的诸多“黑科技”以外，还有承载着中车文化的《中车之歌》和《中车赋》。在德国柏林，中车深厚的文化积淀成了现场来宾的谈论焦点。以“五化”展会体系传播企业文化，实现了中车品牌和中车文化的相互促进、共同提升。

通过文化传播，集中展示了140多年来，中车始终以“产业报国、装备强国”为己任，一路栉风沐雨，实现了轨道交通装备从“万国造”到“复兴号”、从时速35公里到350公里的飞跃；展示了从中国第一台蒸汽机车“中国火箭”号到拥有完全自主知识产权的时速600公里高速磁浮交通系统的伟大成就；折射出了在中国共产党的领导下中国取得的伟大成就，进一步展示了中国人的文化自信和历史自信。

通过文化传播，集中展示了百年来，中车从中国工人运动的摇篮到承载伟大复兴梦想的国家名片，始终与党同心，与国同行，积淀起的深厚的红色文化，孕育出的纯正的红色基因。特别是近年来，持续深入学习贯彻习近平总书记三次视察中车重要指示精神和党中央重大决策部署，持续开创高质量党建引领高质量发展新局面，进一步深化了红色基因赓续和红色文化传承是中车永远不变的纯正底色。

通过文化传播，集中展示了在国家轨道交通装备发展征程中，在共建“一带一路”过程中，中车人以“连接世界，造福人类”为己任，秉持“由我来办、马上就办、办就办好”工作作风，以敢挑重任的勇毅、只争朝夕的拼搏、脚踏实地的实干、精益求精的奋进，迸发出的强大战斗力、执行力和创造力。展示了中车为推动世界轨道交通行业发展、服务人民群众美好出行所作出的贡献，进一步丰满了中车“上为大国重器，下担产业引擎”的典范形象。

通过文化传播，集中展示了长期以来，中车正确把握内外部环境和市场变化，与时代脉搏同频共振，通过以改革促创新、以创新提品质、以品质创品牌，实现了经营品质行业一流、产品技术国际先进、国际经营扎实稳健、企业地位显著增强、品牌形象全面提升的历程，进一步展现了中车以产业高端为前提、以产品高质为目标、以服务高效为承诺、以创新驱动为根本，做强国战略担当者，做大国品牌建设实践者的责任担当。

新时代新征程，中车通过一系列卓有成效的文化传承工程的建设，坚定地“举旗帜、聚民心、育新人、兴文化、展形象”，用先进的文化基因铸魂育人，用优秀的文化品牌立道塑形，把企业文化的“软实力”转化为国企改革发展的“硬实力”；坚定不移以建设制造强国、质量强国、交通强国、数字中国为目标，着力构建轨道交通装备、清洁能源装备“双赛道双集群”产业格局；在建设现代化产业体系、构建新发展格局中切实发挥科技创新、产业控制、安全支撑作用，为以中国式现代化全面推进中华民族伟大复兴贡献智慧和力量。

第八章

心怀“国之大者”的中车

习近平总书记指出：“国有企业是中国特色社会主义的重要物质基础和政治基础，是我们党执政兴国的重要支柱和依靠力量。”[①] 中车作为中国高端装备制造业的代表和全球重要的轨道交通装备供应商，秉承“连接世界，造福人类”的企业使命，始终牢记“国之大者”的历史使命和责任担当，服务国家重大战略，坚定践行共同富裕发展理念、联合国可持续发展理念；坚持以高质量发展为主线，坚持创新驱动发展，致力于实现持续领先领跑，致力于构建产业发展新格局，培育和发展新质生产力；积极响应ESG理念，健全完善ESG管理体系，并作为践行ESG理念的引领者，成为“2023中国制造业上市公司社会责任五星金奖”的获奖企业；坚持为社会创造价值、为用户创造价值、为合作伙伴创造价值、为股东创造价值、为员工创造价值，打造“大国重器”、擦亮“国家名片”；加快建设绿色中车、人本中车、共赢中车、价值中车。

第一节　中车履行社会责任的历程

中车历经140余年的发展，履行社会责任的理念不断深化，能力不断提高，实力不断增强，形成具有中车特色的社会责任履行路径和管理方

① 《习近平谈治国理政》第二卷，外文出版社2017年版，第175页。

法，呈现出内涵丰富、外延广泛、特色鲜明、成效显著的特点。进入新时代，中车在履行社会责任方面开创了新局面，通过积极履行社会责任，探索经济、社会、环境全面协调可持续发展路径，成功塑造起“连接世界，造福人类”的企业形象，正向着打造受人尊敬的国际化公司目标不断迈进。

一、企业社会责任的引进和推行

企业社会责任是经济社会发展到一定历史阶段的产物，是经济全球化和人类可持续发展对企业提出的更多、更高和更新的要求，也是社会对企业的新期待。1924 年，美国学者谢尔顿在其著作中就提出了“公司社会责任”的概念，这是迄今为止对“公司社会责任”的最早描述。其后，随着社会不断进步，公众的价值观念、消费观念发生转变，逐步认可可持续发展理念，在西方社会率先掀起了捍卫消费者利益、劳工利益、环境利益的广泛社会运动。通过一系列运动以及观点论战，许多新的价值观念和发展观念得到捍卫发展，由此形成新的社会共同价值观。2002 年，联合国正式推出《联合国全球契约》，提出在人权、劳工、环境和反腐败方面的十项原则并倡导企业遵守。2010 年，国际标准化组织（ISO）正式发布社会责任指南（ISO 26000），标志着涉及全人类可持续发展的第一个社会责任国际标准正式诞生。

20 世纪 90 年代中期，中国开始建立科学的企业社会责任准则、标准或体系。从 21 世纪初起，企业社会责任开始得到广泛关注，中国的学术机构、非政府组织以及在华国际组织逐步对社会责任进企业开展了系统和广泛的研究、讨论。政府部门也开始关注企业社会责任建设工作。自 2006 年 1 月 1 日起，《公司法》第五条规定公司从事经营活动，必须遵守法律法规，遵守社会公德、商业道德，诚实守信，接受政府和社会公众的监督，承担社会责任。企业社会责任正式从国家层面成为全体中国企业所应履行的义务。2015年，我国首次发布国家层面社会责任领域标准性文件——《社会责任指南》(GB/T36000-2015)、《社会责任报告编写指南》(GB/T36001-2015)、《社会责任绩效分类指引》(GB/T36002-2015)，更好地统一了社会责任的认知与理解。国有企业履行社会责任由来已久，国务院国资委2008年发布了《关于中央企业履行社会责任的指导意见》，2016年制定了《关于国有企业更好履行社会责任的指导意见》，2024年制定了《关于新时代中央企业高标准履行社会责任的指导意见》，不断引导中央企业提升社会责任工作能力和水平。

二、矢志不渝的民族复兴情怀

中车在履行社会责任方面一直以民族复兴为己任，充满了浓浓的家国情怀。

中车拥有16家历史超过百年的企业，中华传统文化中爱国、仁爱、诚信、和谐、慈善等社会责任思想，早已深深融进中车血脉。从“实业兴邦、产业报国”到建立现代企业制度、做强做优做大，打造“诚信央企、活力央企、绿色央企、平安央企、责任央企”，历经从无到有、从弱到强，中车不断肩负起推动产业发展、建设交通强国和“连接世界，造福人类”的使命。中车的发展历程也进一步佐证了企业发展与责任融为一体的企业价值观和责任观。纵观前路，中车社会责任工作从初生萌芽到成熟勃发，正在不断完善。中车以轨道交通装备制造业为核心，有能力、有责任、有义务为创造更加美好的世界、为人类社会进步作出贡献。

中车的责任履行始于初心、见于行动、忠于使命、成于复兴，将此作为企业矢志不渝的崇高追求。国家强，则企业兴；企业兴，则国家强。从学习到创新、从“万国机车”到“复兴号”中国标准动车组、从“追赶时代”到“引领时代”、从“引进来”到“走出去”，中车用一次次科技进步，一次次速度飞跃，见证了国家发展，引领着时代前行，谱写出中国轨道交通装备行业发展的辉煌篇章。中车用实践证明，履行好企业社会责任，必须紧紧融入国家战略，担当大国重器、产业引擎，勇当行业发展的“火车头”，让履行社会责任成为企业的思想自觉和行动自觉，在拉动整个装备制造业前行、有力支撑国民经济发展的进程中，努力做到领先领跑，以更高的志向，推动经济社会的可持续发展。国有企业属于全民所有，是全体人民的共同财富。中车履行社会责任的根本目标，就是实现好、维护好、发展好最广大人民的根本利益。肩负“连接世界，造福人类”的使命，中车坚守回报社会的责任真谛，努力在创造经济价值、实现自身发展的同时，管理好企业运营对利益相关方的影响。中车始终坚持以人为本的理念，促进社会和谐，有效利用资源，保护生态环境，最大限度创造经济、社会和环境的综合价值，满足利益相关方诉求，推动社会可持续发展。

国有企业是中国特色社会主义的重要物质基础和政治基础，是中国特色社会主义的“顶梁柱”。中车传承轨道交通装备的百年积淀，经过艰苦奋斗、锐意进取，逐步发展成全球规模领先、品种齐全、技术一流的轨道交通装备供应商，国有资产保值增值能力和资源配置能力不断提升。中车的发展依靠的就是坚持社会主义市场经济改革方向，不断解放和发展生产力，推动建立现代企业制度，坚持企业社会责任与改革发展相结合、与运营管理相融合，在培育具有全球竞争力的世界一流企业的进程中，努力成为负责任的表率，肩负起中华民族伟大复兴的光荣使命。

新中国成立以来，中国铁路装备制造业得到快速发展。1952 年由我国自主研制的蒸汽机车“八一”号诞生，揭开了中国机车车辆工业新的一页，到 1980 年铁路装备制造企业达到 33 家、研究所 4 家。这些企业分布在全国 21 个省区市，机车车辆工业已经形成布局合理、系统配套、修造并举、专业定点、生产科研结合、协作稳定的、比较完整的行业体系。这些企业在为中国轨道交通产业发展提供坚实装备支撑的同时，逐渐影响着人们出行方式和社会物流模式，也为地方工业发展、就业、环境治理作出积极贡献。

为解决长期以来机车车辆工业增长落后于国民经济增长的问题，从1986年起，中国铁路装备制造企业开展了长达5年的翻身仗会战。到1990年，中国内燃机车和电力机车生产能力较1985年增长1.5倍，客车增长1.2倍，货车增长70%。从此，中国机车车辆工业结构趋于理顺，配修造的比例基本做到相互适应、协调发展，满足了铁路运输的不同需要并小批量出口，1990年全年出口创汇额达8546万美元。随后，中车及时把发展思路由"上能力"为主，转为"上质量、上水平、上档次"，到2000年末，中车固定资产总值为172.6亿元，是中华人民共和国成立初期的35.96倍，是1979年的5.9倍，为国有资产保值增值，为国民经济发展做出了重要贡献，人与人之间的距离不断拉近，物流成本持续降低，在追赶国际先进国家轨道交通产业的道路上步伐愈加稳健。

从2001年起，中国铁路机车车辆工业总公司与原铁道部脱钩，重组为中国南方机车车辆工业集团公司和中国北方机车车辆工业集团公司，企业履行社会责任逐步成为中车人的共识，社会责任理念进一步拓展，议题更加丰富，行动更加活跃。到2008年，原南北车分别实现销售收入212.9亿元、193亿元。1949—2008年，通过近60年的努力，中国轨道交通装备制造企业充分回应了国家、社会、人民和企业员工的期待，坚定承担起助力中国经济发展，改变旅客出行和提供高效节能物流装备的企业责任，企业体制机制从传统管理转变为科学化专业化现代化管理。生产经营从单纯满足国内铁路需要，转变为出口海外跨国经营，为成长为世界一流轨道交通装备供应商铺平了道路。

从"跟随"到"领跑"，轨道交通装备改变了世界。以原南北车分别上市为起点，原南北车成为活跃在国内和国际两个资本市场的公众性公司。按照上市公司有关要求，引入了科学的社会责任管理体系，提出了企业履行社会责任的价值理念，分别提出了“责任与速度同行”“厚德载物、责任先行”的社会责任观，企业社会责任工作开始换挡提速，驶入快车道。2024 年，中车营业收入 2464.57 亿元，创 8 年来新高。中车的产业发展空间深度拓展，已建立起从基础材料、核心部件、关键系统到整机产品的制造，以及运营维护的完整产业链。持续推动铁路机车车辆升级换代，沿着自主创新的道路，高铁动车从无到有，“复兴号”奔驰在祖国广袤的大地上；城轨地铁从零起步，装备能力水平跃居世界第一；“中车智造”深刻改变了世界人民的出行方式，承担着愈加重要的“连接世界，造福人类”的企业责任。

第二节　中车履行社会责任的理念

经历了不同的历史阶段，中车对社会责任的认识和理解更加清晰。特别是上市以来，基于对交通强国战略的使命担当和企业自身可持续发展的追求，中车以“双打造一培育”为目标，将积极履行社会责任视为实践企业核心价值观、实现企业发展愿景、践行企业使命、实施企业发展战略的重要路径，将社会责任管理与企业发展战略、企业品牌文化、企业管理实践有效对接，逐步探索形成中车的社会责任理念——“守中致和、厚德载物”，并以此为指引，积极投身于经济、环境和社会可持续发展中，追求经济效益、环境效益和社会效益的平衡协调，为实现中华民族伟大复兴的中国梦和构建人类命运共同体贡献着“中车智慧”和“中车力量”。

中车不断强化可持续运营能力，坚守“连接世界，造福人类”的使命，秉承“守中致和、厚德载物”的社会责任理念，为推动社会发展进步贡献力量。“守中”即秉持正道——价值追求；“致和”即顺势而为——发展追求；“厚德”即以德为本——品德追求；“载物”即担当大任——责任追求。中车始终兼顾环境和社会影响，为公众提供绿色环保和更加优质的产品与服务，满足人民群众对美好生活的向往。中车凝聚各方力量，实现互利共赢，与各方共享发展成果。中车积极践行社会责任，尊重人才、尊重市场规律、尊重社会、尊重自然，积极塑造全方位高端形象，确保“金色名片”永不褪色，全力打造受人尊敬的国际化公司，永远担当“急先锋”“助推器”“好帮手”“建设者”。

民族复兴的“急先锋”。国有企业的特殊定位，决定了国有企业的特殊责任。中车始终不忘发展初心，牢记职责使命，不仅在经济、社会、环境等方面履职尽责，更加服务于国家发展战略，为中华中华民族伟大复兴作出贡献。

经济发展的“助推器”。站在历史潮头，中车始终将自身发展与国家发展、行业发展、世界发展联系起来，在企业做强做优做大的同时，为国家创造经济效益和价值，带动全产业链升级进步，为世界各地的经济发展贡献中车力量。

服务人民的“好帮手”。中车在持续优化自身运营的基础上，坚持与各利益相关方共建共享，承担更大的国家责任、社会责任、企业责任和股东责任，努力解决更多发展问题，不忘初心，回馈社会，努力做一家有温度、有担当的企业。

美丽地球的“建设者”。中车将打造绿水青山，营造美好环境，推动人类社会可持续发展，作为应尽的义务和责任。始终秉承绿色发展理念，持续提升绿色经营水平，致力于绿色低碳技术应用，为世界提供更多绿色、智能、节能、环保的新型交通装备产品。不断推动企业与自然的和谐发展，助力打好蓝天、碧水、净土三大保卫战，为地球增添绿色。

第三节　中车履行社会责任的实践

中车对于社会责任的认识大致经历了“混沌—模糊—形成—成熟”的过程，经历了社会责任意识的自我觉醒、自我成熟和自我升华。进入21世纪以来，随着中国经济社会的飞速发展和铁路装备产品的升级换代，中车对社会责任的认识更加清晰和深刻。上市以来，随着与资本市场的深度融合，与国际一流企业治理的对标学习，与利益相关方的广泛沟通，中车更加全面系统地构建起企业社会责任的实践体系。

一、中车社会责任的方向

中车社会责任在实践中以使命、愿景、价值、合规、管理为行动方向，产生了很好的效果，得到了持续发展。

企业使命是企业对自身和社会发展所做出的承诺。“连接世界，造福人类”的企业使命，既集中表达了中车责任思想，同时也是引领中车社会责任实践的航标。连接世界，代表了行业属性、企业特点，指引中车持续向更高领域迈进，推动人类社会的不断进步。造福人类，是中车站在人类社会发展的高度，确定的伟大理想，是中车存在的目的，是企业发展的崇高理想，是激励全员向更高人生理想奋斗的灯塔。

企业愿景定义了企业希望成为什么样的组织，是指导企业开展各项工作的原则。企业从“大”蜕变到“伟大”的过程，也是赢得世人尊敬的过程。打造受人尊敬的国际化公司是中车的目标追求，成为具有全球竞争力的世界一流企业是国务院国资委对中车的本质要求，而高质量履行好企业社会责任，超越各利益相关方期待，是中车实现从大到伟大这一跨越的核心关键。

积极履行社会责任，实现自身价值追求，是企业的生存之基、立身之本，也是实现持续健康发展的原生动力。中车在运营管理全过程中始终注重创造经济、社会和环境的综合价值最大化，这也是适应经济社会可持续发展，提升企业核心竞争力、创新力、带动力、影响力的必然选择。

科学规范的企业责任治理结构和体系，是保证企业合规运行的关键内容，是企业社会责任实践的重要保障。中车坚持把企业社会责任管理渗透到企业各方面、各环节，融入企业战略和重大决策，融入日常经营管理，融入供应链管理，融入国际化发展，不断推动企业合规经营。

企业社会责任涵盖经济、社会和环境“三重底线”，与企业运营管理的过程紧密联系，殊途同归，相得益彰。企业运营管理本质上是对各个管理要素和各类资源的优化配置，是对与企业相关的各方利益和关系的协调。中车通过提升内部运营管理水平，为更好地处理各方关系、履行社会责任创造了有利条件。

使命、愿景、价值、合规、管理五种企业要素共同作用，推动企业社会责任实践的持续改善和不断发展。

二、社会责任与企业发展相结合

中车在探索和实践社会责任的过程中，深切体会到：切实履行社会责任标志着企业发展进入新阶段，企业管理转换新模式，资源配置建起新机制，品牌价值得到新体现。

企业履行社会责任要符合国家战略。责任必须根植民族沃土，央企更需勇担国家赋予的神圣使命，融入国家意志，勇担央企责任，做国家战略的坚定执行者、实践者和贡献者。

社会责任的内涵和内容，一直随着时代的发展和企业的进化不断地演变，更好地履责需要企业与时俱进、守正创新。

企业员工是社会的一员，必须与利益相关方一道创造价值，共同追求经济、环境、社会综合价值最大化的目标，推进自身与社会、环境的和谐发展。

企业须找准契合点，厘清责任边界，从实际出发，量体裁衣，量力而为，追求可持续发展。

高效履责可以更有效地利用自然资源和社会资源，拓展企业生存空间，最大化地创造价值，是企业核心竞争力的直接体现。

只争朝夕，不负韶华。站在新的起点眺望未来，中车始终兼顾经济、环境和社会影响，以更多的诚意、更开放的心态，与各方携手共建共享共赢，不断满足人民群众对美好生活的向往，全力推动“连接世界”，不断努力“造福人类”，全力打造受人尊敬的国际化公司，助力全球可持续发展。

中车始终将履行社会责任作为企业内在的、根本的、永恒的信仰和追求，作为促进企业管理提升、深化改革、创新发展、文化育成、品牌塑造的重要组成部分。在推进企业社会责任实践中，中车遵循了“五个基本原则”。一是绩效提升原则。坚持社会责任与企业运营相结合，在努力创造更多经济价值的同时，管理好企业运营对利益相关方的影响，最大限度地创造经济、环境和社会的综合价值。二是服务战略原则。以“连接世界，造福人类”的企业使命为驱动，将社会责任理念融入企业发展战略，全面服务企业“双打造一培育”战略目标。三是效益统一原则。贯彻创新、协调、绿色、开放、共享的新发展理念，将履行社会责任纳入企业运营，努力实现企业经济效益和社会效益、环境效益的统一。四是可操作性原则。立足“国际化、多元化、高端化、数字化、协同化”五大任务，明确社会责任规划的目标、工作重点、行动方案，切实推动企业更好地全面履行社会责任。五是持续改进原则。完善持续改进体系，建立与外部利益相关方的有效沟通机制，积极参与全球可持续发展议题管理，更好地推进企业开展社会责任工作。

中车始终从企业自身属性和使命去认识、解读所承担的社会责任，在给相关利益方创造价值的同时，也彰显出企业自身价值，实现主观价值与客观价值的有效融合。首先，中车是一个企业，企业存在的根本属性是创造经济效益，满足再生产需要，实现存续经营；其次，中车是一个上市公司，必须搞好经营，创造经济价值回报股东和投资者；再次，中车是一个国有企业，在促进国有资产保值增值的基础上，需要承接国家战略，承担历史使命，为建设富强、民主、文明、和谐、美丽的中国而贡献自身力量；最后，中车作为企业公民，必须为造福人类、为世界的可持续发展做出新的更大贡献。

在一百四十多年的发展历程中，中车始终把“产业报国”作为自己的崇高使命。中华人民共和国成立之初，百废待兴，几代中车人满腔热情投身于社会主义现代化建设，始终与国家和民族同呼吸、共命运，推动着中国机车车辆工业实现了跨越式发展。改革开放以来，随着中国经济社会的飞速发展，落后的社会生产已不能满足人民群众日益增长的物质文化需要。中车人应时代之需、国家之需，主动探索开启了“蒸汽—内燃—电力”的运输装备革命。“解放型”“胜利型”“建设型”“和平型”“东风型”“韶山型”机车，“八一号”“渡江号”“毛泽东号”“周恩来号”“朱德号”机车……一个个具有时代意义的符号代表着中车肩负的责任和使命。

2000年前后，中车加速推动铁路运输装备升级换代，为中国铁路六次大提速提供了强力支撑，拉开了中国“高铁时代”的序幕。党的十八大以来，中车以“大国重器、产业引擎”为己任，认真践行五大新发展理念，推动中国轨道交通事业快速发展，经历了由“引进—消化—吸收—再创新”的奋斗历程，实现了由“追赶到领跑”的飞跃，成为中国对外展示国家形象的亮丽“名片”。作为国有大型骨干企业和轨道交通装备领军企业，中车始终深入落实国家制造强国、交通强国、平安中国等战略部署，加快发展先进装备制造业，促进中国产业迈向全球价值链中高端，推进中车产品、中车技术、中车方案、中车理念“走出去”，成为世界轨道交通装备行业的领军者，极大地增强了中华民族的自信心和自豪感。

中车成立以来，顺应时代发展潮流，确立了“打造成为具有全球竞争力的世界一流企业”的宏伟目标，凝练出企业“连接世界，造福人类”的崇高使命。以更加开放、负责的心态，积极推进国际化进程，主动推动与世界互联互通，主动对接世界各国交通战略和交通规划，积极展示中车轨道交通系统解决方案，致力于用“中车技术、中车产品、中车智慧”解决世界各国的交通问题。

基于对自身产品和服务的信心，在海外经营实践中，中车逐步实现“三个转变”。一是出口产品由价值链低端向中高端转变。近年来，除机车、货车、城轨车辆等产品出口海外，中车研发制造的高铁成功走出国门，实现海外订单的“零的突破”。2017 年，中车签订印尼雅万高铁车辆项目，赢得中国高铁“走出去”的第一单，“中车制造”的海外知名度、认可度和美誉度不断提升。二是出口市场由亚非拉传统市场向欧美澳高端市场转变。中车成立以来，积极谋划全球布局，加快开拓国际业务，在巩固亚非拉传统市场的同时，大力开拓发达国家和地区的市场，先后获得美国洛杉矶地铁、波士顿地铁加车、加拿大蒙特利尔双层客车、英国货车、瑞士货车、德国调车机车等发达国家轨道交通项目订单，获得高端市场认可。三是出口模式由单一产品出口向“产品 + 技术 + 服务 + 资本 + 管理”五要素输出的转变。

近年来，中车不再局限于单一产品的出口，不断适应全球化的发展趋势，根植本土文化，采取多种模式推进产品、技术、服务、资本、管理等多要素的输出，实现真正意义上的互联互通。蒙内铁路维保项目、南非机车维保项目等就是“产品 + 服务”的典范。在马来西亚、土耳其、印度等国家已经建立了本土化的制造基地，为项目所在国创造就业和税收，提升轨道交通产业发展水平。

当前，经济发展的地理空间早已突破国界，构建人类命运共同体是大势所趋。中车坚持开放合作，主动融入全球轨道交通行业秩序重构，大力推进国际化经营，由“走出去”向“走进去”转变，从简单地卖产品、卖服务，逐步向技术共享、管理共享、产业培育、本地化用工等方面拓展，从而实现了真正意义上的“共商共建共享”，为当地带去发展的机遇和红利。积极推进技能、文化“走出去”，同国际多所著名学校及研究机构展开人才培养及引进合作，搭建国际化交流合作平台，助推企业可持续发展，提升轨道交通产业发展水平，让世界了解中国，让中国走向世界。独创“五本模式”，即实行“本土化制造”“本土化采购”“本土化用工”“本土化维保”“本土化管理”，福泽一方。在马来西亚，中车凭借着专业的态度、先进的“五本模式”，帮助当地政府完善轨道交通产业链，为当地创造就业和税收，造福当地民众。

中西合璧，互利共赢。在德国，中车与德铁集团、西门子等当地优秀企业加强业务协同，在轨道交通项目规划、设计、建设、运营、维护等各个环节，各自发挥企业优势，深入开展业务合作，着力提供全球共建共享的一体化解决方案，实现了中西合璧、共赢发展。

中车始终将确保国有资产保值增值作为企业改革创新发展的出发点和落脚点。从 1978 年到 2018 年，中车固定资产总额增长 32 倍，工业总产值增长 84 倍，利税总额增长超过 30 倍。企业展现出高质量发展的强劲动力，为振兴祖国实体经济迈出坚实的步伐。

坚决落实国家供给侧结构性改革，有效开展“处僵治困”工作，积极完成“僵尸企业”处置、特困企业扭亏为盈、压减法人户数等工作。主动融入国家五大区域经济、四大板块发展战略，勇担交通强国、制造强国等强国建设使命。努力实施国际化发展战略，带动装备制造业“走出去”、协同发展，体现央企担当。

由中车研制提供的轨道交通装备产品是中国铁路客货运的绝对主力。据统计，2024 年，全国铁路旅客发送量完成 43.12 亿人次，同比增长 11.9%。全国铁路货运总发送量完成 51.75 亿吨，同比增长 2.8%。动车组和重载机车、重载货车如同红细胞，不断向祖国各处输送人才、物资，助力区域资源配置调整，对国民经济的发展起到了重要的支撑作用。

北京至上海有 1200 余公里的路程，铁路运输最初只能通过轮船与火车交替的方式到达，旅途时间超过 30 个小时。历经铁路多次大提速，到高铁线路通车后，直接缩短到 4.5 个小时。印尼雅加达至万隆，从全程长达 3 个多小时的窄轨列车，到全程仅需 40 分钟的高铁，中车帮助印尼人民实现了“两城一家”的美妙转变，中车研发制造的产品正在深刻改变世界人民的出行方式和生活方式。

中车坚持自主创新，在“复兴号”动车组的设计研发过程中，解决了一系列重大技术问题和世界性难题，具有完全自主知识产权，标志着中国铁路技术装备达到了领跑世界的水平。

中车的质量意识根植于民族精神，培育于中车的使命与愿景、责任与担当。中车以成为世界一流高端装备供应商为目标，秉承“产业报国，勇于创新，为中国梦提速”的中国高铁工人精神，勇于攻坚克难，推动质量提升，践行安全运营，用高品质严标准铸就“中车制造”。高铁作为“国家名片”，其核心基因是高端高质。中国高铁在速度等级、在线数量、行车密度、运营能耗、平稳舒适度等各项指标上均跨入世界先进行列。在具体质量管理实践中，中车在接轨国际质量管理（ISO9001）标准体系的同时，深入推进“中车 Q”质量管理标准体系建设，构建具有企业特色的质量管控机制，持续增强国际话语权。结合开拓国际市场“走出去”步伐，2018年，中车持续推动海外市场产品质量管理体系融合，积极获取国际机构质量认证。“复兴号”动车组转向架取得欧盟互联互通技术规范TSI认证，成为国内首个通过TSI设计认证的产品，国际市场对中车品质的认可度得到增强。

中车持续强化全员、全面、全过程质量管控，完善质量管理体系，始终把高铁安全和旅客安全作为企业的生命线，以优质产品和服务确保轨道交通安全稳定运营。截至目前，中车产品一直保持着良好的安全运行纪录，为旅客安全便捷出行，提升交通品质做出了积极贡献。

中车高度关注用户全过程品质需求和价值体验，积极探索全生命周期服务，有效运用互联网技术，提升运营维护、采购供应、增值服务等方面的能力，着力打造统一集成、协同高效的产品全生命周期服务体系。一是着力构建“产品网”。通过大数据的有效运用，努力实施远程监控，对产品运行状态、维保过程进行跟踪监测，持续优化产品的全生命周期服务。中国首个海外轨道交通“4S店”——吉隆坡中车维保有限公司着力打造智能维保体系。智能维保体系可将车辆维保过程中的数据收集、大数据分析、维保任务下达、维保进程跟踪、维保质量监测、远程故障分析等过程进行高度融合，覆盖维保全过程，推动由传统单一形式的被动维护模式向全网性主动预防智慧运维转变，确保高效、优质完成维保作业，可以有效降低车辆全生命周期成本，提高车辆系统可靠性、运行安全性。二是着力构建“用户网”。不断探索“互联网+中车”商业模式，推进与用户端对端的沟通和服务。中车搭建供应链电商平台“中车购”，为用户提供安全便捷的云端应用平台，最大限度满足企业用户业务需求。2017年8月，“中车购”作为第一批电商企业进入中央企业电商联盟，成为轨道交通领域高端高品质的企业和产品供应链电商平台领军者。三是着力构建“生态网”。

不断推进维保服务体系和机制的优化，探索建立属地维保模式，推动形成维保产业价值链和产业链，构建起维保的产业“生态网”，提升维保的效率和效益。例如肯尼亚蒙内铁路，不仅实现了中国标准、中国技术、中国制造、中国运营的“走出去”，而且实现了中国维保的“走出去”和维保的属地化，实现了从“产品制造”向“健康管理”的转变。

高姿态零容忍，打造“平安中车”。安全始终是中车高度关注、倾力保障的重中之重。多年来，中车始终将“安全第一，预防为主”牢记在心，分层分级确定了“安全责任网”；在下属子企业层面分单位、分区域、分班组、分工序确定了“安全责任田”，真正实现了安全责任的“全员认领”。中车始终严守安全生产法及业内安全法律法规，牢固树立安全的红线意识和底线思维。近年来，中车持续修订完善企业内部安全管理各项制度，构建安全管理的网络体系，从人、机、料、法、环、测等各个方面，提升安全管理基础，筑牢安全管理的根基。截至目前，中车所有生产型一级子公司均通过了安全管理体系认证。中车着力营造安全文化氛围，定期组织开展安全、消防、应急知识实践教育培训，在各地深入开展职业病防治法宣传周、安全生产活动月等活动，切实提高员工安全生产意识，员工的安全自觉意识显著提升。

中车坚持“绿色发展，环保优先”，践行“绿水青山就是金山银山”的理念，大力推进绿色制造，将节能、低碳、可持续发展理念落实到产品设计的每个环节和生产制造的每道工序中，促进企业向绿色制造转变，努力建设“绿色中车”。中车聚焦绿色产业，全力拓展绿色发展新空间，助力生态环境改善，共建美丽家园、美丽地球。

中车高度重视扶贫工作。2002 年以来，中国中车积极响应党中央、国务院的号召，扎实做好广西百色市靖西市、那坡县和甘肃天水市麦积区、甘谷县的定点帮扶工作。中车党委强化政治担当，加强组织领导，坚持“产业引领、协同发展、补齐短板”的帮扶思路，创新帮扶举措，做好“精准”文章，下好“绣花”功夫。中车党委领导充分重视、亲身参与、亲自推动，坚持一村一策、一人一策，千方百计帮助建档立卡，帮助当地贫困人口如期脱贫，为实现全面建成小康社会贡献中车力量。截至2024年末，直接投入帮扶资金2.3亿元，派出挂职干部47名，实施帮扶项目440个，购买和帮助销售农产品总价值2亿元，受益群众38万人。与定点扶贫地区相扶相助、同向而行，探索形成基建扶贫、消费扶贫、产业扶贫、电商扶贫、智力扶贫、党建扶贫等多种模式，打造了“脱贫攻坚”的中车模式，中车多次荣获国务院和国资委及甘肃省、广西壮族自治区等机构定点扶贫先进单位；从2019年开始，连续五年获中央单位定点帮扶工作成效考评最高等次。

一是建基地，找准脱贫致富“新路子”。以整村推进、产业帮扶为重点，科学选定项目，建设了有地方特色和优势的产业化基地，开辟了当地农民脱贫致富的新途径，增强了其自身“造血”功能。河北省邯郸市魏县是国资委的定点扶贫地区，中车主动担当，不仅对防松紧固件等产业提供保姆式帮扶、教练式领走，与魏县合作研制生产，还首次将科技研发体系正式融入扶贫工作，力促当地实现独立式领跑。当地的“变牙型防松螺母在高铁上的应用研究”项目通过中车科研立项审批扶贫项目驶入了高铁快车道。

二是兴产业，鼓起农民“钱袋子”。不断延伸和拓展帮扶，促进帮扶地区农业产业增长方式向效益农业、绿色农业、循环农业、休闲农业等多种生产方式逐渐转变，援建全钢架无立柱塑料大棚和保鲜库产业项目，较好地解决了蔬菜运输的预冷储藏问题。助力甘谷县“扶贫车间”建设和壮大，已发展到58家。2018年，中车株机公司与当地高校、政府合作，在湖南湘西州花垣县十八洞村援建了国家苗绣非遗扶贫就业工坊，打造完整的苗绣产业链。小针线做出了大买卖，这些由扶贫工坊生产的“高铁苗绣”，被中车株机公司运用在国际商务交流活动中，民族非遗也搭乘中国高铁走向了世界。

三是强基础，助推乡亲过上“好日子”。在定点帮扶地区，中车围绕基础设施下足了功夫。建设水渠、人畜饮水工程、地头水柜、饮水工程水厂，解决了上万人饮水问题和农田灌溉问题。建造沼气池 5800 座，覆盖 19 个乡镇近 7000 农户。修建总长一百多公里的水泥硬化道路，架设惠民桥，彻底解决当地群众出行难问题。实施危房改造并对部分村屯进行整体改造，“楼上住人楼下养畜”的现象得到治理。基础项目的建成，较好地解决了当地农民生产、生活用水和交通等问题有效地降低了生产成本，加速了当地商贸流通，促进了区域农业发展，增加了农民收入，增强了农业发展后劲。

四是优人才，探索和谐新农村建设“新法子”。针对贫困地区文化水平低、思想观念陈旧、劳动质量不高、缺乏自我发展能力等问题，确定扶志当先、教育为重、分类施扶、救扶并举的工作思路。

火车跑得快，全靠车头带。在帮扶工作过程中，中车发现帮扶县的乡镇干部，每年仅有不足 10% 的人有机会到省外开会、学习或调研等，学习提高的方式主要靠学习文件、内部交流和县委党校培训等传统渠道，一定程度上限制了视野和思维。2019 年，中车提出实施“天鹅计划”项目——中国中车帮扶地区乡村振兴领导力提升培训。取天水市的“天”字和百色市别称“鹅城”的“鹅”字，两字合并命名为“天鹅计划”，寓意中车集团与甘肃天水、广西百色结成纯洁无瑕的情谊，志存高远。“天鹅计划”把中车集团高端装备制造技术和企业创新管理实践与帮扶地区乡村振兴对接起来，旨在对帮扶地区基层干部领导力提升培训，支持当地加强乡镇干部队伍建设，为甘肃天水、广西百色和西藏等地区提供有力的人才和智力支撑。“天鹅计划”共 7 期，培训乡镇基层干部近 700 人，利用中车高新技术和管理优势，邀请相关专家到帮扶地区对基层干部、乡村振兴带头人和教育、科技、电商等专业技术人才进行培训，推进当地产业发展。百色、天水两市领导盛赞“天鹅计划”是一场打赢脱贫攻坚战的“及时雨”，是一个具有挑战性、实用性、创新性的项目。

中车积极开展帮扶地区教师和农民培训，帮助村干部学习交流，为帮扶县订阅报纸杂志，丰富精神生活；安排中学教师到中车所属职校进行师资培训，提高教师教学水平；举办乡村振兴带头人和农村技术骨干培训班，提升人才技术水平和领导力。通过一系列针对村干部、教师、技术骨干的培训活动，赋能人才，促进乡村振兴。

中车在定点帮扶县的教育投资累计 1600 万元，帮助家庭困难、学习成绩突出的学生 1.2 万人，兴建了希望小学、民族中学、教师周转房、学生宿舍、学生食堂、篮球场等，改善了农村教学、学生寄宿条件，解决了学生的“上学难”问题。中车还开展了“一帮一”帮扶活动，集团主要领导一对一精准帮扶困难学生，并投入 200 万元，在学校、社区和建制村建设 38 间“中车书屋”，提升文化氛围。

2019 年起，中车组织定点帮扶地区 4 个县（市、区）的贫困学生走出大山看高铁，走出校园看发展，走出家乡看祖国。通过参观中车长客股份公司并乘坐高铁，使其了解“国家名片”，体验现代化中国的发展成就。通过观看天安门广场升旗仪式，倾听齐车集团员工、《林海雪原》作者曲波的故事，参观抗日义勇军战斗旧址，使其增强爱国主义情怀，立志做祖国栋梁。在中车四方股份公司和中车四方所，学生们从新中国第一台“八一号”蒸汽机车到“复兴号”高速动车组，再到时速 600 公里高速磁浮列车，沉浸式体会中国轨道交通装备沧桑巨变，从高铁整车到关键核心系统部件，再到数字化、智能化、绿色化新技术，近距离感受中车自主创新科技魅力，领略中车智造之美。目前，中车已举办了4期“走出大山看高铁”活动，邀请帮扶县学生穿越山峦，踏上“中车游学”之旅，走出大山看高铁、看中国、看文化、看自己、看世界。通过一系列参观活动和互动交流，开阔眼界，增进了解，畅想未来。

教育帮扶，点亮希望之光，为困难学生播撒知识种子；人才振兴，构筑发展之基，为帮扶地区铸就坚实支柱。在这一过程中，中车集团授人以鱼也授人以渔，以中车“暖实力”浇灌帮扶地区“硬实力”。二十余载风雨同舟，中车集团始终与国家战略同频共振，在乡村振兴的伟大征程中书写了央企担当。

第四节　ESG 引领中车发展新方向

ESG 不仅是一种评估企业综合表现的标准，还成为国际资本市场的“新规则”。ESG 概念最早可追溯至 20 世纪 60 年代，始于欧美国家的社会责任投资理念，投资者在传统利润导向性投资理念之外，开始通过投资表达社会诉求和价值取向。这一时期，人类活动对环境的影响开始受到关注，可持续发展和负责任投资的理念与环境保护、民权运动等相结合，逐渐推动了 ESG 的萌芽。

2004 年，时任联合国秘书长科菲·安南主导多家金融机构联合撰写的报告中指出，只有有效应对环境、社会和治理相关议题，企业才有机会在全球化背景下愈发激烈的市场竞争中脱颖而出。2006 年，在联合国环境规划署金融倡议组织（UNEP FI）与联合国全球契约组织（UNGC）的联合支持下，联合国负责任投资原则组织（UN PRI）诞生，《联合国负责任投资原则》明确要求投资者把 ESG 因素纳入投资分析和决策过程中，同时应寻求被投资实体合理披露 ESG 相关问题，ESG 责任投资原则框架亦随之形成。伴随 ESG 理念的影响力持续扩大，越来越多的机构在投资体系中加入 ESG 因素，各国的监管机构及证券交易所也陆续制定相关政策，加强上市公司的 ESG 信息披露管理。放眼全球，在国际组织、监管部门、证券交易所、机构投资者、评级机构等的推进下，ESG 已成为影响企业经营管理和投资决策的重要因素。全球可持续投资联盟（GSIA）数据显示，截至 2020 年初，美国、欧洲、加拿大、澳大利亚、日本的 ESG 投资总额已经达到了 35.3 万亿美元。根据联合国负责任投资原则组织（UN PRI）数据显示，截至 2022 年 12 月，全球已有 5300 余家机构加入该组织。ESG 实质上要求企业逐渐从效益至上转变为追求可持续发展，从股东利益最大化转变为兼顾股东及其他利益相关者的价值，化被动为主动，主动承担社会责任，并制定相应制度以作为内驱力保障 ESG 体系的良好运转。ESG 逐渐成为业界共识以及全球趋势，ESG 帮助企业在市场竞争中获取更为有利的地位。

中车在践行 ESG 方面成效显著。2022—2024 年，中车连续三年入选《财富》中国 ESG 影响力榜，并获评首届“中国 ESG 榜样”年度盛典“一带一路”贡献特别奖。为进一步提升公司在环境、社会与治理（ESG）的管理水平，公司制定了 ESG 体系建设和管理提升三年行动方案，成立了社会责任处。中车的上榜理由主要是引领全价值链减碳。在上游要求上车产品 AB 类部件通过能源、环境、职业健康管理等认证，6 家子公司已成为国家绿色供应链管理企业；为下游提供低碳解决方案，比如与深圳地铁集团联合研发国内首台地铁列车全碳化硅牵引逆变器，实现列车综合能耗降低 10%以上。

中车董事长孙永才认为，ESG 是实现企业高质量发展的一套治理工具、一个有效路径和一种工作方法。中车从最具优势的 E 维度入手，立足“碳中和”引领者的定位，致力引领产业链、供应链绿色低碳发展，努力成为践行“双碳”目标的央企典范。中车以绿色制造资源禀赋为抓手，聚焦全产业链、全价值链、全生命周期、全过程，突出绿色发展顶层设计，突出绿色低碳工厂建设，突出绿色产业培育发展，突出绿色发展模式探索。

一、中车 ESG 的实践经验

绿色是 ESG 最鲜明的底色，也是最突出的特征。中车坚持生态优先，绿色发展，研制的以“复兴号”动车组为代表的轨道交通装备系列产品，普遍具有运量大、能耗低、排放少、污染小的特征。中车立足全产业链、全价值链、全生命周期、全过程，发布实施碳达峰碳中和行动方案，力争于 2035 年实现运营碳中和，于 2050 年实现全价值链碳中和。

这一时期，中车提出了绿色投资、绿色创新、绿色制造、绿色产品、绿色服务、绿色企业“6G”理念，推动零碳能源行动、零碳交通行动、绿色制造行动、碳资产行动、碳数字行动、碳品牌行动的“6A”零碳行动，争做绿色制造的领跑者，绿色交通的示范者，绿色生活的创造者，绿色发展的先行者。2022 年，中车被评为中国工业碳达峰“领跑者”企业，21 家子企业获评国家级绿色工厂。

中车积极践行全球发展倡议，全力打造世界一流的高端装备制造商和系统解决方案提供商，致力成为绿色制造的领跑者、绿色生活的创造者、绿色发展的先行者。坚持创新发展，培育发展新质生产力。中车以交通强国、装备支撑为己任，坚持通过科技创新推动中国轨道交通装备迭代升级，不断满足人民群众美好出行需要，为现代化物流体系建设提供先进装备支撑，服务中国式现代化建设。坚持绿色发展，推动产业绿色低碳转型。中车深入贯彻落实“双碳”目标，明确 2035 年实现企业运营碳中和、2050 年实现全价值链碳中和的总目标，实施中车“双碳”行动计划。中车努力以科技创新引领产业绿色低碳发展，为中国及全球提供绿色清洁能源解决方案。坚持开放发展，积极参与共建“一带一路”。中车深入贯彻落实习近平总书记关于高质量共建“一带一路”重要指示精神，以“连接世界、造福人类”为使命，高标准、高附加值、高质量“走出去”，改善全球公众出行品质。

创造价值、分享价值是中车履行社会责任的矢志追求。中车始终坚持“创新、协调、绿色、开放、共享”理念，以“点、线、网”立体构建价值创造体系，与投资者共享价值，与客户共享价值，与产业链、供应链共享价值，与当地政府和民众共享价值，成就员工、回报股东、回馈社会。所谓“点”，就是聚焦自身产品服务价值。中车构建基于数字化、智能化、绿色化、高端化的价值创造模型，为用户提供全生命周期服务和系统解决方案，致力于为用户创造价值。所谓“线”，就是聚焦产业链上下游价值。中车坚持共商共建共享共赢，发挥链长融通带动作用，推广应用大数据、人工智能、互联网等技术，着力构建现代化产业体系。所谓“网”，就是聚焦产业生态整体价值。中车持续优化全球业务布局，推进高水平对外开放，与全球二十多个国家和地区的一百一十多个客户和两千多家供应商建立合作关系，努力构建运行通畅、协同高效、互利共赢的产业生态。

公司治理是企业履行社会责任、实现高质量发展的基石。中车作为A+H股上市公司，始终对标国际企业管治标准，不断提升企业管治水平，构建了权责法定、协调运转、有效制衡的公司治理机制。中车聚焦资本市场关注点，持续提升信息披露质量，形成“以评级促管理、以报告促管理”的双驱动提升模式。发布海外社会责任报告，全面、直观地与利益相关方互动沟通。中车董事会连续在国务院国资委规范董事会建设考核评价中获得优秀。2023年由世界著名营销调查机构——美国媒体专业联盟（LACP）开展的2022年度报告“远见奖”（2022 Vision wards Annual Report Competition）评选中，中国中车2022年年报，同来自数十个国家和地区的近千份年报同台竞逐荣膺金奖。

中车通过深化改革强化组织、机制、人才、管理“四项保障”，加快发展新质生产力。强化组织保障，构建基于总部、国家创新机构、技术平台公司、协同创新团队、子公司“五位一体”的高效创新机制。强化机制保障，聚焦关键核心技术攻关，着力推进实施骨干科技人才工资总额单列、薪酬保护等措施，提升骨干科技人才薪酬水平市场竞争力。实施科技人才激励三年行动，将激励成效与企业领导班子、领导人员年度综合考评挂钩，确保科技人才激励机制落实到位。强化人才保障，突出选拔培养在本专业领域具有国内外重大影响力的核心科技领军人才。为搭建一流人才吸引集聚平台，成立北京科创公司，着力打造“以北京为中心，以长春、大连、青岛、株洲＋长沙为支撑”的“1+4+X”中车特色人才高地。强化管理保障，中车将把研发投入强度始终保持在6%以上，在原创技术培育29个项目中，全面推行“揭榜挂帅”“赛马”机制，促进创新要素顺畅流动。

新时代，中车坚决当好推进高水平科技自立自强的排头兵、建设现代化产业体系的排头兵、发展新质生产力的排头兵，为推动中国轨道交通装备和清洁能源装备高质量发展提供强大科技力量。

二、中车的价值创造和价值共享

中车的价值创造体系始于公司的核心价值观，就是“正心正道，善为善成”。“正心正道”就是做人、做事都要“正”，企业及员工都要做到恪守诚信、勇担责任、遵纪守法、互利共赢。“善为善成”就是善于做事，力求做到最好，是矢志创新、追求卓越的集中体现。

中车的核心价值观要求持续用正确的价值观办“善事”，即不断创造价值。

随着与资本市场的深度融合，通过与利益相关方的广泛沟通和对标国际一流企业，中车不断构建社会责任体系，推动社会责任理念融入企业经营管理。中车注重与利益相关方共同搭建持续健康发展的生态链，在不断优化自身运营的基础上，承担更大的国家责任、社会责任、企业责任，努力解决更多发展问题，不忘初心，回馈社会，打造有影响力的中车特色社会责任品牌。2022 年 7 月，中车为墨西哥城地铁研制的车辆下线，是中国企业自主研发的胶轮地铁列车首次出口海外。除此之外，这个项目有着更加特殊的意义——它是中车首个海外“系统 +”项目。通俗地讲，这一项目不仅包含新造列车，而且包括线路整体修复施工、控制系统现代化改造及维保服务等。这是中国企业在国际市场系统解决方案能力的重大突破。同时，这一项目能够为当地创造约 1400 个直接岗位和 700 个间接岗位，并大幅度降低能耗。基于墨西哥项目在拉美市场取得的示范效应，中车又陆续中标哥伦比亚麦德林轻轨项目、墨西哥瓜达拉哈拉轻轨项目以及蒙特雷项目。

价值创造体系与共享价值理念，促使中车继续在数字化、智能化、全寿命周期“系统 +”业务领域实现突破，实现与项目所在国的双赢目标。2013 年至 2024 年底，中车的整车产品已经出口至 35 个共建“一带一路”国家和地区，整车项目数量共 679 个。截至 2024 年底，中车正在执行的共建“一带一路”国家和地区生产交付及售后维保项目共 77 个。中车在全球布局了 40 个境外分支机构、74 家境外企业。更为重要的是，通过这些项目，中车用“价值创造体系、共享价值理念”搭建了透明且有效的属地利益相关方沟通机制，提升了沿线区域对中国企业的信任度，构建了互联互通、民心相通的合作基础。这种无形价值，体现了 ESG 理念所提倡的长期可持续价值，为中车产品在全球的推广带来不可估量的正向价值。并且，成效与理念二者互相促进，形成了螺旋上升的良性循环。

“一带一路”倡议就是具有中国特色的 ESG 实践，更是落实价值创造体系与共享价值理念的卓越平台。

“一带一路”倡议提出以来，中车时刻牢记习近平总书记三次视察中车的重要指示精神，以轨道交通高端装备为重点，以国际贸易、海外投资等方式参与“一带一路”建设，全面推动“产品+技术+服务+资本+管理”全产业链“走出去”，为“一带一路”互联互通和民心相通贡献中车智慧和中车力量。中欧班列、中老铁路、雅万高铁、蒙内铁路等已成为沟通世界、开放合作、互利共赢、文化融合的重要纽带。

三、中车双驱动提升模式成效凸显

ESG 体系有三大维度，分别是披露、评价、投资。中车双驱动模式中的报告和评级分别对应前两个基础维度，这两个维度做好之后，企业作为投资方或是被投资方才能在资本市场中更好地发挥 ESG 的正向影响力，并形成对自身的正向支持，从而进入企业可持续发展的良性循环。中车提炼的双驱动模式的初衷就来源于此。

中车的 ESG 体系搭建借鉴了国际可持续发展准则理事会 ISSB 的四要素模型，从治理、战略、风险（机遇）管理、指标与目标四个方面推动。治理是基础，中车主要从组织结构和制度建设方面对其他方面起支持作用。中车将 ESG 战略嵌入集团整体战略，是搭建 ESG 体系的保障；在全面风险管理中考虑 ESG 三要素是护航企业发展和对标国际标准的关键；中车通过一系列具体指标推动 ESG 在企业的实践，并最终实现可持续发展目标。

作为 ESG 体系的重要内容，中车也发布了碳达峰碳中和行动方案，即遵循“16346”工作方针，实施“58381”行动工程，锻造十方面绿色低碳竞争力，实现碳中和目标。“16346”工作方针中的“1”是指贯彻一个理念，即创新、协调、绿色、开放、共享的新发展理念。“6”是指以 6G 思路为指引，即“绿色投资、绿色创新、绿色制造、绿色产品、绿色服务、绿色企业”。“3”是指聚焦三全，即“全价值链、全生命周期、全过程”。“4”是指贯穿四个过程，即“产品技术创新、产业链供应链建设、生产运营管控、产品服役”四个过程。最后一个“6”，是指沿着六条路径的路线图，即聚焦业务结构优化，壮大低碳型新产业；聚焦能源效率提升，推动低碳技术革新；聚焦低碳产品设计，助力绿色零碳交通；聚焦绿色能源供应，创新多能互补模式；聚焦低碳解决方案，提供绿色高端服务；聚焦低碳产业链建设，打造碳中和生态圈。所谓“58381”行动工程，就是构建双碳指标体系。制定 58 个量化指标；确定 3 个阶段，即 2025 年低碳零碳模式初步形成，2030 年低碳零碳模式广泛推广，2035 年低碳零碳模式全面建成；着眼于全价值链碳排放，设立了 81 项重点工程，明确了牵头部门。

与此同时，中车提出了“十个方面绿色低碳竞争力”，分别是发展绿色低碳产业，激发内生活力；培育绿色低碳技术，增强创新潜力；深耕绿色低碳制造，提升竞争实力；布局绿色电力产供，提供零碳动力；带动绿色低碳供应，增强链长合力；强化生命周期观念，发挥碳足迹引力；推进数字低碳融合，助推产业张力；构建绿色低碳标准体系，增添专业魅力；打造绿色低碳标杆，发挥典型效力；赋能绿色低碳品牌，提高全球信力。

“十四五”期间，中车着力构建轨道交通装备和清洁能源装备“双赛道双集群”业务格局，奋力实现轨道交通装备业务综合领先、全系领跑，清洁能源装备业务综合先进、全链领先。

面向新时代新征程，中车正以 ESG 赋能高质量发展，加快建设世界一流企业，为建设美丽中国、美丽世界作出新的更大贡献。

后 记

百余年初心不变，百余载波澜壮阔。中国中车从中国轨道交通装备工业的肇兴，到新中国六十年以来的发展，再到新时代走向世界舞台，始终与国同向，与党同心，书写了一部厚重的历史、辉煌的传奇。中国中车的发展史，也是中国轨道交通工业发展的厚重历程。在即将迎来新中车重组整合10周年之际，《中车简史》的付梓，对我们全体中车人坚定历史自信、文化自信，系统探究历史规律，启迪未来更好前进，具有深远的历史意义和重大的现实意义。

本书的编撰是在中车集团公司党委的部署下，由集团总部各部门统筹安排，各级子公司通力合作，得到了中国社会科学院经济研究所鼎力相助，在此，我们要向提供指导意见的各级领导、同志们表示衷心的感谢。我们还要特别感谢朱志勇、闫亮、吴腾飞、刘硕天、冯朔、尚菁玮、文轶洲、赵付娟、张丽莉、崔志勇、霍广晨、李映雪、刘晓京、王晓杨、孙冰慧、魏雨昕、李宁、王鑫磊、孙乾、谢燕兵、龙嘉威、戴学军、申浩、刘凯、董槟洱、丁莉芬、郭颖虎、洪丽、刘芸、刘慧敏、李剑、莫芊芊、薛盈、张德权、刘雅梦、李峰、郎超、张艳红、曾立霞、勾昊宏、田传运、康轶男、邓石华等资料编辑人员，正是有他们的付出，才为后续的编著打下了良好的基础。

站在新时代的起点，回顾中国轨道交通一百四十余年的发展，我们看到的不仅是轨道交通装备工业的蓬勃向上，更是一个国家走向繁荣富强的伟大跨越。如今，“复兴号”以风驰电掣之势驰骋在华夏大地，这不仅是速度的飞跃，更是中国在世界舞台上彰显实力与担当的生动体现。

在此，我们要诚挚感谢为中国轨道交通装备事业奉献一生的前辈们，是他们的开拓与坚守，奠定了今日的辉煌。也要感谢为本书提供珍贵史料的档案馆、博物馆以及每一位中车人，你们的支持让这段历史得以鲜活呈现。由于编者视野和出版时间等方面的限制，本书难免存在不足或疏漏之处，甚至可能有错误的地方，敬请各位读者批评指正。

希望这本书能成为一把钥匙，打开中国轨道交通装备发展历史的大门，让更多人了解这段波澜壮阔的历程。而中国铁路的未来，正等待着我们每一个人去续写。

责任编辑：祝曾姿
装帧设计：汪　莹

图书在版编目（CIP）数据

中车简史．2012－2025 / 中国中车集团有限公司编 ；彤新春著．北京 ：人民出版社，2025. 9. -- ISBN 978－7－01－027440－9

Ⅰ．F426.472

中国国家版本馆 CIP 数据核字第 2025YW9534 号

中车简史

ZHONGCHE JIANSHI

2012—2025

中国中车集团有限公司　编
彤新春　著

人民出版社 出版发行
（100706　北京市东城区隆福寺街 99 号）

北京中科印刷有限公司印刷　新华书店经销

2025 年 9 月第 1 版　2025 年 9 月北京第 1 次印刷
开本：710 毫米 ×1000 毫米 1/16　印张：19.5
字数：255 千字

ISBN 978－7－01－027440－9　定价：90.00 元

邮购地址 100706　北京市东城区隆福寺街 99 号
人民东方图书销售中心　电话（010）65250042　65289539